문장 논리의 10개의 기본 규칙

(1) 조건 기호 제거 (→ 제거)	(2) 선언 기호 제거 (∨제거)
$$X \rightarrow Y$$ $$\frac{X}{Y}$$	$$\frac{X \vee Y}{Y} \quad \frac{X \vee Y}{X}$$ $$\quad \sim X \qquad \sim Y$$
(3) 선언 기호 도입 (∨도입)	**(4) 연언 기호 제거 (&제거)**
$$\frac{X}{X \vee Y} \qquad \frac{X}{Y \vee X}$$	$$\frac{X \& Y}{X} \qquad \frac{X \& Y}{Y}$$
(5) 연언 기호 도입 (&도입)	**(6) 쌍조건 기호 도입 (↔도입)**
$$X$$ $$\frac{Y}{X \& Y}$$	$$X \rightarrow Y$$ $$\frac{Y \rightarrow X}{X \leftrightarrow Y}$$
(7) 쌍조건 기호 제거 (↔제거)	**(8) 부정 기호 제거 (~제거)**
$$\frac{X \leftrightarrow Y}{X \rightarrow Y} \qquad \frac{X \leftrightarrow Y}{Y \rightarrow X}$$	$$\frac{\sim\sim X}{X}$$
(9) 조건 기호 도입 (→도입)	**(10) 부정 기호 도입 (~도입)**

1. │ X
2. │
3. │
  │ Y
  X → Y
	1. │ X
	2. │
	3. │
	  │ Y
	  │ ~Y
	  ~X

문장 논리의 11개의 파생 규칙

(1) 이중 부정 도입	(2) 후건 부정
$$\dfrac{X}{\sim\sim X}$$	$$\dfrac{X \rightarrow Y}{\sim X} \quad \dfrac{X \rightarrow \sim Y}{\sim X}$$
(3) 연쇄 논법	(4) 대우 규칙
$$\dfrac{\begin{array}{c} X \rightarrow Y \\ Y \rightarrow Z \end{array}}{X \rightarrow Z}$$	$$\dfrac{X \rightarrow Y}{\sim Y \rightarrow \sim X}$$
(5) 약화	(6) 경우에 의한 논증
$$\dfrac{Y}{X \rightarrow Y}$$	$$\dfrac{\begin{array}{c} X \vee Y \\ X \rightarrow Z \\ Y \rightarrow Z \end{array}}{Z}$$
(7) 교환규칙	(8) 결합규칙
$(X \vee Y) \equiv (Y \vee X)$	$(X \vee (Y \vee Z)) \equiv ((X \vee Y) \vee Z)$

(9) 분배규칙

$$(X \,\&\, (Y \vee Z)) \equiv ((X \,\&\, Y) \vee (X \,\&\, Z))$$

$$(X \vee (Y \,\&\, Z)) \equiv ((X \vee Y) \,\&\, (X \vee Z))$$

(10) 드 모르간의 규칙	(11) 조건문 규칙
$\sim(X \vee Y) \equiv (\sim X \,\&\, \sim Y)$	$(X \rightarrow Y) \equiv (\sim X \vee Y)$
$\sim(X \,\&\, Y) \equiv (\sim X \vee \sim Y)$	$\sim(X \rightarrow Y) \equiv (X \,\&\, \sim Y)$

코어 논리학

코어 논리학

논리적 추론과 증명 테크닉

성균관대학교
출판부

논리학은 추론 또는 논증을 연구하고 평가하는 학문이다. 우리가 논리학을 배워야 하는 가장 중요한 이유는 실제적 효용성 때문이다. 논리학을 배움으로써 얻게 되는 가장 중요한 효용성은 타당한 논증과 부당한 논증을 구별할 수 있는 능력이다. 양자를 잘 구별할 수 있게 되면, 자신의 주장을 훨씬 효율적으로 타인에게 제시할 수 있을 뿐만 아니라, 잘못된 판단을 미연에 방지할 수 있다. 이와 같은 논리적 능력은 현재와 같이 고도화된 정보화 사회에서 정보를 효율적으로 판단하고 다룰 수 있도록 해주기 때문에 경쟁력 향상에 큰 도움이 된다.

이 책의 일차적 목표는 논리학을 처음 접하는 학생들이 타당한 논증과 부당한 논증을 구별할 수 있는 능력을 습득할 수 있게 하는 데 있다. 특히 문장 논리와 술어논리를 통해서 논증의 타당성 또는 부당성을 엄밀하게 그리고 논리적으로 증명할 수 있는 테크닉들을 배울 수 있도록 하는 데 있다. 이와 관련하여 이 책의 몇 가지 특징을 간략히 소개하면 다음과 같다.

첫째, 논리학은 단지 암기해야 할 지식에 머물러서는 결코 안 되며, 실제로 살면서 마주치게 되는 다양한 종류의 논증들의 타당성과 부당성을 평가하고 증명할 수 있는 능력을 키워줄 수 있어야 한다. 그래서 논리학을 처음 접하는 학생들도 핵심적인 증명 테크닉들을 체계적이면서도 난해하지 않은 방식으로 배울 수 있도록 이 책을 썼다. 특히, 불요불급한 논의를 배제함으로써 문장 논리, 술어 논리, 그리고 비형식 논리학의 기본 개념들을 한 학기 동안 배울 수 있도록 하였다.

둘째, 자연연역에 의한 증명 테크닉을 책 전체에 체계적으로 사용하였다. 특히 기본 추론 규칙들을 먼저 도입한 후 나머지 유용한 규칙들을 기본 규칙들에 의해 증명되는 파생 규칙들로 도입함으로써 학생들이 추론 규칙들을 체계적으로 이해하고, 또한 쉽게 활용할 수 있도록 하였다.

셋째, 기존의 논리학 교과서들과 달리 학생들이 논리학을 공부하면서 스스로 논증의 타당성을 증명할 수 있는 능력을 기를 수 있게 하는 데 역점을 두었다. 그래서 그러한 목적에 부합하는 수많은 증명의 예들과 연습문제들을 제시하였다. 또한 풀어본 답이 맞는지 스스로 확인할 수 있도록 모든 연습문제들의 해답을 뒷부분에 수록하였다.

넷째, 대개의 논리학 개론 교과서들이 술어 논리의 의미론을 다루지 않기 때문에 술어 논리의 논증이 타당한 경우는 증명할 수 있지만 부당한 경우엔 이를 증명하기 어려운 문제가 있었다. 이 책은 술어 논리의 의미론을 추가함으로써 간단한 모형세계 이론을 이용하여 논증이 부당한 경우도 쉽게 증명할 수 있도록 하였다.

다섯째, 일상적 논증들을 재구성하는 방법과 비형식적 오류들을 뒷부분에 추가함으로써, 학생들이 형식 논리학의 테크닉을 일상생활에서 부딪치게 되는 실제 경우들에 어떻게 적용할 수 있는지에 대해서도 가늠할 수 있도록 하였다.

또한 이 책을 읽을 때 한 가지 유념할 점이 있다. 조건문에 관한 영어 표현은 'If A then B'이다. 그리고 이것은 'A이면 B이다'로 번역되기도 하고, 또한 때때로 '만약 A이면 B이다'로 번역되기도 한다. 그런데 우리말에서 '만약'은 '혹시 있을지도 모르는 뜻밖의 경우에'를 뜻한다. 그런데 영어의 조건문 'If A then B'는 전건 'A'가 참이라는 조건하에서 후건 'B'가 참임을 뜻할 뿐이지, 전건 'A'가 반사실적이거나 또는 가능성이 적다는 뜻은 포함하지 않는다. 이런 이유에서 필자는 영어 조건문 'If A then B'에 대응하는 한국어 조건문의 경우에 전건 앞에 '만약'이라는 표현을 사용함이 없이 'A이면 B이다'의 형태로 표현하였다.

끝으로 이 책의 활용법에 대해 한 가지 언급을 하고자 한다. 이 책은 일반 논리학 수업과 기호 논리학 수업의 교재로 둘 다 사용될 수 있도록 쓰여졌다. 일반 논리학 수업을 진행하는 한 가지 방안은, 논증이 무엇인지를 설명하는 제1장에서 시작하여 문장논리를 설명하는 제8장까지 자세히 다루고, 제9장부터 제12장에 걸쳐 설명되는 술어논리에 대해서는 문장논리와 술어논리의 차이를 이해하는 데 중점을 두고 간략히 다루고, 그다음 제14장 '재구성을 통한 논증의 이해'와 제15장 '비형식적 오류'를 자세히 다루는 것이다. 그리고 기호 논리학 수업을 진행하는 한 가지 방안은, 제5장 '문장 논리의 언어와 진리표를 이용한 타당성 증명'에서 시작하여 제13장 '동일성과 확정기술어구'까지를, 논증을 증명하는 테크닉을 연마하는

데 중점을 두고 자세히 다루는 것이다. 물론 수업 진행자의 목표와 기호에 따라, 얼마든지 다른 방식의 취사선택도 가능할 것이다.

앞서 언급한 것처럼 논리적 능력은 타당한 주장과 부당한 주장을 잘 구별함으로써 잘못된 판단을 하지 않도록 해주기 때문에 21세기 정보화 사회에서 그 어느 때보다도 중요시되는 핵심능력이다. 이 책을 통해 논리적 추론 능력과 증명 테크닉들을 체계적으로 습득하고 연마함으로써 모든 독자가 지금 이 시대가 요구하는 핵심능력을 배양할 수 있게 되길 기대한다.

2019년 8월
명륜동 연구실에서
이병덕

차 례

1

논증이란
무엇인가?

Core
logic

Logical Inference and   Proof Techniques

논리학logic은 어떤 학문인가? 논리학은 추론inference 또는 논증argument을 연구하고 평가하는 학문이다. 그러면 우리가 논리학을 배우는 이유는 무엇인가? 물론 논리학은 하나의 지식 체계로서 그 자체로 흥미로운 분야이다. 그렇지만 우리가 논리학을 공부하는 주된 이유는 논리학의 실제적인 효용성 때문이다. 논리학을 배움으로써 얻게 되는 가장 중요한 효용성은 올바른 논증과 잘못된 논증을 구별할 수 있는 능력이다. 양자를 구별할 수 있는 능력을 갖게 됨으로써 자신의 주장을 좀 더 효과적으로 타인에게 전달할 수 있고, 또한 잘못된 판단을 내리는 것을 피할 수 있다.

먼저 추론이 무엇인지 알아보자. 한 가지 예로 길수가 다음과 같이 생각한다고 가정해 보자.

나는 작년에 회사가 어려워 봉급을 20% 삭감 당했다. 이제 회사 사정이 나아져 봉급을 현재 수준에서 20% 인상해 준다고 한다. 따라서 나는 봉급이 삭감되기 전보다 적은 봉급을 받게 되는 셈이다.

이 예에서 길수는 추론을 하고 있다. 여기서 마지막 문장은 길수의 추론의 결론이고, 앞의 두 문장들은 그 결론을 옹호하는 근거들이다. 추론은 어떤 주장을 이미 알려진 정보를 토대로 이끌어 내는 과정이다. 다시 말하면, 주어진 전제들로부터 어떤 결론을 이끌어 내는 과정이라고 볼 수 있다.

이제 위의 추론을 직관적으로 평가해 보자. 위의 추론은 올바른가? 길수의 원래 월급이 100만 원이었다고 하자. 작년에 20%를 삭감 당했으므로 현재의 월급은 80만 원이다. 현재의 월급의 20%는 16만 원이다. 따라서 길수가 앞으로 받게 될 월급은 96만 원이다. 그러므로 위의 추론은 올바르다.

추론은 마음속으로 할 수도 있고, 이를 말로 표현할 수도 있다. 후자의 경우를 '논증'argument이라고 부른다. 논증은 전제와 결론으로 구성되며, 다음의 두 가지 특성을 갖는다.

(1) 논증을 제시하는 사람은 전제들이 결론을 옹호한다는 점을 주장해야 한다.
(2) 또한 그는 전제들이 참이라고 주장해야 한다.

전제가 결론을 옹호하지 않는다면, 결론을 받아들일 이유가 없다. 그리고 비록 전제가 결론을 옹호한다 하더라도, 전제가 참이 아니라면 결론을 받아들일 필요가 없다. 논증의 한 전형적인 예를 살펴보자.

모든 사람들은 죽는다.
소크라테스는 사람이다.
그러므로 소크라테스는 죽는다.

이 논증은 두 개의 전제들과 하나의 결론으로 구성되어 있다. 이 논증에서 전제들의 참은 결론의 참을 보증한다. 그리고 두 전제들은 참이다. 따라서 우리는 이 논증의 결론을 참이라고 받아들여야 한다.

이제 어떤 논증이 제시될 때, 어떻게 전제들과 결론을 구분할 수 있는지 생각해 보자.

작년 한 해 동안 총국민소득은 증가했고, 인구는 증가하지 않았다. 그러므로 일인당 국민소득은 증가했음이 틀림없다.

이 논증의 결론은 무엇인가? 결론은 '일인당 국민소득은 증가했다'이다. 우리는 이 진술이 결론임을 '그러므로' 라는 결론 지시어conclusion indicator를 통해 알 수 있다. 결론 지시어에는 '그러므로' 이외에도 '따라서', '그래서', '…이 도출된다', '반드시 … 이다', '… 임에 틀림없다' 등이 있다.

이 액체는 산성이다. 왜냐하면 이 액체는 파란 리트머스 시험지를 붉게 변하게 했기 때문이다.

이 논증의 전제는 무엇인가? 전제는 '이 액체는 파란 리트머스 시험지를 붉게 변하게 했다'이다. 우리는 이것을 '왜냐하면' 이라는 전제 지시어premise indicator를 통해 알 수 있다. 또 다른 전제 지시어들로는 '… 이므로', '… 때문에' 등이 있다. 많은 경우 우리는 논증의 전제와 결론을 전제 지시어와 결론 지시어를 통해 찾아낼 수 있다.

이제 논증과 비논증을 구분해 보자. 우선 여러 진술들이 같이 주장되었다고 반드시 논증인 것은 아니다.

임진왜란은 1592년에 일어났고, 정유재란은 1597년에 일어났다.

이 예에는 결론이 포함되어 있지 않다. 따라서 논증이 아니다. 위의 진술의 기능은 일어난 사실들을 단지 보고report하는 것이다.

음악이 너무 시끄러웠다. 그래서 나는 연회장을 떠났다.

이 예에서 앞의 문장은 내가 연회장을 떠난 행동의 이유를 설명해 주지만, 뒤의 문장이 참이 되도록 해 주는 전제는 아니다.

그렇다면 논증과 설명의 차이는 무엇인가? 설명explanation은 이미 알려진 어떤 사실이 왜 발생했는지를 밝히려는 시도이다. 이에 반해 논증argument은 어떤 것이 참임을 기존의 지식에 의거하여 확립하려는 시도이다. 따라서 설명에서는 피설명항의 참이 논란거리가 아니지만, 논증에서는 결론의 참이 논란거리가 된다. 다시 말해, 설명에서 설명항explanans은 피설명항explanandum이 왜 성립하는지를 보여 주고자 한다. 반면에 논증에서 전제premise는 주어진 결론conclusion이 참임을 옹호하는 역할을 한다. 따라서 설명과 논증은 다른 것이다. 다음의 두 예들을 살펴보자.

(1) 오늘 주가가 폭락한 것은 기관 투자가들이 대량 투매를 했기 때문이다.
(2) 오늘까지 태양은 항상 동쪽에서 떴다. 그러므로 태양은 내일도 동쪽에서 뜰 것이다.

(1)에서 '오늘 주가가 폭락했다'는 것은 이미 알려진 사실이다. 따라서 (1)의 목적은 이 알려진 사실이 왜 발생했는지를 밝히고자 하는 것이다.

(2)에서 알려진 사실은 '오늘까지 태양은 항상 동쪽에서 떴다' 는 것이다. (2)의 목적은 이 사실을 전제로 하여 '태양은 내일도 동쪽에서 뜰 것이다' 라는 결론을 확립하고자 하는 것이다. 이런 이유에서 설명과 논증은 서로 추구하는 목적이 다르다. 다시 말해, 논증은 논란이 되고 있는 결론의 참을 확립하는 것을 목적으로 하는 데 반해, 설명은 이미 알려진 사실이 왜 발생했는지를 밝히려는 것을 목적으로 한다 .

논리학은 크게 아리스토텔레스의 논리학을 기본으로 하는 전통 논리학과 독일의 논리학자 고틀로프 프레게Gottlob Frege와 영국의 논리학자 버트런드 러셀Bertrand Russell에 의해 토대가 마련된 현대 논리학으로 구분된다. 현대 논리학은 전통 논리학에 비해 훨씬 광범위하고 다양한 추론 형식들을 다룰 수 있을 뿐만 아니라 훨씬 체계적이다. 따라서 이 책에서 우리는 주로 현대 논리학의 시각에서 논리학을 다룰 것이다. 그런데 전통 논리학은 오랜 시간 동안 사용되어온 논리학이기 때문에 그 내용을 어느 정도 아는 것이 필요하다. 따라서 4장과 부록에서 전통 논리학을 간략히 소개할 것이다.

연습문제 A 다음 단락들 중 어떤 것이 논증인지를 결정하고, 논증인 경우 전제 지시어 또는 결론 지시어가 있으면 이를 찾으시오.

(1) 전쟁은 오직 최후의 수단으로서만 용인될 수 있다. 왜냐하면 모든 전쟁들은 불가피하게 많은 죄 없는 희생자들을 낳게 된다. 그리고 죄 없는 희생자들을 낳는 모든 행위들은 오직 최후의 수단으로서만 용인될 수 있다.

(2) 김대중 대통령은 광복절 경축사에서 정의와 복지 그리고 인권실현을 강조
했다. 먼저 "깨끗한 나라, 정의로운 사회를 만들겠다"며 우선 부정부패의
척결을 강조했다. "부정 부패의 척결 없이는 국정의 개혁은 없다"면서 "만
난을 무릅쓰고 이를 단행할 것"이라고 말했다.

(3) 지나친 야심을 갖고 있는 모든 사람들은 자연스럽게 친구들과 소원하게 된
다. 길수는 지나친 야심을 갖고 있다. 따라서 길수는 자연스럽게 친구들과
소원하게 될 것이다.

(4) 뉴턴과 아인슈타인의 이론에 따르면 주어진 시점에 고립된 역학체계가 존
재하고, 그 고립된 체계 내에서 일정 순간 한 질량의 위치와 운동량의 동시
적인 측정이 경험적으로 가능하다. 반면 양자역학에서는 관찰되는 역학체
계에 대한 해석이 좀 더 복잡한 양상을 지닌다. 여기서는 정확한 측정 대신
에 확률분포에 의한 통계적 측정만이 가능하다. 운동량과 위치는 동시에
정확한 측정이 불가능하며, 단지 예측 범위 안에서만 관찰 결과를 얻을 수
있다.

(5) 영태가 새 차를 구입한다면, 그는 생활비가 부족하게 될 것이다. 영태는 새
차를 구입하지 않을 것이다. 그러므로 영태는 생활비가 부족하지 않을 것
이다.

(6) 2000년 전에 로마인들이 영국을 점령했을 때, 그들은 석탄을 사용했다. 석
탄은 다량의 매연과 아황산가스를 배출하기 때문에 그 당시 영국의 큰 도
시의 공기는 매우 오염되어 있었음에 틀림없다.

(7) 나이가 들면서 대부분의 사람들은 타인의 새로운 생각에 대해 덜 수용적이 된다. 윌리엄 하비에 의하면, 그가 자신의 혈액순환 이론을 처음 제시했을 때 40세 이후의 사람은 그 어느 누구도 받아들이지 않았다고 한다. 많은 사람들이 중년 이후에 창의성을 잃는 이유는 종종 새로운 것을 생각할 여유를 허용하지 않는 과중한 업무 부담 때문이다. 또 다른 경우는 중년 이후 생활이 안정되고 보장됨으로써 나태해지고, 이로 인해 새로운 것을 추구할 수 있는 동력을 상실하기 때문이다.

(8) 일반적으로 태양과 비슷한 질량을 가진 별은 진화의 마지막 단계에서 백색왜성이 되어 그 일생을 마치지만, 태양보다 몇 배나 큰 질량을 가진 별들은 폭발을 일으켜 초신성이 된다. 이때 바깥층의 물질은 우주 공간으로 날아가고, 중심부의 물질은 내부로 수축하여 중성자성이 된다. 이 가운데 태양보다 열 배 이상 무거운 별들은 자체 질량에 의한 중력을 견디지 못하고 계속 수축하기 때문에, 내부에서 빛이 빠져나올 수 없을 정도로 중력이 증가한 블랙홀이 된다 .

(9) 우리가 생각하거나 상상할 수 있는 것은 관념 또는 관념과 유사한 것이다. 그런데 한 관념과 유사한 것은 다른 관념 외에는 없다. 따라서 우리는 관념이 아닌 것은 이해할 수 없다. 그런데 어떤 관념도 마음으로부터 독립해서 존재할 수 없다. 따라서 우리는 마음으로부터 독립해서 존재하는 것을 이해할 수 없다.

2

연역 논증과
귀납 논증

Core

logic

Logical Inference and Proof Techniques

2-1. 연역 논증과 귀납 논증 사이의 구별

논증은 두 가지 유형으로 분류된다. 하나는 연역 논증deductive argument이고, 다른 하나는 귀납 논증inductive argument이다. 그렇다면 양자를 어떻게 구분할 수 있는가? 전제와 결론 사이에 성립한다고 주장되는 추론의 강도 inferential strength에 의해 구분할 수 있다. 주어진 논증의 전제들이 참이라는 가정하에서 결론이 반드시 참이라고 주장하는 경우에 그 논증은 연역 논증으로 분류될 수 있다. 반면 주어진 논증의 전제들이 참이라는 가정하에서 결론의 참이 절대적으로 보증되는 것은 아니지만, 그럼에도 참일 개연성이 높다고 주장하는 경우에 그 논증은 귀납 논증으로 분류될 수 있다.

이제 구체적인 예들을 통해 연역 논증과 귀납 논증의 차이에 대해 살펴보기로 하자.

(1) 어떤 사람이 주어진 논증의 전제들이 참이라는 가정하에서 결론이 반드시 참이라고 주장할 수 있다. 다시 말해 결론을 단언적으로 주장할 수 있다. 다음과 같은 경우이다.

모든 민주국가들의 주권은 국민에게 있다.

대한민국은 민주국가이다.

그러므로 대한민국의 주권은 국민에게 있다.

위 논증의 전제들이 모두 참일 경우에 결론은 반드시 참이다. 따라서 위 논증을 연역 논증으로 분류할 수 있다.

(2) 어떤 사람이 주어진 논증의 전제들이 참이라는 가정하에서 결론의 참이 절대적으로 보증되는 것은 아니지만, 그럼에도 결론이 참일 개연성이 높다고 주장할 수 있다. 다시 말해 결론을 개연적으로 주장할 수 있다. 다음과 같은 경우이다.

지난 30년간 서울의 연간 강수량은 항상 500mm 이상이었다.

그러므로 올해 서울의 연간 강수량도 500mm 이상일 것이다.

우리는 일상생활 속에서 위와 같은 종류의 논증을 자주 접한다. 예컨대 기상 캐스터가 위와 같은 논증을 제시할 수 있다. 그런데 위 논증의 결론은 전제로부터 연역적으로 도출되지 않는다. 비록 전제가 참일지라도, 어떤 이유에서 예컨대 기상이변에 의해 올해 서울의 연간 강수량이 500mm 이하일 수 있다. 그렇지만 전제가 결론을 믿기 위한 좋은 이유를 제시하는 것은 분명하다. 따라서 위의 논증을 귀납 논증으로 분류할 수 있다.

귀납 논증에 대해 좀 더 정확하게 이해하기 위해 두 가지 예들을 더 살펴보자.

길수는 총선연대의 회원이다. 총선연대의 회원들은 대개 구태의연한 정치인들을 혐오한다. 그러므로 길수는 아마도 구태의연한 정치인들을 혐오할 것이다.

이 논증의 결론은 '길수는 아마도 구태의연한 정치인들을 혐오할 것이다'가 아니라, '길수는 구태의연한 정치인들을 혐오한다'이다. 여기서 '아마도 … 할 것이다'와 같은 표현은 결론의 한 부분이 아니라, 전제와 결론 사이에 성립한다고 주장되는 추론의 강도를 나타내는 표현이다.

지금까지 해는 항상 동쪽에서 떴다. 그러므로 내일도 해는 동쪽에서 뜰 것이다.

어느 누구도 내일 해가 동쪽에서 뜰 것이라는 것을 의심하지 않을 것이다. 그렇지만 위의 논증을 귀납 논증으로 분류해야 한다. 왜냐하면 전제의 참이 결론의 참을 보증하지 않기 때문이다. 비록 개연성은 극히 적지만, 어떤 커다란 혜성이 지구와 충돌하여 지구의 자전 방향에 변화를 일으킬 수 있고, 그 결과로 해가 동쪽에서 뜨지 않을 수 있기 때문이다.

이제 다음 논증을 고려해 보자.

비가 왔을 때는 언제나 길이 미끄럽다. 그런데 지금 길이 미끄럽다. 그러므로 비가 왔음에 틀림없다.

위 논증은 연역 논증인가 아니면 귀납 논증인가? 앞서 언급한 바대로 우리는 전제와 결론 사이에 성립한다고 주장되는 추론의 강도에 의해 연역 논증과 귀납 논증을 구분할 수 있다. 이제 위 논증을 제시하는 사람이 위 논증의 전제들이 참이라는 조건하에서 결론이 반드시 참이라고 주장한다고 가정해보자. 이 경우 우리는 위 논증을 연역 논증으로 분류할 수 있다. 그런데 이와 같이 논증의 유형을 분류하는 것과 그렇게 분류한 논증을 평가하는 것은 구분돼야 한다. 예컨대 연역논증으로 분류된 논증은 '타당한' 연역 논증으로 평가될 수도 있고, '부당한' 연역 논증으로 평가될 수도 있다. 그렇다면 위 논증을 어떻게 평가할 수 있는가? 여기서 주목할 점은 위 논증의 전제들이 참일지라도 결론이 반드시 참인 것은 아니라는 것이다. 왜냐하면 길이 미끄러운 이유가 눈이 왔기 때문일 수도 있고, 또는 누군가가 물을 뿌려서 그런 것일 수도 있기 때문이다. 따라서 우리는 위 논증을 연역 논증으로 분류할 수 있고, 또한 부당한 연역 논증으로 평가할 수 있다.

이제 어떻게 연역 논증과 귀납 논증을 구별할 수 있는지 살펴보자.

(1) 우선 전제와 결론 사이에 성립한다고 주장되는 추론의 강도에 의해 연역 논증과 귀납 논증을 구분할 수 있다. 주어진 논증의 전제들이 참이라는 가정하에서 결론이 반드시 참이라고 주장하는 경우에는 연역 논증이고, 그렇지 않으면 귀납 논증이다.

(2) 논증의 결론을 단언적 주장으로서 옹호하는지 아니면, 단지 개연적 주장으로서 옹호하는지에 의해 구분할 수 있다. 전자의 경우는 연역 논증으로, 그리고 후자의 경우는 귀납 논증으로 분류할 수 있다.

(3) 사용되는 특별한 지시어들에 의거하여 판단할 수 있다. '반드시 이다'와 같은 표현이 나타나면 연역 논증일 가능성이 높으며, 반면에 '아마도 …일 것이다'와 같은 표현이 나타나면 귀납 논증일 가능성이 높다.

(4) 논증을 제시하는 사람에게 그가 주장하는 바가 무엇인지 물어볼 수 있다. 그가 주장하는 바가 전제들의 참이 결론의 참을 보증한다는 것이라면 그 논증을 연역 논증으로 분류할 수 있다. 반면 전제들이 참이라는 가정에서 결론의 참이 절대적으로 보증되는 것은 아니지만, 그럼에도 참일 개연성이 높다고 주장하는 것이라면 그 논증을 귀납 논증으로 분류할 수 있다.

2-2. 참, 타당성 그리고 건전성

(가) 참truth은 진술의 특성이다. 즉 전제와 결론에 관한 특성이다. 그러나 타당성validity은 이런 진술들로 이루어진 논증의 특성이다.

정의 논증 A는 타당하다 =df A의 전제들이 모두 참이면 A의 결론은 반드시 참이다.
정의 논증 A는 부당하다 =df A는 타당하지 않다.

> (1) 내 차에 연료가 없다면, 내 차는 시동이 걸리지 않을 것이다. 내 차에 연료가 없다. 그러므로 내 차는 시동이 걸리지 않을 것이다.
> (2) 네가 외모에 지나치게 신경을 쓴다면, 너는 늙는 것에 대해 두려움을 느낄 것이다. 너는 외모에 지나치게 신경을 쓴다. 그러므로 너는 늙는 것에 대해 두려움을 느낄 것이다.

우리가 어떤 논증이 타당하다고 말할 때, 우리는 그 논증의 구조 또는 패턴을 공유하는 모든 논증들에 대한 보편적인 주장을 하는 것이다. 다시 말해 어떤 논증이 타당하다고 말할 때, 우리는 그 논증과 동일한 구조를 갖는 모든 논증들에 대해서, 전제들이 참인 경우에 결론도 참이라고 주장하는 것이다. 위의 두 예들을 보자. 위의 두 논증들은 다음과 같은 구조를 갖고 있다.

> A이면 B이다.　　　　(If A, then B.)
> A이다.　　　　　　　(A.)
> 그러므로 B이다.　　　(Therefore B.)

직관적으로 볼 때, 이러한 구조를 갖는 어떤 논증도 타당하다. 왜냐하면 이러한 구조가 표현하는 추론 규칙이 명백히 올바르기 때문이다. 다시 말해 (1)이 타당하다고 말할 때, 우리는 (1)이 항상 참인 전제들로부터 참인 결론으로 인도하는 그러한 구조를 갖고 있음을 주장하는 것이다. 그리고 (1)과 (2)는 동일한 구조를 갖고 있으므로 동일한 이유에서 타당하다.

(나) 타당성과 건전성 사이의 구분

정의 논증 A는 건전하다 =$_{df}$ A는 타당하고, 또한 A의 전제들이 모두 참이다.

(A is sound =$_{df}$ A is valid and its premises are all true.)

> (1) 노무현 또는 김건모는 정치인이다.
> 김건모는 정치인이 아니다.
> 그러므로 노무현은 정치인이다.

이 논증은 타당하다. 또한 두 전제들 모두 참이다. 그러므로 이 논증은 건전하다.

> (2) 모든 너구리들은 포유류이다.
> 모든 포유류들은 온혈 동물이다.
> 그러므로 모든 너구리들은 온혈 동물이다.

이 논증도 역시 타당하고 또한 건전하다.

> (3) 우리가 마약을 합법화한다면, 우리는 좋은 의료보험체계가 필요할 것이다.
> 우리는 마약을 합법화하지 않았다.

그러므로 우리는 좋은 의료보험체계가 필요하지 않다.

이 논증은 타당하지 않다. 또한 건전성의 정의에 의하여 이 논증은 건전하지 않다. 왜 이 논증이 타당하지 않은지에 대해 잠시 살펴보자. 이 논증은 다음과 같은 구조를 갖는다.

A이면 B이다.　　　　　(If A, then B.)

A가 아니다.　　　　　　(Not-A.)

그러므로 B가 아니다.　　(Not-B.)

(3)이 타당한 논증이기 위해서는 이 구조를 공유하는 모든 논증들이, 전제들이 참이면 결론도 반드시 참이어야 한다. 그렇지만 이 논증 구조는 다음과 같은 반례counterexample를 허용한다.

세종대왕이 참수형을 당했다면, 세종대왕은 저세상 사람이다.

세종대왕은 참수형을 당하지 않았다.

그러므로 세종대왕은 저세상 사람이 아니다.

이 논증은 (3)과 동일한 구조를 갖고 있다. 그리고 두 전제들 모두 참이다. 그렇지만 결론은 거짓이다. 따라서 (3)의 논증 구조는 반례를 허용한다. (3)과 같은 종류의 부당한 논증이 범하는 오류를 우리는 '전건 부정의 오류'the fallacy of denying the antecedent라고 부른다 .

(4) 길수가 혜영을 진정으로 사랑한다면, 그는 불건전한 생활을 청산할 것이다.

길수는 불건전한 생활을 청산했다.

그러므로 길수는 혜영을 진정으로 사랑한다.

이 논증은 타당하지 않으며, 따라서 건전하지 않다. 이 논증은 다음과 같은 구조를 갖는다.

A이면 B이다.　　　(If A, then B.)

B이다.　　　　　　(B.)

그러므로 A이다.　　(A.)

그리고 이 논증 구조는 다음과 같은 반례를 허용한다.

세종대왕이 참수형을 당했다면, 세종대왕은 저세상 사람이다.

세종대왕은 저세상 사람이다.

그러므로 세종대왕은 참수형을 당했다.

(4)와 같은 종류의 논증이 범하는 오류를 우리는 '후건 긍정의 오류'the fallacy of affirming the consequent라고 부른다.

(5) 모든 아이들은 날개를 갖고 있다 .

모든 걸음마장이들은 아이들이다.

그러므로 모든 걸음마장이들은 날개를 갖고 있다.

이 논증은 타당하다. 그렇지만 첫 번째 전제가 거짓이므로, 이 논증은 건전하지 않다.

(다) 연역 논증을 도표로 분류하면 다음과 같다.

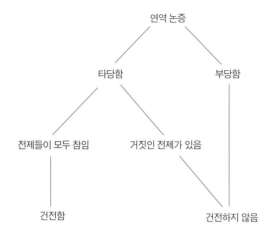

2-3. 귀납 논증

연역 논증에 대해서 우리는 논증이 타당한지 아닌지의 평가를 할 수 있다. 그런데 귀납 논증은 전제들이 결론을 절대적으로 보증한다고 주장하지 않고, 단지 전제들이 결론을 받아들일 좋은 근거를 제시한다고 주장한다. 따라서 귀납 논증은 타당성의 여부로 평가할 수 없다. 그러므로 귀납 논증의 경우에 우리는 전제들이 결론을 옹호하는 정도에 따라서 '귀납적으로 강한'inductively strong 또는 '귀납적으로 약한'inductively weak이라는 다소 모호한 표현을 사용하여 논증을 평가해야 한다. 다시 말해, 귀납 논증은 다양한 정도의 강함과 약함을 허용한다.

정의 A는 강한 귀납 논증이다 =df A의 전제들이 모두 참이라면 A의 결론은 참일 개연성이 높다.

정의 A는 약한 귀납 논증이다 =_df A의 전제들이 모두 참이라도 A의 결론은 참일 개연성이 낮다.

몇 가지 예들을 살펴보자.

90%의 학생들은 버스를 타고 통학을 한다. 철수는 학생이다. 그러므로 아마도 철수는 버스를 타고 통학을 할 것이다.

이 논증은 귀납 논증이다. 왜냐하면 전제들의 참이 결론의 참을 절대적으로 보증하지 않기 때문이다. 그렇지만 이 논증에 관련된 확률은 90%이다. 따라서 이 논증은 귀납적으로 강한 논증(다시 말해 강한 귀납 논증)이다.

50%의 고등학생들이 테레사 수녀를 그녀의 인권에 대한 공헌 때문에 존경한다. 영숙이는 고등학생이다. 그러므로 아마도 영숙이는 테레사 수녀를 그녀의 인권에 대한 공헌 때문에 존경할 것이다.

이 논증은 단지 50%의 확률이 관련되어 있기 때문에 약한 귀납 논증이다.

동전이 계속해서 앞면이 네 번 나왔다. 종국적으로 동전은 앞면이 나올 확률이 50%, 그리고 뒷면이 나올 확률이 50%이다. 그러므로 다음번에는 뒷면이 나올 것이다.

계속해서 다섯 번 앞면이 나올 확률은 무엇인가? $\frac{1}{2} \times \frac{1}{2} \times \frac{1}{2} \times \frac{1}{2} \times \frac{1}{2} = \frac{1}{32}$ 즉 32분의 1의 확률이다. 매번 동전을 던질 때마다 앞면이 나올 확률은 50%이다. 계속해서 네 번 앞면이 나왔으므로 다음번에 뒷면이 나올 확률이 높아졌다고 생각할 사람이 있을지 모른다. 그렇게 생각한다면, 그 사람은 도박꾼의 오류the gambler's fallacy를 범한다. 다음 번 던질 때 뒷면이 나올 확률은 여전히 50%이다. 따라서 위의 논증은 귀납적으로 약한 논증(다시 말해 약한 귀납 논증)이다.

(가) 귀납의 문제

귀납 논증은 다음과 같은 특징을 갖고 있다.

(1) 결론이 거짓일 가능성이 항상 존재한다.

다음은 버트런드 러셀의 유명한 칠면조 예이다. 한 농장에서 평생을 보낸 한 영리한 칠면조가 다음과 같은 추론을 한다고 가정해 보자.

> 나의 주인은 내가 태어난 이후 지금까지 매일 나에게 모이를 가져다주었다. 그러므로 그는 오늘도 내게 모이를 가져다줄 것이다.

이 논증은 귀납적으로 강한 논증이다. 이 논증 자체에는 아무런 잘못이 없다. 칠면조의 입장에서 매우 합리적인 논증이다. 그렇지만 오늘이 추수감사절이어서 농장 주인이 그 칠면조를 이용한 요리를 계획하고 있다고 생각해 보자. 이 경우 좋은 귀납 논증임에도 불구하고, 그 칠면조는 모이를 먹는 대신에 죽임을 당하는 신세이다. 요점은 다음과 같다. 연역 논증은 건전한 경우에 그 결론이 항상 참이다. 그렇지만 귀납 논증은 그것이 아무리 귀납적으로 강한 논증일지라도 결론의 참을 절대적으로 보증하지는 못한다.

(2) 결론이 불안정하다.

다음의 귀납 논증을 살펴보자 .

> 갑수는 충청도 출신이다. 90%의 충청도 출신들은 수영을 하지 못한다.
> 그러므로 갑수는 수영을 하지 못한다.

이 논증은 귀납적으로 강한 논증이다. 이제 다음과 같은 새로운 정보가 알려졌다고 하자 .

> 갑수는 수상구조원이다. 99%의 수상구조원들은 수영을 할 수 있다.
> 그러므로 갑수는 수영을 할 수 있다.

이 논증 역시 강한 귀납 논증이다. 그러나 결론이 바뀌었음을 주목하라. 이제 또다른 새로운 정보가 알려졌다고 가정하자 .

> 갑수는 심한 무릎 부상을 입었다. 심한 무릎 부상을 입은 80%의 사람들은
> 수영을 하지 못한다. 그러므로 갑수는 수영을 하지 못한다.

결론적으로, 귀납 논증은 새로운 정보가 추가될 경우 그 결론이 바뀔 수 있다는 의미에서 불안정하다.

(나) 귀납 논증의 이점

연역 논증에 비해 귀납 논증은 앞서 언급한 단점들을 갖고 있다. 그렇다면

왜 우리는 굳이 귀납 논증을 사용해야 하는가? 다음과 같은 중요한 장점을 갖고 있기 때문이다. 다음의 두 논증들을 살펴보자.

> 모든 까마귀들은 검다. 그러므로 이 건물 옥상에 까마귀가 있다면, 그 까마귀는 검을 것이다. (연역 논증)

> 지금까지 관찰된 모든 까마귀들은 검다. 그러므로 이 건물 옥상에 까마귀가 있다면, 그 까마귀는 검을 것이다. (귀납 논증)

위의 연역 논증은 전제가 참이면, 결론이 참임을 절대적으로 보증한다. 그렇지만 우리는 그 전제의 참을 경험적으로 확립할 방법이 없다. 지금까지 관찰된 모든 까마귀들이 검었더라도 관찰되지 않은 검지 않은 까마귀가 있을 수 있고, 따라서 앞으로 그러한 까마귀가 발견될 가능성을 배제하지 못한다. 반면에 위의 귀납 논증은 전제의 참이 결론의 참을 절대적으로 보증하지는 않지만, 전제의 참을 경험적으로 확립할 수 있다. 요컨대, 연역 논증에 대해서 귀납 논증이 갖는 중요한 장점은 전제의 참을 확립하기가 훨씬 수월하다는 점이다.

또한 앞서 귀납 논증을 설명할 때 언급했던 다음 논증을 살펴보자.

> 90%의 학생들은 버스를 타고 통학을 한다. 철수는 학생이다. 그러므로 아마도 철수는 버스를 타고 통학을 할 것이다.

위의 논증의 전제가 보여 주는 것처럼, 우리가 이용할 수 있는 정보가 통계적인 정보인 경우가 자주 있다. 이런 통계적인 정보를 이용해 추론하기 위해서는 귀납 논증을 사용해야 한다.

다음 논증을 연역 논증으로 해석하는 것이 바람직한지 아니면 귀납
논증으로 해석하는 것이 바람직한지를 결정하시오.

(1) 백두산은 한라산보다 높다. 그리고 한라산은 지리산보다 높다. 따라서 백두
산은 지리산보다 높다.

(2) 커피 자판기에 '고장임'이라는 안내문이 붙어 있다. 따라서 이 자판기는 고
장난 것이 틀림없다.

(3) 이 모임에는 여덟 사람이 참석했다. 따라서 적어도 이 사람들 중 두 사람은
한 주에서 같은 요일(예컨대, 월요일)에 태어났다.

(4) 길수는 남중과 닮았고, 남중은 기용과 닮았다. 그러므로 길수는 기용과 닮았다.

(5) 한 도시에서 인구가 증가할 때마다 주택 수요 또한 증가한다. 서울의 인구는
증가하고 있다. 따라서 서울의 주택 수요도 증가할 것이다.

다음 진술들이 참인지 거짓인지 답하시오.

(1) 모든 전제들이 참이면서 결론이 거짓인 타당한 논증이 가능하다.

(2) 타당하지만 건전하지 않은 논증이 가능하다.

(3) 타당하지만 결론이 거짓인 논증이 가능하다.

(4) 건전하지 않은 모든 논증들은 거짓된 결론을 갖는다.

(5) 타당하지는 않지만 건전한 논증이 가능하다.

(6) 어떤 논증이 건전하다면 그 논증의 전제들은 모두 참이어야 한다.

3

논리적 연결사 :
부정, 연언 그리고 선언

Logical Inference and Proof Techniques

3-1. 단순 문장과 복합 문장의 구분

이 장에서는 가장 기본적인 논리적 연결사logical connective인 부정negation, 연언conjunction 그리고 선언disjunction의 개념들에 대해 공부할 것이다. 단순 문장simple sentence은 논리적 연결사를 포함하고 있지 않은 문장이다. 예컨대 '길수는 학생이다'는 단순 문장이다. 왜냐하면 이 문장에는 어떤 논리적 연결사도 포함되어 있지 않기 때문이다. 그리고 복합 문장compound sentence은 논리적 연결사를 이용하여 구성된 문장이다. 예컨대 '길수는 학생이다 그리고 윤주는 회사원이다'는 '길수는 학생이다'라는 단순 문장과 '윤주는 회사원이다'라는 단순 문장이 '그리고'라는 논리적 연결사에 의해 연결된 복합 문장이다.

3-2. 부정

다음 문장을 다시 고려해 보자. '길수는 학생이다.' 이 단순 문장을 'G'라는 약어로 표시하자. 각 단순 문장은 참이거나 또는 거짓이거나 단지 두가지 가능성만을 갖는다. 따라서 'G'는 참이거나 거짓, 둘 중의 하나이다.

참을 'T'로 표시하고, 거짓을 'F'로 표시하자. 그러면 우리는 문장 'G'의 진리 조건을 다음과 같이 나타낼 수 있다.

G
T
F

이제 다음 문장을 고려해 보자. '길수는 학생이 아니다.' 이 문장은 문장 'G'에 대한 부정문이다. 즉 이 문장은 '길수는 학생이다'라는 문장이 참이 아님을 말한다. 그리고 한국어에서 부정의 의미는 '아니다'라는 말로 표현된다. 한편 문장 'G'를 영어로 표현하면 'Gilsoo is a student'이고, 이것의 부정문은 'Gilsoo is not a student'이다. 따라서 영어에서 부정의 의미는 'not'이라는 단어를 통해 표현된다. 따라서 문장 'G'의 부정문은 간단하게 'not-G'로 표현될 수 있다. 이를 기호로 표현하면 다음과 같다.

~G

여기서 '~'는 부정 기호이다. 따라서 위의 문장 '~G'는 'G'가 참이 아님을 말한다. 그리고 '길수는 학생이 아니다'라는 문장은 '길수는 학생이다'라는 단순 문장과 부정 기호가 결합된 복합 문장이라고 볼 수 있다. 그러면 이 복합 문장의 진리 조건은 무엇인가? 부정 기호의 기능은 주어진 문장의 진리값을 반대로 바꿔주는 것이다. 즉 'G'가 참이면 '~G'는 거짓이고, 'G'가 거짓이면 '~G'는 참이다. 이것을 도표로 나타내면 다음과 같다.

G	~G
T	F
F	T

이러한 표를 '진리표'truth table라고 부른다. 위의 진리표가 보여 주듯이, 부정은 입력값input이 T이면, 출력값output을 F로 결정해 주고, 입력값이 F이면 출력값을 T로 결정해 주는 일종의 함수의 역할을 함을 알 수 있다. 부정의 의미를 이와 같이 진리값들의 함수로 정의하는 것을 '부정의 진리 함수적 정의'the truth-functional definition of negation라고 부른다.

3-3. 연언

이제 다음의 복합 문장을 고려해 보자. '길수는 서울에 산다 그리고 윤주는 부산에 산다.' 이 복합 문장에는 두 개의 단순 문장들이 나타난다. 하나는 '길수는 서울에 산다'이고 다른 하나는 '윤주는 부산에 산다'이다. 그리고 이 두 단순 문장들은 논리적 연결사 '그리고'에 의해 연결되어 있다. '그리고'는 영어의 'and'에 해당한다. 첫 번째 문장을 'G'로 표시하고, 두 번째 문장을 'Y'로 표시하자. 그리고 논리적 연결사 '그리고'를 '&'라는 기호로 표시하자. 그러면 위의 복합 문장을 다음과 같이 기호화할 수 있다.

G & Y

이제 우리의 관심은 위의 복합 문장의 진리 조건이 어떠하냐이다. 각 단순 문장은 T와 F의 두 가지 가능성을 갖기 때문에, 위의 복합 문장은 네 가지 가능성을 갖는다. 즉 'G'와 'Y'가 둘 다 참일 수 있고, 둘 중 하나만 참일 수 있고, 그리고 둘 다 거짓일 수 있다. 이 네 가지 경우들을 진리표로 표현하면 다음과 같다.

G	Y	G & Y
T	T	T
T	F	F
F	T	F
F	F	F

위의 진리표에서 알 수 있듯이 연언 문장 'G & Y'는 두 구성 문장들이 둘 다 참일 경우에만 참이고, 그 외에는 거짓이 된다. 따라서 '그리고'는 양쪽에 나타나는 두 구성 문장들이 동시에 참일 경우에만 전체 문장을 참으로 만들어 주는 것이다. 이와 같이 '&'의 의미를 정의하는 것을 '연언의 진리 함수적 정의'the truth-functional definition of conjunction라고 부른다.

3-4. 선언

이제 다음의 복합 문장을 고려해 보자. '길수는 서울에 산다 또는 윤주는 부산에 산다.' 이 복합 문장은 두 개의 단순 문장들이 논리적 연결사 '또는'에 의해 연결되어 있다. '또는'은 영어의 'or'에 해당한다. 앞서 그랬던 것처럼, 첫 번째 단순 문장을 'G'로 표시하고, 두 번째 단순 문장을 'Y'로 표시하자. 그리고 논리적 연결사 '또는'을 '∨'라는 기호로 표시하자. 그러면 위의 복합 문장은 다음과 같이 기호화할 수 있다.

$$G \vee Y$$

이 복합 문장의 진리 조건은 무엇인가? 각 단순 문장은 T와 F의 두 가지 가능성을 갖기 때문에, 위의 복합 문장은 다음과 같이 네 가지 가능성을 갖는다.

G	Y	G ∨ Y
T	T	T
T	F	T
F	T	T
F	F	F

즉 위의 선언 문장은 두 구성 문장들이 둘 다 거짓일 경우에만 거짓이고, 그 외에는 참이다. 따라서 '또는'은 양쪽에 나타나는 두 구성 문장들이 동시에 거짓일 경우에만 전체 문장을 거짓으로 만들어 주는 것이다. 이와 같이 '∨'의 의미를 정의하는 것을 '선언의 진리 함수적 정의'the truth-functional definition of disjunction라고 부른다.

3-5. '또는'의 두 의미

연언과는 달리, '또는'이라는 표현은 애매하다. 한 표현이 '애매하다'ambiguous는 말은 그 표현이 어떤 맥락에서 둘 또는 그 이상의 의미로 해석될 수 있다는 뜻이다. 예컨대 다음 문장을 고려해 보자.

길수는 배를 갖고 있다.

위 문장에서 '배'라는 표현은 애매하다. 왜냐하면 '배'라는 말이 '물위에 떠다니며 사람이나 짐 따위를 실어 나르게 만든 탈것'을 뜻하는지 아니면 '배나무의 열매'를 뜻하는지, 또는 '위장 따위가 들어 있는 가슴과 골반 사이의 부분'을 뜻하는지 분명치 않기 때문이다.

그렇다면 '또는'이라는 표현은 어떤 의미에서 애매한가? 다음 문장들을 고려해 보자.

(1) 8시발 부산행 KTX열차는 지금 1번 선로 또는 2번 선로 위에 있다.

(2) 혜영은 19세 또는 20세이다.

(3) 연료 필터가 거의 막혀 있거나 또는 스파크 플러그가 손상되어 있다.

(4) 보험료 납부는 아프거나 또는 실직할 경우 면제될 것이다.

문장 (1)과 문장 (2)에서 '또는'이란 표현은 '둘 중의 하나이지만 둘 다는 아니다'one or the other, but not both를 뜻한다. 왜냐하면 8시발 부산행 KTX 열차가 1번 선로에 있으면서 동시에 2번 선로에 있는 것은 불가능하며, 마찬가지로 혜영이 19세이면서 동시에 20세인 것은 불가능하기 때문이다. 이런 의미의 '또는'을 배타적 의미의 '또는'the exclusive sense of 'or'이라고 부른다.

반면에 문장 (3)과 문장 (4)에서 '또는'이란 표현은 '둘 중 하나이거나 또는 둘다이다'either or possibly both를 뜻한다. 어떤 사람이 자동차가 고장이 나 자동차 정비소에 갔는데, 차의 상태를 예비 점검한 후 정비공이 문장 (3)을 진술했다고 가정해 보자. 그리고 나중에 둘 다 참으로 드러났다고 하자. 이때 우리는 그 정비공의 진술이 거짓이라고 말할 수 없다. 정비공이 문장 (3)을 진술했을 때, 그는 두 가지 경우가 모두 참인 사례를 배제한 것이 아니기 때문이다. 그리고 어떤 사람이 보험을 들었는데 그 약관에 문장 (4)가 포함되어 있었다고 하자. 그리고 나중에 그 사람이 병도 들고,

또한 실직도 했다고 하자. 이 경우에도 그는 보험료를 면제받아야 한다. 이런 의미의 '또는'을 포괄적 또는 비배타적 의미의 '또는'the inclusive or nonexclusive sense of 'or'이라고 부른다.

이처럼 '또는'이라는 표현이 애매하기 때문에 '또는'이 포함된 선언 문장을 해석할 때는 주의를 기울여야 한다. 우리는 문맥상 또는 맥락상 '또는'의 의미가 배타적 의미인 것이 분명하지 않는 한, 우선적으로 '또는'을 포괄적 의미로 해석할 것이다. 앞서 제시된 '∨'의 진리표는 바로 포괄적 의미의 '또는'을 표현한 것이다. 그러면 배타적 의미의 '또는'이 포함된 선언 문장의 진리 조건은 어떻게 논리적으로 표현될 수 있는가? '8시발 부산행 KTX열차는 1번 선로에 있다'를 A로, '8시발 부산행 KTX열차는 2번 선로에 있다'를 B로 표시하자. 그러면 문장 (1)을 다음과 같이 기호화할 수 있다.

$$(A \lor B) \ \& \ {\sim}(A \ \& \ B).$$

연습문제 A '(A ∨ B) & ~(A & B)'의 진리표를 그리시오.

연습문제 B 다음 중 올바른 답을 고르시오. T[참], F[거짓], U[주어진 정보만으로는 결정할 수 없음]

(1) 우리는 A는 참이고 B는 거짓임을 안다. 그러면 'A 또는 B'는

       T   F   U

(2) 우리는 A가 거짓임을 알지만, B의 진리값은 알지 못한다. 그러면 'A 그리고 B'는

       T   F   U

(3) 우리는 A가 거짓임을 알지만, B의 진리값은 알지 못한다. 그러면 'A 또는 B'는

        T   F   U

(4) 우리는 A가 참임을 알지만, B의 진리값은 알지 못한다. 그러면 'A 그리고 B'는

        T   F   U

연습문제 C 단지 선비들과 사기꾼들만이 사는 한 섬이 있다고 가정하자. 그리고 이 섬에는 다음의 규칙이 성립한다. 선비들은 항상 진실만을 말하고, 사기꾼들은 항상 거짓만을 말한다. 이 규칙이 항상 성립한다고 할 때, 각 사람의 진술을 분석하여 그가 선비인지 아니면 사기꾼인지를 결정하시오.

(1) A : 적어도 우리들 중의 한 명은 사기꾼이다.

   B : A는 선비이다.

   C : B는 사기꾼이다.

(2) A : 나는 사기꾼이거나 또는 B는 선비이다.

   B는 아무 말도 하지 않는다.

(3) A : 나는 사기꾼이고 B는 선비이다.

   B는 아무 말도 하지 않는다.

(4) A : 나는 선비이고 기껏해야 우리들 중의 한 명이 사기꾼이다.

   B : A는 사기꾼이다.

   C : A는 선비이다.

(5) A : 나는 사기꾼이거나 또는 적어도 우리들 중의 한 명은 선비이다.

   B : 나는 사기꾼이고 A도 사기꾼이다.

   C : A가 선비가 아니거나 또는 B가 사기꾼이 아니다.

4

모순, 반대, 소반대, 정언 진술
그리고 벤 다이어그램

Logical Inference and   Proof Techniques

4-1. 모순, 반대, 소반대

앞으로 우리는 '문장'sentence을 특별히 다르게 명시하지 않는 한, 항상 진리값을 갖고 있는 진술statement의 의미로 사용할 것이다.

정의 X와 Y는 반대 관계contraries이다 =$_{df}$ X와 Y는 동시에 참일 수 없다.

다시 말해 문장 X와 문장 Y가 반대 관계일 경우에 둘 중 적어도 하나는 거짓이다. 예컨대, 다음 두 문장들은 반대 관계에 있다.

(1) 모든 논리학자들은 착하다.
(2) 어느 논리학자도 착하지 않다.

(1)과 (2)는 동시에 참일 수 없다. 논리학자들이 동시에 착하면서 착하지 않을 수 없기 때문이다. 그렇지만 (1)과 (2)는 동시에 거짓일 수 있다. 일부의 논리학자들은 착하고 다른 일부의 논리학자들은 착하지 않을 경우에 (1)과 (2)는 동시에 거짓이다. 따라서 반대 관계는 부분적 대립 관계를 표현한다. 그렇다면 다음 두 문장들의 관계는 무엇인가?

(3) 어떤 논리학자들은 착하다.

(4) 어떤 논리학자들은 착하지 않다.

(3)과 (4)는 동시에 참일 수 있다. 따라서 (3)과 (4)는 반대 관계가 아니다. 그렇지만 동시에 거짓일 수는 없다. (3)이 거짓인 경우에 모든 논리학자들은 착하지 않다. (4)가 거짓인 경우에 모든 논리학자들은 착하다. 그러나 모든 논리학자들이 착하면서 동시에 착하지 않을 수는 없다. 이처럼 동시에 거짓일 수 없는 관계를 소반대 관계라고 부른다.

정의 X와 Y는 소반대 관계subcontraries이다 =df X와 Y는 동시에 거짓일 수 없다.

소반대 관계에 있는 두 문장들은 동시에 거짓일 수 없기 때문에 소반대 관계도 반대 관계와는 다른 방식이기는 하지만 부분적인 대립관계를 표현한다. 이제 다음 두 문장을 고려해 보자.

(1) 모든 논리학자들은 착하다.

(4) 어떤 논리학자들은 착하지 않다.

(1)과 (4)는 어떤 관계인가? (1)이 참인 경우에 (4)는 거짓이다. 그리고 (1)이 거짓인 경우에 (4)는 참이다. 즉 (1)과 (4)는 항상 서로 다른 진리값을 가진다. 이와같은 전면적인 대립 관계를 '모순 관계'라고 부른다.

정의 X와 Y는 모순 관계contradictories이다 =df X와 Y는 항상 서로 다른 진리값을 가진다.

즉 X와 Y 중 하나가 참일 경우에 항상 다른 하나가 거짓이면, 양자는 모순 관계에 있다. 따라서 모순 관계에 있는 두 문장들은 동시에 참일 수도 없고 동시에 거짓일 수도 없다.

끝으로 다음 예들을 살펴보자.

(5) 포도주를 좋아하는 모든 재즈 연주자들은 샹송을 좋아한다.

(6) 포도주를 좋아하는 어느 재즈 연주자도 샹송을 좋아하지 않는다.

(7) 포도주를 좋아하는 어떤 재즈 연주자는 샹송을 좋아한다.

(8) 포도주를 좋아하는 어떤 재즈 연주자는 샹송을 좋아하지 않는다.

여기서 (5)와 (6)은 동시에 참일 수 없기 때문에 반대 관계이다. 또한 (7)과 (8)은 동시에 거짓일 수 없기 때문에 소반대 관계이다. 그리고 (5)와 (8)은 항상 서로 다른 진리값을 가지기 때문에 모순 관계이다. 마찬가지 이유에서 (6)과 (7)도 모순 관계이다.

연습문제 A 다음 문장들은 서로 무슨 관계인가?

(1) 모든 판사들은 부유하다. 어느 판사도 부유하지 않다.

(2) 어떤 판사들은 부유하다. 어떤 판사들은 부유하지 않다.

(3) 그 클럽의 회원들은 어느 누구도 소년들이 아니다. 그 클럽의 어떤 회원들은 소년들이다.

(4) 어느 논리학자도 음악가가 아니다. 모든 논리학자들은 음악가이다.

(5) 모든 유행들은 상업적 선전의 산물이다. 어떤 유행들은 상업적 선전의 산물이 아니다.

(6) 크롬을 포함하지 않은 어떤 보석도 에메랄드가 아니다. 크롬을 포함하지 않은 모든 보석들은 에메랄드이다.

(7) 모든 성공적인 중역들은 지성적인 사람들이다. 어느 성공적인 중역도 지성적이지 않다.

(8) 어느 시인도 게으름뱅이가 아니다. 어떤 시인들은 게으름뱅이들이다.

(9) 어떤 우라늄 동위원소들은 매우 불안정한 원소이다. 모든 우라늄 동위원소들은 매우 불안정한 원소이다.

(10) 뿔이 있는 어떤 동물도 육식성이 아니다. 뿔이 있는 어떤 동물들은 육식성이다.

(11) 서울에 살면서 산을 좋아하는 모든 논리학자들은 예술 애호가이다. 서울에 살면서 산을 좋아하는 어느 논리학자도 예술 애호가가 아니다.

연습문제 B

'정확히 10개의 행성들이 있다'라는 문장의 부정문은 무엇인가? 다시 말해서 어떤 문장이 이 진술에 대해 모순 관계에 있는 문장인가?

4-2. 정언 진술

앞으로 우리가 공부할 술어 논리는 프레게와 러셀 등의 공헌에 의해서 19세기 말 이후에 비로소 발전된 논리 체계이다. 따라서 그전에는 전통 논리학, 특히 아리스토텔레스의 삼단논법syllogism을 사용하였다. 술어 논리가 이미 확립된 오늘날 삼단논법적 추리 방식에 더 이상 의존할 필요는 없지만, 이러한 논리가 지난 2000년간 사용되어 왔으므로 이에 대한 간단한 이해는 필요할 것이다. 따라서 정언 진술categorical statement과 정언 진술들로 이루어진 삼단논법의 타당성을 벤 다이어그램을 이용해 판별하는 방법에 대해 간단히 살펴보자.

정언 진술은 주어the subject term에 의해 지시되는 집합의 전부 또는 일부가 술어the predicate term에 의해 지시되는 집합에 의해 포함 또는 배제되어 있음을 주장하는 진술이다. 정언 진술에는 다음의 네 가지 종류들이 있다.

(가) 전칭긍정 진술universal affirmative statement

주어 집합the subject set 전체가 술어 집합the predicate set에 포함되어 있음을 주장하는 진술이다. 즉 이러한 진술에 따르면, 주어 집합에 속하는 모든 원소들이 또한 술어 집합에 속하는 원소이다. 예컨대, '모든 개들은 동물이다'라는 문장을 고려해 보자. 이 문장에 따르면, 주어인 '개'에 의해 지시되는 집합의 전체가 술어인 '동물'에 의해 지시되는 집합에 포함되어 있다. 다시 말해, 주어 집합인 개의 집합은 술어 집합인 동물의 집합의 부분집합이다. 전칭긍정 진술을 도식으로 표현하면 다음과 같다.

모든 A들은 B이다. (All A are B.)

그리고 이 주장을 벤 다이어그램으로 나타내면 다음과 같다.

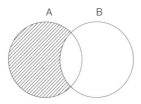

여기서 집합 A에서 빗금 친 부분은 비어 있음을 나타낸다. 따라서 위의 벤 다이어그램은 집합 A가 집합 B에 포함되어 있음을 보여 준다.

(나) 전칭부정 진술 universal negative statement

주어 집합의 전체가 술어 집합에 포함되어 있지 않음을 주장하는 진술이다. 즉 주어 집합의 어느 원소도 술어 집합에 속하지 않음을 주장하는 진술이다. 예컨대 '어느 파충류도 포유류가 아니다'라는 진술은 주어가 지시하는 파충류의 집합 전체가 술어가 지시하는 포유류의 집합에 포함되어 있지 않음을 주장한다. 전칭부정 진술을 도식으로 표현하면 다음과 같다.

어느 A도 B가 아니다. (No A is B.)

그리고 이것을 벤 다이어그램으로 나타내면 다음과 같다.

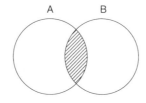

이는 집합 A와 집합 B에 동시에 속하는 원소가 없음을 보여 준다.

(다) 특칭긍정 진술 particular affirmative statement

주어 집합의 일부가 술어 집합에 포함되어 있음을 주장하는 진술이다. 즉 주어 집합의 원소들 중 한 개 또는 그 이상의 원소가 술어 집합에 속해 있음을 주장한다. 특칭긍정 진술을 도식으로 표현하면 다음과 같다.

어떤(약간의) A들은 B이다. (Some A are B.)

한 예는 다음과 같다. '어떤 사람들은 진보적이다.' 그리고 특칭긍정 진술을 벤 다이어그램으로 나타내면 다음과 같다.

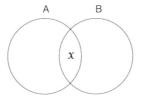

여기서 집합 A와 집합 B가 중복되는 곳에 표시된 x는 두 집합들에 동시에 속하는 원소가 있음을 보여 준다.

(라) 특칭부정 진술 particular negative statement
주어 집합의 일부가 술어 집합에 포함되어 있지 않음을 주장하는 진술이다. 즉 주어 집합의 원소들 중 한 개 또는 그 이상의 원소가 술어 집합에 속해 있지 않음을 주장하는 진술이다. 이러한 진술을 도식으로 표현하면 다음과 같다.

어떤(약간의) A들은 B가 아니다. (Some A are not B.)

한 예는 다음과 같다. '어떤 사람들은 진보적이지 않다.' 그리고 특칭부정 진술을 벤 다이어그램으로 나타내면 다음과 같다.

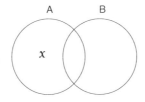

위 다이어그램은 집합 B에는 속하지 않지만, 집합 A에는 속하는 원소가 있음을 보여 준다.

4-3. 대립 사각형

전통 논리학은 '모든 F들은 G이다'라는 전칭긍정 진술을 (A) 진술이라고
부른다. 그리고 '어느 F도 G가 아니다'라는 전칭부정 진술을 (E) 진술이라
고 부른다. 그리고 '어떤 F들은 G이다'라는 특칭긍정 진술을 (I) 진술이라
고 부른다. 그리고 끝으로 '어떤 F들은 G가 아니다'라는 특칭부정 진술을
(O) 진술이라고 부른다.* 위에서 언급한 네 가지 종류의 정언 진술들의 관
계는 다음과 같은 도표로 표현될 수 있다. 이러한 도표를 '대립 사각형'the
square of opposition이라고 부른다.

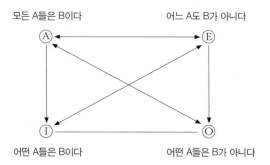

위 대립 사각형에서 다음 관계들이 성립한다.

(1) (A) 진술과 (O) 진술은 모순 관계이다.

＊(A) 진술은 "나는 긍정한다"는 뜻의 라틴어 'affirmo'의 첫 번째 모음 'a'에서 따온 것이
다. 그리고 (I) 진술은 'affirmo'의 두 번째 모음 'i'에서 따온 것이다. 그리고 (E) 진
술은 "나는 부정한다"는 뜻의 라틴어 'nego'의 첫 번째 모음 'e'에서 따온 것이며, (O)
진술은 두 번째 모음 'o'에서 따온 것이다.

(2) (E) 진술과 (I) 진술은 모순 관계이다.

(3) 주어가 지시하는 그 무엇이 존재할 경우에 (A) 진술과 (E) 진술은 반대 관계이다.

(4) 주어가 가리키는 그 무엇이 존재할 경우에 (A) 진술은 (I) 진술을 논리적으로 함축하고, 또한 (E) 진술은 (O) 진술을 논리적으로 함축한다.

먼저 넷째 경우에 대해 좀 더 부연 설명을 하면 다음과 같다. 우선 진술 p가 진술 q를 '논리적으로 함축한다'logically implies는 말은 p가 참일 경우에 q가 참이라는 사실이 항상 성립한다는 말이다. 예컨대 (A) 진술 '모든 사람은 착하다'는 (I) 진술 '어떤 사람은 착하다'를 논리적으로 함축한다. 또한 (E) 진술 '어느 사람도 착하지 않다'는 (O) 진술 '어떤 사람은 착하지 않다'를 논리적으로 함축한다. 그러나 주어가 가리키는 그 무엇이 존재하지 않을 경우에 이러한 함축 관계는 성립하지 않는다. 예컨대 '모든 유니콘들은 뿔이 하나이다'는 '어떤 유니콘은 뿔이 하나이다'를 함축하지 않는다. 마찬가지로, '어느 유니콘도 뿔이 두 개가 아니다'는 '어떤 유니콘은 뿔이 두 개가 아니다'를 함축하지 않는다.

이와 같은 문제가 발생하는 것은 전칭 명제가 반드시 존재 함축existential import을 갖는 것이 아니기 때문이다. 예컨대 다음과 같은 경고문이 어떤 군사 시설의 울타리에 붙어 있다고 생각해 보자. '모든 침입자들은 처벌될 것이다.' 이 명제가 말해 주는 것은, 이 시설에 침입하는 사람이 있다면 그 사람이 처벌된다는 것이지, 반드시 어떤 침입자가 실제로 존재함을 함축하지 않는다. 이 점은 또한 다음 사실에서 알 수 있다. 전칭긍정 진술인 (A) 진술과 전칭부정 진술인 (E) 진술의 벤 다이어그램이 보여 주듯이, 이 진술들에는 존재 함축이 없다.

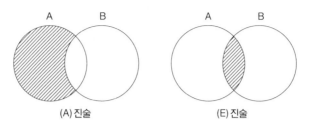

(A) 진술   (E) 진술

　이제 셋째 경우에 대해 살펴보자. 주어가 가리키는 그 무엇이 존재하는 경우에 (A) 진술과 (E) 진술은 동시에 참일 수 없다. 예컨대 (A) 진술 '모든 논리학자들은 착하다'와 (E) 진술 '어느 논리학자도 착하지 않다'는 동시에 참일 수 없다.

　그러나 주어가 가리키는 그 무엇이 존재하지 않을 경우에 이와 같은 반대관계가 성립하지 않는다. 위의 두 벤 다이어그램들이 보여주듯이, A 집합이 공집합인 경우에 (A) 진술에 관한 벤 다이어그램과 (E) 진술에 관한 벤 다이어그램은 서로 양립할 수 있다. 다시 말해 주어가 가리키는 그 무엇이 존재하지 않을 경우에 '모든 A들은 B이다'와 '어느 A도 B가 아니다'는 동시에 성립할 수 있다.

4-4. 정언 진술로 이루어진 논증들과 벤 다이어그램을 이용한 타당성 판별

정언 삼단논법categorical syllogism은 정확히 세 개의 명사들terms을 포함하고 있는 세 개의 정언 진술들로 구성된 연역 논증을 말한다. 정언 삼단논법의 한 예는 다음과 같다.

모든 개들은 포유류이다.

모든 포유류들은 동물이다.

그러므로 모든 개들은 동물이다.

이 논증은 두 개의 전제들과 한 개의 결론으로 구성되어 있으며, 각 전제와 결론은 모두 정언 진술이다. 그리고 이 논증에는 집합을 지시하는 세 개의 명사들, 즉 '개', '포유류', '동물'이 포함되어 있다. 이러한 구조를 갖는 논증을 우리는 정언 삼단논법이라고 부른다.

벤 다이어그램은 정언 진술들의 주장을 도해로 나타내기 때문에 정언 진술들로 이루어진 논증들의 타당성을 판별하는 데 매우 유용하다. 예컨대 다음의 논증을 살펴보자.

모든 존경 받을 가치가 있는 사람들은 정직하다.

어떤 대법관들은 정직하지 않다.

그러므로 어떤 대법관들은 존경 받을 가치가 없다.

위 논증의 구조는 다음과 같다.

모든 A들은 B이다.

어떤 C들은 B가 아니다.

그러므로 어떤 C들은 A가 아니다.

따라서 이 논증에는 세 개의 명사들이 나오므로, 우리는 각 명사가 지시하는 세 개의 집합들을 표시하는 세 개의 원들이 필요하고, 이를 다음과 같은 벤 다이어그램으로 나타낼 수 있다.

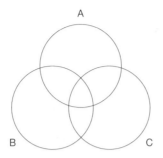

첫 번째 전제는 전칭긍정 진술이다. 따라서 첫 번째 전제의 주장을 벤 다이어그램으로 나타내면 다음과 같이 된다.

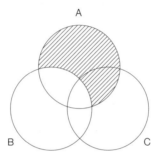

그리고 두 번째 전제는 특칭부정 진술이다. 이 두 번째 전제의 주장을 위의 벤 다이어그램에 첨가하면 다음과 같이 된다.

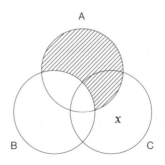

위의 벤 다이어그램 속에 결론의 주장이 포함되어 있으면 주어진 논증은 타당하고, 그렇지 않으면 부당하다. 위의 벤 다이어그램은 C에는 속하지만 A에는 속하지 않는 어떤 x가 존재함을 보여 준다. 따라서 위의 논증은 타당하다.

이제 다음 논증을 살펴보자.

> 모든 사람들은 포유류이다.
> 메리는 포유류이다.
> 그러므로 메리는 사람이다.

위 논증의 구조는 다음과 같다.

> 모든 A는 B이다.
> m은 B이다.
> 그러므로 m은 A이다.

여기서 'm'은 구체적인 대상의 이름이다. 따라서 위 논증에는 두 개의 집합 명사가 나온다. 따라서 위의 논증은 단지 두 개의 원을 갖는 벤 다이어그램으로 나타낼 수 있다. 우선 첫 번째 전제는 다음과 같이 나타낼 수 있다.

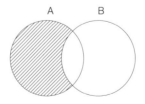

두 번째 전제는 m이 집합 B에 속함을 주장한다. 그런데 우리는 m이 집합 A와 집합 B가 중첩되는 곳에 속하는지 아니면 집합 B에만 속하는지 알수 없다.

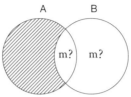

한 가지 가능성은 m이 집합 A에는 속하지 않고 집합 B에만 속하는 경우이다.

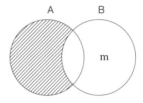

이 경우에 첫 번째 전제와 두 번째 전제가 모두 성립하지만, 결론은 도출되지 않는다. 그러므로 위의 논증은 부당하다.

여기서 한 가지 주목할 점은 위의 논증의 두 번째 전제 '메리는 포유류이다'와 결론 '메리는 사람이다'는 정언 진술이 아니라는 점이다. 위 논증의 타당성을 판별하기 위해 이용하는 벤 다이어그램이 세 개의 원을 갖지 않는 이유는 이 사실과 관련된다. 또한 주목할 점은 위의 논증의 경우처럼 'm은 A이다' 형태의 전제와 결론을 포함하는 논증도 나머지 전제가 정언 진술인 경우에 벤 다이어그램을 이용해 타당성을 판별할 수 있다는 사실이다.

이제 한 가지 논증을 더 살펴보자.

모든 논리학자들은 철학자이다.

어떤 지성인들은 논리학자가 아니다.

그러므로 어떤 지성인들은 철학자가 아니다.

위 논증의 구조는 다음과 같다.

모든 A들은 B이다.

어떤 C들은 A가 아니다.

그러므로 어떤 C들은 B가 아니다.

위의 논증의 두 전제들을 벤 다이어그램으로 나타내면 다음과 같다.

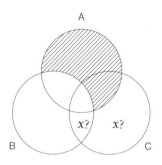

여기서 우리는 x가 집합 B와 집합 C가 중첩되는 곳에 속하는지 아니면, 집합 C에만 속하는지 알 수 없다. 그렇지만 x가 집합 B와 집합 C가 중첩되는 곳에 속하는 경우 위의 두 전제들은 성립하지만, 결론은 도출되지 않는다. 그러므로 위의 논증은 부당하다.

(1) 모든 A들은 B이다. 모든 A들은 C이다. 그러므로 모든 B들은 C이다.

(2) 어느 A도 B가 아니다. 모든 C들은 B이다. 그러므로 어느 C도 A가 아니다.

(3) 어느 A도 B가 아니다. m은 A이다. 그러므로 m은 B가 아니다.

(4) 어떤 소설가들은 지성적이다. 영준은 소설가가 아니다. 그러므로 영준은 지성적이지 않다.

(5) 어느 진보주의자도 수구주의자가 아니다. 모든 수구주의자들은 변화를 두려워한다. 김 씨는 변화를 두려워한다. 그러므로 김 씨는 진보주의자가 아니다.

(6) 모든 자유주의자들은 인도주의자이다. 모든 민주주의자들은 인도주의자이다. 그러므로 모든 민주주의자들은 자유주의자이다.

(7) 모든 기독교인들은 유신론자이다. 모든 기독교인들은 영혼불멸을 믿는다. 그러므로 모든 유신론자들은 영혼불멸을 믿는다.

4-5. 일관성과 비일관성

논리적 일관성logical consistency은 문장들의 집합에 적용되는 개념이다. 논리적 일관성은 다음과 같이 정의될 수 있다.

정의 문장들의 한 집합 X는 논리적으로 일관적이다 =$_{df}$ X를 구성하는 모든 문장들이 동시에 참일 수 있는 가능성이 있다.

철수가 다음 문장들을 믿는다고 가정해 보자.

(1) 지선은 논리학 중간고사에서 A학점을 받았다.

(2) 지선은 논리학 중간고사에서 A학점을 받지 못했다.

(3) 윤주는 논리학 중간고사에서 A학점을 받았다.

이때 철수의 믿음은 논리적으로 비일관적이다. 왜냐하면 (1)과 (2)의 연언은 모순이고, 따라서 위의 문장들이 동시에 참이 되는 것은 불가능하기 때문이다.

길수가 다음 문장들을 믿는다고 가정해 보자.

(4) 용기가 미덕이라면 용기는 장려되어야 할 행동이다.

(5) 용기는 미덕이다.

(6) 용기는 장려되어야 할 행동이 아니다.

길수의 믿음은 논리적으로 일관적인가? (4), (5), (6)은 동시에 참일 수 없다. 왜냐하면 (4)와 (5)가 참이라면, 이는 '용기는 장려되어야 할 행동이다'를 함축하는데, 이 문장은 (6)과 모순이 되기 때문이다. 따라서 길수의 믿음은 논리적으로 비일관적이다.

연습문제 D 다음 문장들이 논리적으로 일관적인지 아닌지를 판별하시오.

(1) 이 얼룩말은 검다기보다는 하얗다.

이 얼룩말은 하얗다기보다는 검다.

(2) 이곳은 비가 올 때마다 항상 억수같이 퍼붓는다.

이곳은 때때로 억수같이 퍼붓지 않으면서 비가 온다.

(3) 남중은 애국자이거나 방관자이다.

남중은 애국자가 아니거나 방관자이다.

(4) 기용은 항상 진실만을 말한다.

기용은 지난주 토요일 그의 나이에 대해 거짓말을 했다.

(5) 기업가들은 경쟁력 있는 상품을 생산하는 데 주력하거나 또는 무역역조는 악화되지 않을 것이다. 기업가들은 경쟁력 있는 상품을 생산하는 데 주력하지 않을 것이다. 기업가들이 경쟁력 있는 상품을 생산하는 데 주력하지 않는 경우에 무역역조는 악화될 것이다.

5

문장 논리의 언어와
진리표를 이용한
타당성 증명

core

logic

Logical Inference and Proof Techniques

앞서 우리는 부정, 연언 그리고 선언의 개념들을 정의했고, 각각의 기호를 도입했다. 우리는 단순 문장들로부터 이 논리적 연결사들을 이용해 복합 문장들을 만들어 낼 수 있다. 일상 언어의 논리적 구조를 보다 명료하게 드러내고, 논증의 타당성을 보다 효과적으로 결정하기 위해 우리는 문장 논리의 언어the language of sentence logic를 도입할 것이다.

5-1. SL의 문장 형성 규칙

문장 논리의 언어 SL의 문장 형성 규칙formation rules은 다음과 같다.

(1) 모든 단순 문장들은 SL의 문장이다. 그리고 각 단순 문장은 SL에서 영어 대문자에 의해 표시된다. 예컨대 '지구는 태양 주위를 돈다'라는 단순 문장은 영어 대문자 'A'에 의해 표시될 수 있다.

(2) 'X'가 SL의 문장이면 '(~X)'도 SL의 문장이다.

(3) 'X'와 'Y'가 SL의 문장들이면 '(X & Y)'도 SL의 문장이다.

(4) 'X'와 'Y'가 SL의 문장들이면 '(X ∨ Y)'도 SL의 문장이다.

복합 문장을 형성할 때마다 우리는 이를 괄호 안에 넣을 것이다. 그러나 표기상의 편의를 위해 괄호에 대한 다음의 두 가지 규약을 사용할 것이다.

(a) 가장 외곽의 괄호는 제거할 수 있다.

   (예) '(A & B)'에서 외곽의 괄호를 제거하고 'A & B'라고 표기할 수 있다.

(b) 부정 기호 '~'는 그다음에 나타나는 가장 짧은 문장에 적용된다.

   (예) '~A & B'에서 부정 기호는 다음에 나타나는 가장 짧은 문장 'A'에 적용된다. 따라서 이 문장은 '~(A & B)'가 아니라, '(~A) & B'로 해석되어야 한다. 다시 말해, '(~A) & B'를 '~A & B'로 표기할 수 있다.

위의 규약들에 의해 불필요한 괄호는 제거할 수 있지만, 그렇다고 문장의 의미를 애매하게 해서는 안 된다. 예컨대 다음의 복합 문장을 고려해 보자.

    A & B ∨ C

이 복합 문장은 애매하다. 왜냐하면 이 문장은 '(A & B) ∨ C'를 의미할 수도 있고, 'A & (B ∨ C)'를 의미할 수도 있다. 따라서 'A & B ∨ C'는 적형식 well-formed formula이 아니다. 적형식이란 앞서 언급된 문장 형성 규칙들에 따라 적절하게 만들어진 문장이다.

 다음의 문장들이 적형식인지 아닌지를 판별하시오.

(1) A & ~B

(2) A ~& B

(3) G ∨ (~B & ~H)

(4) A & (C & ~(D ∨ H))

(5) ~~(A & B) ∨ (B ∨ ~C)

(6) ~((C ∨ ~~D) & A~)

5-2. 주 연결사

한 문장의 주 연결사main connective는 그 문장을 그것의 구성 요소들로부터 구성할 때 마지막으로 사용된 논리적 연결사를 말한다. 예컨대 다음의 복합 문장을 살펴보자.

~(A ∨ M) & ~(C & E)

이 복합 문장은 다음과 같은 방식으로 구성된다. 먼저 'A'와 'M'은 각각 단순 문장이므로 SL의 문장이다. 따라서 문장 형성 규칙 (4)에 의하여 'A ∨ M'은 SL의 문장이다. 'A ∨ M'이 SL의 문장이므로 문장 형성 규칙 (2)에 의하여 '~(A ∨ M)'도 SL의 문장이다. 그리고 'C'와 'E'는 각각 단순 문장이므로 SL의 문장이다. 따라서 문장 형성 규칙 (3)에 의하여 'C & E'는 SL의 문장이다. 'C & E'가 SL의 문장이므로 문장 형성 규칙 (2)에 의하여 '~(C & E)'도 SL의 문장이다. 끝으로 '~(A ∨ M)'이 SL의 문장이고, '~(C & E)'도 SL의 문장이므로, '~(A ∨ M) & ~(C & E)'는 문장 형성 규칙 (3)에 의하여 SL의 문장이다. 그러므로 마지막으로 사용된 논리적 연결사는 '~(A ∨ M)'과 '~(C & E)'를 연결하는 '&'이고, 이것이 주 연결사이다.

(1) (G & ~P) ∨ ~(H ∨ ~W)

(2) ~(P & (S ∨ K))

(3) C & ~~(A ∨ ~D)

5-3. 문장 논리의 진리 함수적 특성

문장 논리의 언어 SL의 한 중요한 특성은 SL의 문장들이 진리 함수적truth-functional이라는 점이다. 다시 말해 논리적 연결사들의 의미가 진리 함수적으로 결정되기 때문에 SL의 각 문장의 진리값은 그 문장 속에 나타나는 단순 문장들의 진리값들에 의해 전적으로 결정된다. 예컨대 다음의 복합 문장을 고려해 보자.

A & (B ∨ ~A)

우리는 이 복합 문장의 진리값을 이 문장 속에 나타나는 단순 문장들의 진리값들을 알면 결정할 수 있다. 'A'와 'B'의 진리값을 각각 T와 F라고 가정해 보자. 그러면 '~A'의 진리값은 부정 기호의 진리 함수적 의미에 의해 F이다. 따라서 선언 기호의 진리 함수적 의미에 의해 'B ∨ ~A'는 두 선언지들이 모두 F이므로 F이다. 그러므로 연언 기호의 진리 함수적 의미에 의하여 'A & (B ∨ ~A)'는 두 번째 연언지second conjunct가 F이므로 결국 F라는 진리값을 갖는다. 그리고 모든 가능한 경우들에서 위의 복합 문장의 진리값은 다음과 같은 진리표truth table를 통해서 알 수 있다.

A	B	~A	B ∨ ~A	A & (B ∨ ~A)
T	T	F	T	T
T	F	F	F	F
F	T	T	T	F
F	F	T	T	F

위의 복합 문장에는 단지 두 개의 단순 문장이 나타나기 때문에 모든 가능한 경우들은 넷이다. 즉 A와 B 둘 다 참일 수 있고, 둘 중의 하나만 참일 수 있고, 그리고 둘 다 거짓일 수 있다. 위의 진리표를 통해서 우리는 위의 복합 문장은 오로지 A와 B 둘 다 참일 경우에만 참이 됨을 알 수 있다.

연습문제 C 다음 문장들의 진리표를 구성하시오.

(1) ~(A ∨ B)

(2) ~A & ~B

(3) ~(A & B)

(4) ~A ∨ ~B

(5) A ∨ (~B ∨ C)

(6) ~(A & (B ∨ ~C))

5-4. 한국어 문장들을 문장 논리의 언어 SL로 기호화하기

한국어 문장들을 기호화함에 있어서 다소의 의미상의 왜곡이 발생한다. '그리고'와 '또는'과 같은 한국어 표현들의 의미는 자주 모호하고 또 맥락에 따라 다소 다를 수 있다. 반면에 '&'와 '∨'와 같은 논리적 연결사들의 의미는 진리 함수적으로 정의되었기 때문에, 그 의미가 명확하고 또 맥락에 따라 변화하지 않는다.

여기서 주목할 점은, 비록 이러한 논리적 연결사들이 그것들에 대응하는 한국어 표현들의 모든 의미를 포착하지는 못하지만, 대응하는 한국어 표현들이 갖는 논리적으로 중요한 의미를 포착하는 데는 성공하기 때문에, 기호화함에 의해서 발생하는 다소의 의미상의 왜곡은 우리가 목표로 하는 논리적 추론에 별다른 문제를 일으키지 않는다는 점이다.

(가) 부정 기호 '~'는 모든 부정 문장들을 기호화하는 데 사용된다.

> (1) 로미오는 이브를 사랑하지 않는다.
> (2) 로미오가 이브를 사랑한다는 것은 사실이 아니다.
> (3) 로미오가 이브를 사랑한다는 것은 거짓이다.

'로미오가 이브를 사랑한다'는 단순 문장을 'A'로 표시하자. 이때 이 단순 문장의 부정문은, 위의 예들에서 볼 수 있듯이 여러 가지 방식들로 표현될 수 있다. (1), (2), (3)은 비록 다른 문장들이기는 하지만, 논리적 측면에서 볼 때 문장 'A'에 대한 부정문이라는 공통점을 갖는다. 따라서 이 문장들은 동일하게 '~A'로 기호화될 수 있다.

(나) 연언 기호 '&'는 '그리고', '또한', '그러나' 등과 같은 표현들을 기호화하기 위해 사용된다.

> (1) 아담은 영리하고 그리고 이브는 아름답다.
> (2) 아담은 영리하지만, 그러나 이브는 아름답다.
> (3) 아담이 영리하다고는 하나, 이브는 아름답다.

위의 복합 문장들에는 두 개의 단순 문장들이 나타난다. '아담은 영리하다'와 '이브는 아름답다'가 그것이다. 전자를 'A'로 표시하고 후자를 'B'로 표시하자. 그러면 (1)을 어떻게 기호화해야 하는가? 'A & B'이다. 왜냐하면 두 단순 문장들이 연언을 표현하는 '그리고'에 의해 결합되어 있기 때문이다. 그렇다면 (2)를 어떻게 기호화할 수 있는가? 이것 역시 'A & B'이다. '그러나'는 '그리고'와 달리, 말하는 사람이 듣는 사람의 기대와 달리 첫 번째 연언지에 이어 두 번째 연언지도 성립한다고 주장함을 시사한다. 이와 같은 용법은 때때로 매우 중요하지만, 논리적으로 중요한 것은 아니다. 논리적으로 중요한 사실은 화자가 두 연언지들 모두가 참임을 주장한다는 사실이다. 따라서 우리는 논리적으로 중요치 않은 일상적 용법은 무시하고 (2)를 'A & B'로 기호화할 것이다. 마찬가지의 이유에서 (3) 역시 'A & B'로 기호화된다.

(다) 선언 기호 '∨'은 '또는', '혹은' 등과 같은 표현들을 기호화하는 데 사용된다.

> (1) 이브는 부유하거나 또는 아름답다.
> (2) 남중은 논리학 과목을 열심히 공부하거나 또는 이 과목에서 낙제할 것이다.

(3) 데카르트 또는 셰익스피어는 철학자이다.

'이브는 부유하다'를 'A'라고 하고, '이브는 아름답다'를 'B'라고 할 때, (1)은 'A ∨ B'로 기호화된다. (2)와 (3)도 동일한 방식으로 기호화될 수 있다.

연습 문제 D 다음 문장들을 SL의 언어로 기호화하시오.

(1) 아담 또는 이브는 금발이다.

(2) 아담은 금발이거나 또는 이브를 사랑한다. 그렇지만 이브는 아담을 사랑하지 않는다.

(3) 이브는 영리하지 않거나 또는 그녀는 부자가 아니다.

(4) 아담은 영리하고 이브를 사랑한다. 또는 그는 영리하지 않고 이브는 그를 사랑한다.

(5) 남희석은 유머 감각이 뛰어나지만, 이휘재는 아니다.

(6) 기용은 공부를 열심히 하지만 혜영은 아니다. 또는 혜영은 열심히 공부하지만 기용은 그렇지 않다.

(7) 기용과 남중은 둘 다 진실을 말한다. 또는 둘 다 진실을 말하지 않는다.

5-5. 몇 가지 논리 규칙

정의 두 문장들 X와 Y는 논리적으로 동치logically equivalent이다 =df 모든 가
능한 상황들에서 X와 Y는 같은 진리값을 갖는다.

(가) 이중 부정 규칙the double negation rule
'X'와 '~~X'는 논리적 동치이다.

앞으로 논리적 동치를 '≡'로 표시하기로 하자. 따라서 다음이 성립한다.
X ≡ ~~X. 우리는 이 규칙을 진리표를 이용해 쉽게 증명할 수 있다.

> (1) 로미오는 이브를 사랑한다.
> (2) 로미오가 이브를 사랑하지 않는다는 것은 사실이 아니다.

'로미오는 이브를 사랑한다'를 'A'라고 하자. 그러면 (2)는 A의 이중 부정
이므로 기호화하면 '~~A'이다. 따라서 (1)과 (2)는 논리적으로 동치이다.

(나) 드 모르간의 규칙 De Morgan's rules

$\sim(X \,\&\, Y) \equiv (\sim X \lor \sim Y)$

$\sim(X \lor Y) \equiv (\sim X \,\&\, \sim Y)$

> (1) 이브가 동시에 아름답고 영리한 것은 아니다.
> (2) 이브는 아름답지 않거나 또는 영리하지 않다.

(1)과 (2)는 논리적으로 동치인 문장들이다. 드 모르간의 규칙들도 진리표를 이용해 쉽게 증명할 수 있다.

> (3) 이브는 아름답거나 또는 영리하거나 그 어느 쪽도 아니다.
> (4) 이브는 아름답지도 않고 영리하지도 않다.

마찬가지로 (3)과 (4)는 논리적으로 동치이다.

(다) 교환 규칙the commutative rules

$(X \& Y) \equiv (Y \& X)$

$(X \lor Y) \equiv (Y \lor X)$

연언 문장과 선언 문장의 진리값은 각 구성 문장들의 순서에 의존하지 않는다.

(라) 결합 규칙the associative rules

$((X \& Y) \& Z) \equiv (X \& (Y \& Z))$

$((X \lor Y) \lor Z) \equiv (X \lor (Y \lor Z))$

(마) 분배 규칙the distributive rules

$(X \& (Y \lor Z)) \equiv ((X \& Y) \lor (X \& Z))$

$(X \lor (Y \& Z)) \equiv ((X \lor Y) \& (X \lor Z))$

왜 위의 분배 규칙들이 성립하는지 살펴보자. 첫 번째 분배 규칙이 성립하는 이유는 '≡' 기호의 왼쪽에 있는 문장과 오른쪽에 있는 문장이 모든 가능한 상황들에서 같은 진리값을 갖기 때문이다. 왼쪽 문장이 오른쪽 문장을 논리적으로 함축하고, 또한 그 반대 방향도 성립하면 이와 같은 동치 관계가 성립한다. 이제 'X & (Y ∨ Z)'가 참이라고 가정해 보자. 그러면 첫 번째 연언지 'X'가 참이고, 또한 두 번째 연언지 'Y ∨ Z'가 참이다. 따라서 'Y'가 참이거나 또는 'Z'가 참이다. 첫 번째 경우엔 'X'와 'Y'가 동시에 참이다. 따라서 오른쪽 문장 '(X & Y) ∨ (X & Z)'도 참이다. 두 번째 경우엔 'X'와 'Z'가 동시에 참이다. 따라서 마찬가지로 '(X & Y) ∨ (X & Z)'도 참이다. 이제 반대 방향을 고려해 보자. 오른쪽 문장 '(X & Y) ∨ (X & Z)'가 참이라고 가정해 보자. 그러면 'X & Y'가 참이거나 'X & Z'가 참이다. 첫 번째 경우엔 'X'와 'Y'가 동시에 참이므로, 왼쪽 문장의 첫 번째 연언지 'X'도 참이고, 또한 두 번째 연언지 'Y ∨ Z'도 참이어야 한다. 두 번째 경우엔 'X'와 'Z'가 둘 다 참이므로, 왼쪽 문장의 첫 번째 연언지 'X'도 참이고, 또한 두 번째 연언지 'Y ∨ Z'도 참이어야 한다. 두 번째 분배 규칙도 비슷한 방식으로 왜 성립하는지 이해 할 수 있다. 또한 우리는 이 규칙들을 진리표를 이용해 쉽게 증명할 수 있다.

5-6. 논리적 참, 논리적 모순, 그리고 우연적 문장

정의 X는 논리적으로 참이다 =df X는 X를 구성하는 모든 단순 문장들의 진리값들에 상관없이 항상 참이다.

  (예) A ∨ ~A

논리적으로 참인 문장은 때때로 '항진문장'tautology이라고 불린다.

정의 X는 논리적으로 거짓(또는 모순)이다 =df X는 X를 구성하는 모든 단순
문장들의 진리값들에 상관없이 항상 거짓이다.

  (예) A & ~A

정의 X는 우연적으로 참인 문장이다 =df X는 X를 구성하는 문장들의 진리
값들에 따라 참이 될 때도 있고 거짓이 될 때도 있다.

  (예) A & B

연습문제 E 다음 문장들이 논리적으로 참인 문장인지, 논리적으로 거짓인 문장
인지, 아니면 우연적 문장인지를 결정하시오.

(1) ~A & ~B & (A ∨ B)

(2) (A ∨ C) & C & (A ∨ ~C)

(3) (A & B) ∨ (~B ∨ ~A)

(4) (A & ~D) ∨ (~A ∨ ~~D)

(5) ~((A ∨ (~A & B)) & ~(A & ~C)) ∨ (~(C & A) ∨ A)

5-7. 진리표를 이용한 타당성 증명the method of truth tables

진리표는 문장 논리의 논증들의 타당성을 판별하기 위한 매우 중요한 테크닉을 제공한다. 그 아이디어는 다음과 같다.

(1) 정의에 의해, 타당한 논증은 전제들이 참이면서 결론이 거짓이 되는 것이 불가능한 논증이다.
(2) 진리표는 한 논증을 구성하는 각 문장들이 모든 가능한 경우에 갖게 되는 진리값 전체를 제시한다.
(3) 따라서 전제들이 참이면서 결론이 거짓인 진리표의 가로줄이 없으면, 그 논증은 타당하다. 반면에 전제들이 참이면서 결론이 거짓인 가로줄이 있으면, 그 논증은 부당하다.

다음의 예를 보자.

> 아인슈타인은 광전자 효과에 대한 설명 또는 특수상대성 이론으로 노벨상을 받았다. 그런데 아인슈타인은 광전자 효과에 대한 설명으로 노벨상을 수상했다. 그러므로 아인슈타인은 특수상대성 이론으로 노벨상을 받지 않았다.

이 논증은 타당한가? 논증의 타당성은 논증의 형식 또는 구조에 의해서 결정되지, 논증의 구체적 내용과는 상관없다는 사실을 상기하라. 이 논증의 타당성을 판별하기 위해서, 먼저 이 논증을 SL의 문장들로 번역해야 한다. 그 다음 번역 길잡이translation guide를 이용하여, 다음과 같은 논증을 구성할 수 있다.

A : 아인슈타인은 광전자 효과에 대한 설명으로 노벨상을 받았다.

B : 아인슈타인은 특수상대성 이론으로 노벨상을 받았다.

전제 1 : A ∨ B

전제 2 : A

결 론 : ~B

이제 이 논증에 대한 진리표를 구성하자.

		전제1	전제2	결론
A	B	A ∨ B	A	~B
*T	T	T	T	F
*T	F	T	T	T
F	T	T	F	F
F	F	F	F	T

　위의 논증에서 두 개의 단순 문장들이 나타나므로 가능한 모든 경우는 넷이다. 그리고 위의 진리표에서 세 번째 세로줄은 전제 1이고 네 번째 세로줄은 전제 2이고 마지막 세로줄은 결론이다. 그리고 위에서 '*' 기호는 모든 전제들이 참인 경우를 나타낸다. 위의 논증에서 모든 전제들이 참인 경우는 A와 B가 모두 참인 경우와 A는 참이고 B는 거짓인 경우이다. 그런 데 첫 번째 경우 모든 전제들이 참임에도 불구하고 결론은 거짓이다. 따라서 위의 진리표는 위의 논증이 전제들이 참이면서 결론이 거짓인 경우를 허용함을 보여 준다. 그러므로 위의 논증은 부당하다.

　위의 진리표에서 첫 번째 경우와 같은 경우를 주어진 논증에 대한 '반례'counterexample라고 부른다. 반례는 전제들이 모두 참이면서 결론이 거짓인 경우이다. 따라서 우리는 연역 논증의 타당성을 다음과 같이 규정할 수도 있다. 연역 논증은 반례를 허용하지 않으면 타당하다.

연습문제 F 다음 논증들을 기호화하고, 진리표 방법을 이용하여 타당성 여부를 판별 하시오.

(1) 애리조나 호 또는 미주리 호는 일본의 진주만 공격 때 격침되지 않았다. 따라서 애리조나 호 또는 미주리 호가 일본의 진주만 공격 때 격침되었다는 것은 사실이 아니다.

(2) 길수는 충청도 사람이거나 경기도 사람이다. 그는 경기도 사람이 아니다. 그러므로 그는 충청도 사람이다.

(3) 이브가 유산을 물려받은 것은 맞다. 그러나 이브가 유산도 물려받고 또한 엄청난 액수의 복권에도 당첨됐다는 것은 사실이 아니다. 따라서 이브가 복권에 당첨됐다는 것은 사실 무근이다.

(4) 저녁에 손님이 오지 않거나 또는 더 많은 음식이 필요하다. 더 많은 음식이 필요치 않거나 또는 시장을 보러가야 한다. 저녁에 손님이 오지 않을 것이다. 그러므로 시장을 보러갈 필요가 없다.

(1) A ∨ B

~B

∴ ~A

(2) A

B ∨ ~C

∴ (A & B) ∨ (A & ~C)

(3) ~A ∨ ~B

~C ∨ ~B

∴ ~C ∨ A

(4) ~A ∨ ~C

C ∨ B

~B ∨ C

∴ ~A

(5) ~A ∨ B

∴ B ∨ ~(A & C)

6

조건문, 쌍조건문, 필요조건
그리고 충분조건

Logical Inference and Proof Techniques

지금까지 우리는 세 가지 논리적 연결사들 '~', '&', 그리고 '∨'를 다루었다. 이제 두 가지의 새로운 논리적 연결사인 '→'와 '↔'를 도입하자. 전자는 화살표 기호, 후자는 쌍화살표 기호이다. 이제 문장 논리의 언어 SL의 완전한 문장 형성 규칙들은 다음과 같다.

(1) 모든 단순 문장들은 SL의 문장이다. 그리고 각 단순 문장은 SL에서 영어 대문자에 의해 표시된다.

(2) 'X'가 SL의 문장이면 '(~X)'도 SL의 문장이다.

(3) 'X'와 'Y'가 SL의 문장들이면 '(X & Y)'도 SL의 문장이다.

(4) 'X'와 'Y'가 SL의 문장들이면 '(X ∨ Y)'도 SL의 문장이다.

(5) 'X'와 'Y'가 SL의 문장들이면 '(X → Y)'도 SL의 문장이다.

(6) 'X'와 'Y'가 SL의 문장들이면 '(X ↔ Y)'도 SL의 문장이다.

우리가 위의 두 가지 새로운 기호를 도입하는 이유는 조건문과 쌍조건문을 기호화하기 위해서이다.

6-1. 조건문

다음과 같은 조건문conditional을 생각해 보자.

　　비가 온다면 땅이 젖을 것이다.

　'비가 온다'를 'A'라고 하고, '땅이 젖을 것이다'를 'B'라고 하자. 그러면 우리는 이 조건문을 다음과 같이 기호화할 수 있다.

　　A → B

여기서 화살표 기호 '→'는 '…이면, …이다'라는 표현을 기호화한 것이다.

(가) 조건문의 기호화 연습

(1) 석회석이 물에 뜨면 어떤 돌은 물에 뜬다.

　　A → B

　　　　　　　　　〔A : 석회석은 물에 뜬다. B : 어떤 돌은 물에 뜬다.〕

(2) 이윤이 증가하면 세금이 오른다.

　　A → B

　　　　　　　　　〔A : 이윤이 증가한다. B : 세금이 오른다.〕

(3) 비가 오고 또한 나에게 우산이 없다면, 나는 비에 젖을 것이다.

$(A \, \& \sim B) \rightarrow C$

〔A : 비가 온다. B : 나는 우산이 있다. C : 나는 비에 젖을 것이다.〕

(4) 길수가 숙제를 하면 선생님은 숙제를 걷지 않을 것이고, 길수가 숙제를 하지 않으면 선생님은 길수에게 숙제를 칠판에 가서 풀어 보라고 시킬 것이다.

$(A \rightarrow \sim B) \, \& \, (\sim A \rightarrow C)$

〔A : 길수는 숙제를 한다. B : 선생님은 숙제를 걷을 것이다. C : 선생님은 길수에게 숙제를 칠판에 가서 풀어 보라고 시킬 것이다.〕

(나) 조건문의 진리 함수적 정의

앞 장에서 우리는 부정, 연언, 그리고 선언을 진리 함수로 정의했다. 이제 조건문을 진리 함수로 어떻게 정의할 수 있는지 생각해 보자. 즉 'A → B'의 진리 조건은 무엇인가? 여기서 우리는 A의 위치에 오는 문장을 조건문의 '전건'the antecedent이라고 부를 것이고, B의 위치에 오는 문장을 '후건'the consequent이라고 부를 것이다. 그리고 위의 문제를 직관적으로 접근하기 위해, 어떤 선생이 어떤 학생에게 다음과 같이 말했다고 가정해 보자.

네가 학기말 시험에서 90점 이상을 받으면 너는 이 논리학 과목에서 A학점을 받을 것이다.

우선 조건문은 전건이 후건을 함축한다는 조건적인 주장을 하는 것이다. 즉 전건이 참이면 후건도 또한 참임을 주장하는 것이지, 전건이 참임을 주장하는 것은 아님을 주목하라. 그리고 전건인 '너는 학기말 시험에서 90

점 이상을 받는다'를 'P'라고 하고, 후건인 '너는 이 논리학 과목에서 A학점을 받는다'를 'Q'라고 하자. 그러면 위의 문장은 다음과 같이 기호화된다.

P → Q

이 복합 문장에서 단순 문장들은 'P'와 'Q' 둘뿐이므로 네 가지의 가능성이 존재한다. 그러면 각 경우의 'P → Q'의 진리 조건은 어떻게 될 것인가? 이 문제에 답하기 위해서 어떤 조건하에서 선생이 학생에게 거짓말을 했다고 말할 수 있는지를 생각해 보자.

P	Q	P → Q
T	T	?
T	F	?
F	T	?
F	F	?

첫 번째 경우는 'P'와 'Q'가 모두 참인 경우이다. 즉 학생이 실제로 학기말 시험에서 90점 이상을 받았고, 실제로 선생은 그 학생에게 A학점을 준 경우이다. 이 경우 선생은 거짓말을 하지 않았고, 따라서 선생의 진술 'P → Q'는 참이라고 말할 수 있다.

두 번째 경우는 'P'는 참이지만, 'Q'는 거짓인 경우이다. 즉 학생이 실제로 학기말 시험에서 90점 이상을 받았지만, 선생이 그 학생에게 A학점을 주지 않은 경우이다. 이 경우 선생은 거짓말을 한 셈이고, 따라서 선생의 진술 'P → Q'는 거짓이라고 말할 수 있다.

P	Q	P → Q
T	T	T
T	F	F
F	T	?
F	F	?

　이제 문제는 세 번째와 네 번째의 경우이다. 먼저 네 번째 경우를 살펴보자. 이 경우는 'P'도 거짓이고, 'Q'도 거짓인 경우이다. 즉 학생은 학기말 고사에서 90점 이상을 받지 못했고, 선생은 그 학생에게 A학점을 주지 않은 경우이다. 이 경우 학생은 선생에게 왜 거짓말을 했느냐고 항의할 수 없다. 따라서 이 경우 우리는 선생의 진술 'P → Q'를 거짓이라고 말할 수 없다. 그러므로 우리는 이 경우 'P → Q'를 참이라고 말해야 한다.

　끝으로 세 번째 경우를 살펴보자. 이 경우는 'P'가 거짓이고 'Q'가 참인 경우이다. 즉 학생이 학기말 고사에서 90점 이상을 받지 못했지만, 선생이 그 학생에게 A학점을 준 경우이다. 이 경우 역시 학생은 선생에게 왜 거짓말을 했냐고 항의할 수 없다. 왜냐하면 엄밀하게 말해서 선생은 학생이 90점 이상을 받으면 A학점을 주겠다고 약속했지, 그 학생이 90점 이상을 받지 못했을 경우에 대해서는 아무런 언급을 하지 않았기 때문이다. 또한 'Q'는 'P → Q'라는 조건적 주장보다 강한 단언적 주장이다. 따라서 'Q'가 성립하는 경우에 이보다 약한 주장인 'P → Q'는 당연히 성립해야 한다. 그런데 세 번째 경우는 'Q'가 성립하는 경우이다. 따라서 세 번째 경우에도 선생의 진술 'P → Q'는 참이라고 말할 수 있다.

P	Q	P → Q
T	T	T
T	F	F
F	T	T
F	F	T

위의 논의를 통해서 우리는 조건문의 진리 조건을 다음과 같이 정의할 수 있다.

조건문은 전건이 참이고, 후건이 거짓인 경우에는 거짓이지만, 그 외의 경우들에서는 모두 참이다.

위에서 살펴본 조건문의 진리 함수적 정의는, 부정, 연언, 그리고 선언의 경우들에 비해서 덜 직관적인 것이 사실이다. 따라서 위의 정의를 좀 더 직관적으로 이해하기 위해 한 가지 예를 더 살펴보자. 다음의 조건문을 고려해 보자.

$x > 2$ 이면, $x^2 > 3$ 이다.

직관적으로 x의 값이 무엇이든지 위의 수학적 진술은 참이다. 예컨대, $x = 3$이라고 가정해 보자. 그러면 우리는 다음의 조건문을 얻는다. '$3 > 2$ 이면, $9 > 3$ 이다.' 이때는 전건도 참이고 후건도 참이다. 이제 $x = 1$이라고 가정해 보자. 그러면 우리는 다음의 조건문을 얻는다. '$1 > 2$ 이면, $1 > 3$ 이다.' 이때는 전건도 거짓이고 후건도 거짓이다. 이제 $x = -5$라고 가정해 보자. 그러면 우리는 다음의 조건문을 얻는다. '$-5 > 2$ 이면, $25 > 3$ 이다.'

이때는 전건은 거짓이고 후건은 참이다.

위의 논의에서 우리는 다음의 사실을 알 수 있다. x의 값에 상관없이 'x > 2 이면, x^2 > 3 이다'가 참이라고 생각함에 있어서, 우리는 조건문의 전건이 거짓인 경우에도 조건문 전체의 진리값이 여전히 참이라는 생각을 받아들인다. 요컨대, 'x > 2 이면, x^2 > 3 이다'라는 주장의 핵심은 'x > 2'가 참이면서 'x^2 > 3'가 거짓인 x의 값이 존재하지 않는다는 주장이다. 앞서 정의된 조건문의 진리 조건은 바로 이러한 핵심적 주장을 포착하는 것이다.

하나 더 주목할 점은 'A → B' 형태의 조건문은 기본적으로 'A → B. A. ∴ B.' 형태의 전건긍정추론의 전제로 사용된다는 사실이다. 그리고 조건문 'A → B'로부터 결론 'B'를 도출하기 위해서는 두 번째 전제 'A'가 성립해야 한다. 다시 말해 이 두 번째 전제가 거짓인 경우에 우리는 'B'를 도출할 수 없다. 따라서 전건 'A'가 거짓인 경우는 'A → B'로부터 유의미한 결론을 이끌어낼 수 없는 경우이다. 이런 의미에서 전건 'A'가 거짓인 경우에 'A → B'의 전체 진리값은 타당한 추론을 함에 있어서 크게 중요하지 않다.

그렇지만 위에서 정의한 조건문의 진리함수적 정의가 조건문의 의미 전체를 온전히 포착한다고 말할 수는 없다. 예컨대 다음의 조건문을 살펴보자.

돌이 발부리에 차이면 너는 아픔을 느낄 것이다.

이 조건문은 돌이 발부리에 차이는 것과 아픔을 느끼게 되는 것 사이에 모종의 인과적 연결causal connection이 있음을 시사한다. 그리고 이 문장은 돌이 발부리에 차인 이후에 아픔을 느끼게 됨을 말해 준다. 그러나 조건문의 진리 함수적 정의는 그러한 점에 대해 전혀 말해 주는 바가 없다. 그렇지만 조건문의 진리 함수적 정의는 조건문의 의미 중 논리적으로 중요한 부분을 포착하기 때문에, 논리학의 목적과 관련해서 우리는 이 정의를 안심하고 사용할 수 있다. 여기서 말하는 논리학의 목적은 연역 논증의 타당성을 평가하는 것이다. 즉 연역 논증의 타당성을 평가하는 목적에 관련해서 조건문의 진리 함수적 정의는 아무런 문제가 없다.

(다) 조건문에 관련된 두 가지 중요한 논리 규칙

(1) 조건문 규칙the rule of the conditional

'X → Y'는 '~(X & ~Y)'와 논리적 동치이다. 즉 (X → Y) ≡ ~(X & ~Y).

'X이면 Y이다'라는 조건 문장에서 논리적으로 핵심이 되는 의미는 'X가 참이면서 Y가 거짓인 것은 아니다'라는 것이다. 바로 그것이 '~(X & ~Y)'라는 문장이 주장하는 바이다. 따라서 조건문 규칙은 직관적으로도 분명하지만, 우리는 이 규칙을 또한 다음의 진리표를 통해서 엄밀하게 증명할 수 있다.

X Y	X → Y	~(X & ~Y)
T T	T	T
T F	F	F
F T	T	T
F F	T	T

그리고 드 모르간의 규칙에 따라서 '~(X & ~Y)'와 '~X ∨ Y'는 논리적 동치이다. 즉 ~(X & ~Y) ≡ (~X ∨ Y). 따라서 'X → Y'와 '~X ∨ Y'는 논리적 동치이다. 즉 (X → Y) ≡ (~X ∨ Y). 그리고 이 조건문 규칙에 따르면, 다음 두 진술들은 논리적으로 동치이다.

이브가 아름답다면, 아담은 이브에게 청혼을 할 것이다.

이브는 아름답지 않거나 또는 아담은 이브에게 청혼을 할 것이다.

(2) 대우 규칙the rule of contraposition

'X → Y'는 '~Y → ~X'와 논리적 동치이다. 즉 (X → Y) ≡ (~Y → ~X).

이 규칙도 진리표를 이용하여 쉽게 증명할 수 있다. 그리고 대우 규칙에 따르면, 다음 두 진술들은 논리적으로 동치이다.

이브가 아름답다면, 아담은 이브에게 청혼할 것이다.

아담이 이브에게 청혼하지 않는다면, 이브는 아름답지 않다.

(라) 조건문의 비대칭성

연언 문장과 선언 문장은 대칭적symmetrical이다. 다시 말해,

(A & B) ≡ (B & A), 그리고 (A ∨ B) ≡ (B ∨ A).

그렇지만 'A → B'는 'B → A'와 논리적으로 동치가 아니다. 이것이 연언 문장과 선언 문장과는 달리, 조건문의 경우 그 구성 문장들이 각기 다른 이름을 갖는 이유이다. 즉 앞서 언급했던 것처럼, 조건문 'X → Y'에서 화살표 앞에 나타나는 문장 X를 '전건'이라고 부르고, 화살표 뒤에 나타나는 문장 Y를 '후건'이라고 부른다.

6-2. 필요조건과 충분조건

다음의 예를 살펴보자.

(1) 내 차가 잘 달리면 내 차에 연료가 있다.

이 조건문은 전건이 참이면 후건도 참임을 말한다. 다시 말해 이 조건문이 표현하는 것은 전건인 '내 차는 잘 달린다'가 후건인 '내 차에 연료가 있다'의 충분조건이라는 것이다.

이제 충분조건sufficient condition과 필요조건necessary condition의 개념을 정확히 정의하자.

정의 X는 Y의 충분조건이다 $=_{df}$ X가 참이면 Y는 항상 참이다.

'X가 참이면 Y는 항상 참이다'가 성립한다고 가정해 보자. 이 경우 X가 참인 것을 알게 되면, Y가 참인 것을 추론할 수 있다. 다시 말해 X의 참은 Y가 참임을 추론하기 위한 충분조건이다. 따라서 위의 예에서 내 차가 잘 달린다는 것은 내 차에 연료가 있다는 것의 충분조건이다.

정의 X는 Y의 필요조건이다 $=_{df}$ X가 참이 아니면 Y도 항상 참이 아니다.

'X가 참이 아니면 Y도 항상 참이 아니다'가 성립한다고 가정해 보자. 이 경우 X가 참이 아닌 것을 알게 되면, Y도 참이 아님을 추론할 수 있다. 따라서 Y가 성립하기 위해서는 X가 성립하는 것이 필요하다. 즉 X의 참은

Y의 참이 성립하기 위한 필요조건이다. 따라서 (1)이 성립하면, '내 차에 연료가 있다'는 '내 차는 잘 달린다'의 필요조건이다. 왜냐하면 '내 차에 연료가 있다'가 성립하지 않으면, '내 차는 잘 달린다'가 성립하지 않기 때문이다.

한 가지 예를 더 살펴보자.

> X는 네 개의 등변과 네 개의 직각을 갖고 있고 그리고 오직 그런 경우에만 정사각형이다. (X is square if and only if X has four equal sides and four right angles.)

여기서 네 개의 등변을 갖고 있음은 정사각형이 되기 위한 필요조건이다. 마찬가지로 네 개의 직각을 갖고 있음도 정사각형이 되기 위한 필요조건이다. 그리고 정사각형은 네 개의 등변을 갖기 위한 충분조건이다. 또한 정사각형은 네 개의 직각을 갖기 위한 충분조건이다.

그렇다면 네 개의 등변을 갖고 또한 네 개의 직각을 갖고 있음은 정사각형과 어떤 관계에 있는가? X가 네 개의 등변과 네 개의 직각을 갖고 있다고 하자. 이때 우리는 X가 정사각형임을 추론할 수 있다. 따라서 X가 네 개의 등변과 네 개의 직각을 갖고 있음은 X가 정사각형이기 위한 충분조건이다. 이제 X가 네 개의 등변과 네 개의 직각을 갖고 있다는 것이 참이 아니라고 하자. 이 경우 우리는 X가 정사각형이 아님을 추론할 수 있다. 따라서 네 개의 등변과 네 개의 직각을 갖고 있음은 정사각형이기 위한 필요조건이다. 그러므로 네 개의 등변과 네 개의 직각을 갖고 있음은 정사각형이기 위한 필요충분조건 necessary and sufficient condition이다.

(1) 남자임은 한국 대통령이 되기 위한 충분조건인가? 필요조건인가? 아니면 둘 다 아닌가?

(2) 산소는 인간이 생존하기 위한 충분조건인가, 필요조건인가, 아니면 둘 다 아닌가?

(3) 철수는 다음과 같이 말한다: '오직 인사청문회를 거쳐야 국세청장에 임명될 수 있다.' 이 말이 사실이라고 가정할 때, 인사청문회를 거침은 국세청장이 되기 위한 충분조건인가, 필요조건인가, 필요충분조건인가, 아니면 그 어느 조건도 아닌가?

(4) 18세 이상임은 선거권을 갖기 위한 필요조건인가, 충분조건인가, 필요충분 조건인가, 아니면 둘 다 아닌가?

(5) 한 어머니가 아들에게 다음과 같이 말한다: '네 방을 청소하지 않으면, 너는 놀러 나갈 수 없다.' 이 어머니의 말에 따르면, 아들이 자신의 방을 청소함은 아들이 놀러 나갈 수 있기 위한 필요조건인가? 충분조건인가, 아니면 둘 다 아닌가?

(6) 속성 F의 존재가 속성 G의 존재의 충분조건이면, 속성 F의 결여는 속성 G 의 결여의 필요조건이다. 이 주장은 참인가 아니면 거짓인가?

(7) 다음과 같은 법령이 있다고 가정하자. 오직 X시에 5년 이상 거주한 사람만
이 X시의 시장 선거에 출마할 수 있다. 이 법령에 따르면, X시에 5년 이상
거주함은 시장 선거에 출마하기 위한 필요조건인가, 충분조건인가, 필요충
분조건인가, 아니면 그 어느 조건도 아닌가?

연습문제 B 다음 진술들이 참인지 거짓인지를 답하시오.

(1) A가 C를 위한 충분조건이면, A와 B의 연언도 C의 충분조건이다.

(2) A가 C를 위한 필요조건이면, A와 B의 선언도 C를 위한 필요조건이다.

(3) 'A → (B & C)'가 성립한다면, A는 B의 충분조건이다.

(4) '검찰 측의 증인이 법정에서 증언을 하지 않는다면, 피고는 유죄판결을 받
지 않을 것이다.' 이 주장이 사실이라고 가정할 때, 피고가 유죄판결을 받는
것은 검찰 측의 증인이 법정에서 증언을 하는 것의 필요조건이다.

6-3. 쌍조건문

쌍조건문biconditional 기호 '↔'은 영어의 'if and only if'와 같이 필요충분 조건을 기호화하기 위해 사용된다. 예컨대 다음과 같은 영어 문장을 살펴보자.

(1) Adam will marry Eve if and only if Eve is beautiful.

'Adam will marry Eve'를 'A'라고 하고, 'Eve is beautiful'을 'B'라고 할 때 문장 (1)은 다음과 같이 기호화된다.

$$A \leftrightarrow B$$

영어의 'if and only if'에 대응하는 마땅한 한국어 표현이 없으나, 굳이 (1)을 번역한다면, 다음과 같이 번역할 수 있다.

(2) 아담은 이브가 아름답고 또한 오직 그런 경우에만 이브와 결혼할 것이다.

즉 이브가 아름답다는 것은 아담이 이브와 결혼하기 위한 필요충분조건이라는 주장이다. 다시 말해 이브가 아름다우면 아담은 이브와 결혼할 것이고, 또한 아담이 이브와 결혼한다면 이브는 아름답다는 주장이다. 따라서 (2)가 표현하는 것은 다음과 같다.

$$(A \rightarrow B) \, \& \, (B \rightarrow A)$$

이를 일반화하여 쌍조건문을 정의하면 다음과 같다.

$$X \leftrightarrow Y =_{df} (X \rightarrow Y) \,\&\, (Y \rightarrow X)$$

즉 쌍조건문은 두 개의 조건문들의 연언이다. 따라서 쌍조건문의 진리 조건은 다음과 같다.

X	Y	$X \rightarrow Y$	$Y \rightarrow X$	$(X \rightarrow Y) \,\&\, (Y \rightarrow X)$	$X \leftrightarrow Y$
T	T	T	T	T	T
T	F	F	T	F	F
F	T	T	F	F	F
F	F	T	T	T	T

따라서 쌍조건문은 두 구성 요소들이 같은 진리값을 갖는 경우에만 참이 된다.

연습문제 C 다음 문장들을 기호화하시오.

(1) 날씨가 추워지면 그리고 오직 그런 경우에만 비가 온다.

(2) 추워지면 그리고 오직 그럴 때만 비가 온다는 것은 사실이 아니다.

(3) 비가 오는 경우에, 날씨가 추워지기 위한 필요충분조건은 수은주가 떨어지는 것이다.

(4) 그 계약은 사기가 없고 또한 오직 그런 경우에만 구속력을 지닌다.

(5) 이브가 푸른 눈을 갖고 있다는 것은 아담이 이브를 사랑하기 위한 필요충분 조건이다.

(6) 이브가 부유하고 아름다우며 그리고 오직 그런 한에 있어서 아담은 이브와 결혼한다.

(7) 남중이가 상점에 갔다면, 우리는 무언가 먹게 되지만, 남중이가 상점에 가지 않았다면, 우리는 아무것도 먹지 못한다.

(8) 영수는 순이가 똑똑하면서도 또한 부지런한 사람이 아니라면 그녀에게 청혼하지 않을 것이다.

(9) 내가 그 일을 수행한다면, 출세는 하겠지만 너의 사랑을 잃을 것이고, 내가 이곳에 머문다면, 너의 사랑은 잃지 않겠지만 나의 꿈을 실현하지 못할 것이다.

지금까지 우리는 문장 논리의 모든 논리적 연결사들을 진리 함수적으로 정의했다. 따라서 조건문이나 쌍조건문을 포함한 모든 문장 논리의 논증들의 타당성을 진리표를 이용하여 판별할 수 있다.

(1) 김 씨가 시장으로 당선된다면 시청의 부정부패는 일소될 것이다. 김 씨는 당선되지 않을 것이다. 그러므로 시청의 부정부패는 일소되지 않을 것이다.

(2) 박 씨는 자격 정지 상태에 있지 않는 경우에만 변호사 업무를 수행할 수 있다. 박 씨가 자격 정지 상태에 있지 않다는 것은 사실이 아니다. 그러므로 박 씨는 변호사 업무를 수행할 수 있다.

(3) 남주는 여행 가이드나 또는 스튜어디스가 될 것이다. 남주가 여행 가이드가 된다면, 그녀는 여행을 자주 하게 될 것이다. 그리고 그녀가 스튜어디스가 된다 하더라도, 그녀는 여행을 자주 하게 될 것이다. 그러므로 남주는 여행을 자주 하게 될 것이다.

(4) 영준은 외무고시에 합격한다면 직업 외교관이 될 것이다. 영준은 직업 외교관이 되지 못하면 대사가 될 수 없다. 영준은 외무고시에 합격하지 못하거나 또는 대사가 되지 못할 것이다. 그러므로 영준은 직업 외교관이 되지 못할 것이다.

(5) 길수는 소설가가 아니거나 또는 시인이 아니다. 길수는 시인이거나 또는 출판인이다. 길수는 출판인이 아니거나 또는 시인이다. 그러므로 길수는 소설가가 아니다.

(6) 줄리어스 시저가 정당하게 자신의 것이 아닌 권력을 찬탈했다면, 그는 비난을 받아 마땅하다. 시저는 합법적인 황제였거나 또는 정당하게 자신의 것이

아닌 권력을 찬탈했다. 시저는 합법적인 황제였다. 따라서 그가 비난 받아
마땅하다는 것은 옳지 않다.

(7) A ∨ ~B

B

A → (C ∨ ~B) // C

(8) ~A ↔ B

A ∨ C

~C // ~B

(9) A & (C → ~A)

~C → ~B // B

6-4. 약식 진리표 방법

진리표에 의한 논증들의 타당성 검사는 앞서 우리가 살펴본 것처럼 매우
효과적인 방법이지만, 한 가지 문제점은 논증에 포함된 단순 문장들의 수
가 많을 경우 진리표를 구성하여 타당성을 검사하는 것이 매우 복잡하고
시간이 많이 걸린다는 점이다. 예컨대 단순 문장들의 수가 5개면 32개의
가로줄을 갖는 진리표를 그려야 한다. 이러한 문제점을 해소하기 위해 고
안된 것이 약식 진리표 방법the short-cut method of truth tables이다.

이 방법은 다음과 같이 진행된다. 우리가 타당성을 검사하고자 하는 주어진 논증을 X라고 하자. 먼저 우리는 주어진 논증 X가 타당하지 않다고 가정한다. 이 가정이 맞다면, X의 전제들이 모두 참이면서 X의 결론이 거짓인 경우가 가능할 것이다. 우리는 X의 전제들이 모두 참이면서 결론이 거짓이 되도록 단순 문장들의 진리값을 할당하는 시도를 할 것이다. 즉 논증 X의 결론에 진리값 F를 부여하고, X의 각 전제들에 진리값 T를 부여한다. 그다음 이러한 진리값들이 일관성을 갖도록 X를 구성하는 단순 문장들의 진리값들을 결정할 것이다. 이러한 과정에서 아무런 모순 없이 각 단순 문장들의 진리값들이 결정될 수 있다면, 이것은 실제로 X의 전제들이 모두 참이면서 X의 결론이 거짓인 경우가 가능함을 의미한다. 이 경우 X는 명백히 타당하지 않다. 그러나 전제들에 T를 부여하고 결론에 F를 부여하고자 하는 위의 시도가 실패하면, 이것은 전제들이 모두 참이면서 결론이 거짓인 경우가 불가능함을 뜻한다. 이 경우 X는 타당하다.

위의 절차를 요약하면 다음과 같다.

(1) 먼저 주어진 논증 X가 부당하다고 가정한다.
(2) 그다음 전제들에 T를 부여하고 결론에 F를 부여한다.
(3) 그다음 위의 진리값 할당이 논리적으로 일관되도록 각 단순 문장들의 진리값을 결정한다.
(4) 위의 시도가 성공적이라면, X는 부당하다. 그렇지만 위의 시도가 실패한다면, X는 타당하다.

몇 가지 간단한 예들을 이용해 약식 진리표 방법을 어떻게 사용하는지 살펴보자. 다음의 논증이 주어졌다고 가정하자.

A ∨ B / A // B

여기서 첫 번째 전제는 'A ∨ B'이고, 두 번째 전제는 'A'이며, 그리고 결론은 'B'이다. 기호 '//'는 그것 다음의 문장이 결론임을 나타낸다.

이 논증의 타당성을 결정하기 위해 우리는 먼저 이 논증이 부당하다고 가정한다. 그리고 다음과 같이 결론에 F를, 전제들에 T를 부여한다.

A ∨ B / A // B
  T   T   F

여기서 두 번째 전제와 결론이 이미 단순 문장이므로 우리는 쉽게 단순 문장 A와 B의 진리값을 결정할 수 있다. 즉 'A'는 T이고 'B'는 F이다. 이 경우 첫 번째 전제는 'A ∨ B'이고 첫 번째 선언지 'A'가 T이므로 위의 진리값 할당은 아무런 모순을 일으키지 않는다. 따라서 위의 논증은 부당하다.

이제 다음의 논증을 살펴보자.

A ∨ B / ~A // B

먼저 이 논증이 부당하다고 가정한다. 그리고 다음과 같이 결론에 F를, 전제들에 T를 부여한다.

A ∨ B / ~A // B
  T   T   F

여기서 우리는 우선 'B'가 F임을 알 수 있다. 그리고 두 번째 전제 '~A'가 T이므로 'A'는 F가 되어야 함을 알 수 있다. 따라서 첫 번째 전제 'A ∨

B'는 'A'가 F이고 'B'도 F임으로 F가 되어야 하며, 이것은 모든 전제들에 T를 할당하고자 하는 우리의 시도가 성공할 수 없음을 보여 준다. 따라서 위의 논증은 타당하다.

좀 더 복잡한 논증의 예를 살펴보기로 하자.

$$\sim A \rightarrow (\sim M \vee C) \,/\, G \vee C \,/\, K \rightarrow (L \,\&\, \sim A) \,/\, C \leftrightarrow K \quad // \sim M \vee C$$

먼저 우리는 모든 전제들에 T를 그리고 결론에 F를 부여한다.

$$\sim A \rightarrow (\sim M \vee C) \,/\, G \vee C \,/\, K \rightarrow (L \,\&\, \sim A) \,/\, C \leftrightarrow K \quad // \sim M \vee C$$
$$T T T T F$$

여기서 결론 '~M ∨ C'는 F이므로 양 선언지들이 둘 다 F임을 알 수 있다. 따라서 'M'은 T이고, 'C'는 F이다. 네 번째 전제에서 'C'가 F이므로 'K'도 F임을 알 수 있다. 왜냐하면 'K'가 T라면 'C ↔ K'는 F가 되기 때문이다. 세 번째 전제는 전건 'K'가 거짓이므로 후건의 진리값에 상관없이 T이다. 따라서 세 번째 전제는 문제가 없다. 그리고 두 번째 전제에서 'C'가 F이므로 'G'는 T가 되어야 한다. 이제 남은 것은 첫 번째 전제이다. 여기서 A가 T이면 '~A'는 F가 된다. 이 경우 전건이 거짓이므로 전체 조건문의 진리값은 참이 된다. 그러므로 우리는 다음의 진리 조건에서 위 논증의 모든 전제들이 참이고 결론은 거짓이 됨을 알 수 있다.

A : T(참), C : F(거짓), G : T(참), K : F(거짓), M : T(참)

여기서 'L'은 T 또는 F 중 어느 쪽 진리값을 가져도 상관없다. 이처럼 모든 전제들이 참이면서 결론이 거짓인 경우가 가능하므로 위의 논증은 부당하다.

끝으로 한 가지 예를 더 살펴보기로 하자.

$$A \rightarrow (B \lor C) \,/\, (B \lor C) \rightarrow \sim D \,/\, D \lor A \,//\, A \leftrightarrow \sim D$$

앞서와 마찬가지로, 모든 전제들에 T를 그리고 결론에 F를 할당한다.

$$A \rightarrow (B \lor C) \,/\, (B \lor C) \rightarrow \sim D \,/\, D \lor A \,//\, A \leftrightarrow \sim D$$
$$ T T T F$$

여기서 결론이 쌍조건문이기 때문에 결론이 F인 경우가 둘이다. 즉 한 경우는 'A'가 T고 '~D'가 F인 경우이고, 또 다른 경우는 'A'가 F이고 '~D'가 T인 경우이다. 따라서 이 논증의 타당성을 약식 진리표 방법으로 결정하기 위해서는 이 두 경우 모두를 살펴보아야 한다. 먼저 첫 번째 경우를 검토해 보자. 'A'가 T고 '~D'가 F이므로, 진리값 할당은 다음과 같다.

$$A \rightarrow (B \lor C) \,/\, (B \lor C) \rightarrow \sim D \,/\, D \lor A \,//\, A \leftrightarrow \sim D$$
$$T F T T T F$$

첫 번째 전제가 참이기 위해서는 후건인 'B ∨ C'가 참이어야 한다. 그런데 이것은 두 번째 전제의 전건과 같다. 따라서 두 번째 전제는 전건이 참이고 후건이 거짓이므로 참일 수 없다. 따라서 첫 번째 진리값 할당은 가능하지 않다. 이제 두 번째 경우를 살펴보자. 'A'가 F고 '~D'가 T이므로 진리값 할당은 다음과 같다.

$$A \to (B \lor C) / (B \lor C) \to {\sim}D / D \lor A \ // A \leftrightarrow {\sim}D$$

$$ F \quad T \quad F \quad F \quad F \quad T$$

따라서 세 번째 전제는 참일 수 없다. 그러므로 두 번째 진리값 할당도 가능하지 않다. 이처럼 전제들이 모두 참이면서 결론이 거짓인 경우가 가능하지 않으므로, 이 논증은 타당하다. 그리고 이 예가 보여 주는 것처럼 결론이 거짓인 경우가 하나 이상인 경우는 각각의 경우를 모두 살펴보아야 한다. 이때 전제들이 모두 참이면서 결론이 거짓인 경우가 전혀 없으면 타당한 논증이고, 그런 경우가 있으면 부당한 논증이다.

연습문제 E 다음 논증들의 타당성을 약식 진리표 방법에 의해 판별하시오.

(1) ${\sim}A \lor B / {\sim}A \to C / C \to A \ // B$

(2) $A \to {\sim}B / B \,\&\, C \ // {\sim}A \,\&\, {\sim}B$

(3) $A \to (B \,\&\, C) / (B \lor C) \to {\sim}D / D \lor {\sim}A \ // A \leftrightarrow {\sim}D$

(4) $A \to {\sim}B / C \leftrightarrow A / B \lor A \ // C \leftrightarrow {\sim}B$

(5) $A \to B / {\sim}A \to {\sim}B / B \to C / C \to B \ // A \leftrightarrow C$

(6) $A \to (B \to C) / B \to (A \to C) \ // (A \lor B) \to C$

(7) A & B / B → C / A → ~(C & ~D) // ~D

(8) (A ∨ (B ∨ C)) → (D → C) / E → (B ∨ (C ∨ A)) // ~C → ~(E & D)

(9) A ∨ (C & ~D) / B → (C & ~A) / ~D → ~B // A ↔ B

(10) A ∨ (B & ~C) / (A ∨ B) → (D ∨ ~C) // ~C ∨ D

연습문제 F 선비와 사기꾼 알아맞히기. 3장 연습 문제 C에서 가정한 것처럼, 단지 선비들과 사기꾼들만이 사는 한 섬이 있다고 가정하자. 선비들은 항상 진실만을 말하고, 사기꾼들은 항상 거짓만을 말한다. 각 사람의 진술을 분석하여, 그가 선비인지 아니면 사기꾼인지를 결정하시오.

(1) A : 정확히 우리들 중 두 사람만이 선비이다.

 B : A가 선비라면 적어도 우리들 중 한 사람은 사기꾼이다.

 C : A는 사기꾼이다.

(2) A : 내가 사기꾼이 아니라면, 적어도 우리들 중 한 사람은 선비이다.

 B : A가 선비라면 C는 사기꾼이다.

 C : A는 선비이다.

(3) A : 선비가 아닌 사람이 있다면, B는 사기꾼이다.

 B : 나는 사기꾼이거나 또는 C는 선비이다.

 C : 선비가 아닌 사람이 있다.

선비, 사기꾼, 그리고 보통 사람 알아맞히기. 이번에는 선비, 사기꾼, 그
리고 보통 사람이 각각 한 명씩 사는 섬이 있고, 이 섬에서 보통 사람은 선비와 사
기꾼과는 달리, 진실을 말할 때도 있고, 거짓을 말할 때도 있다고 가정하자. 그리
고 선비는 사기꾼과 결혼했고, 보통 사람은 미혼이라고 가정하자. 또한 선비의 신
분이 제일 높고, 보통 사람이 중간이고, 사기꾼이 제일 낮다고 가정하자. 이러한
가정하에 각 사람의 진술을 분석하여, 각 사람의 신분을 결정하시오.

(1) A : 나는 B보다 신분이 높거나 또는 높지 않다.
   B : 내가 A와 결혼했다면, 나는 미혼이다.
   C : 나는 A보다 신분이 높지 않다.

(2) A : 나는 미혼이다.
   B : 나는 A와 결혼했거나 또는 C와 결혼했다.
   C : 나는 A와 결혼하지 않았다.

(3) A : 내가 B보다 신분이 낮지 않다면, 나는 C보다 신분이 낮다.
   B : 나는 A와 결혼했지 C와 결혼하지 않았다.
   C : 나는 A보다 신분이 높다.

다음 사실이 지방 소도시 X에서 성립한다고 가정하자. 철수가 X시에
살고 있는 왼손잡이라고 가정할 때, 반드시 참인 것은?

ㄱ. 이 도시에는 남구와 북구, 두 개의 구가 있다.

ㄴ. 아파트에 사는 사람들은 모두 오른손잡이다.

ㄷ. 남구에서 아파트에 사는 사람들은 모두 의심이 많다.

ㄹ. 남구에서 아파트에 살고 있지 않은 사람들은 모두 가난하다.

ㅁ. 북구에서 아파트에 살지 않는 사람들은 의심이 많지 않다.

(1) 철수는 가난하지 않다.

(2) 철수는 의심이 많은 사람이 아니다.

(3) 철수가 가난하지 않다면, 철수는 의심이 많지 않다.

(4) 철수가 북구에 산다면, 철수는 의심이 많다.

(5) 철수가 남구에 산다면, 철수는 의심이 많다.

7

문장 논리 I :
자연 연역에 의한
타당성 증명

Core
logic

Logical Inference and   Proof Techniques

진리표에 의한 타당성 증명은 문장 논리의 논증들의 타당성을 판별하기 위한 매우 효과적인 방법이다. 그러나 주어진 논증이 많은 수의 단순 문장들을 포함할 경우, 이러한 증명 방식은 매우 길고 또한 지루하다는 문제점을 가지고 있다. 우리가 이 장에서 다루게 될 자연 연역에 의한 증명 방식 natural deduction proof technique은 논증의 타당성을 증명하는 보다 간단하고, 우리의 일상적인 추론 방식에 훨씬 가까운, 따라서 '자연스러운' 증명 방식이다.

자연 연역에 의한 증명의 목표는 각 단계의 추론이 명백한 추론 규칙들에 의해 정당화되는 추론들의 한 연쇄를 제시하는 것이다. 이러한 추론들의 연쇄가 주어지면, 우리는 전제들이 참이면, 추론 규칙들에 의해 보장되는 결론 또한 참이라는 것을 받아들일 수 있게 된다. 우리가 아래에서 도입하게 될 추론 규칙들은 참을 유지하는truth-preserving 특성을 갖는다. 왜냐하면 전제들이 참이라면, 이러한 추론 규칙들에 의해 정당화되는 결론 또한 참이어야 하기 때문이다. 우리는 10개의 기본 추론 규칙들을 도입할 것이다.

(가) 10개의 기본 추론 규칙 10 basic rules of inference

(1) 조건 기호 제거 (→ 제거)conditional elimination

$$X \rightarrow Y$$
$$\frac{X}{Y}$$

'X → Y'와 'X'가 전제들로 주어지면, 'Y'를 추론할 수 있다. 우리는 이 추론 규칙을 '조건 기호 제거'라고 부를 것이다. 그리고 약어로 '→ 제거'라고 표시할 것이다. 이 추론의 한 예는 다음과 같다.

> 내 차가 잘 달린다면, 내 차에 연료가 있다.
> 내 차는 잘 달린다.
> 그러므로 내 차에 연료가 있다.

이 추론은 직관적으로 명백하고, 또한 우리는 이 추론을 진리표 방법에 의해 쉽게 증명할 수 있다. 그리고 나머지 9개의 기본 추론 규칙들의 경우도 마찬가지이다.

(2) 선언 기호 제거 (∨ 제거)disjunction elimination

$$
\begin{array}{cc}
X \vee Y & \qquad X \vee Y \\
\dfrac{\sim X}{Y} & \qquad \dfrac{\sim Y}{X}
\end{array}
$$

'X ∨ Y'와 '~X'가 전제로 주어지면, 'Y'를 추론할 수 있다. 이 추리 규칙 역시 명백하다. 첫 번째 전제는 'X'와 'Y' 둘 중의 하나가 참임을 주장한다.

그리고 두 번째 전제는 첫 번째 선언지인 'X'가 참이 아님을 주장한다. 그러므로 두 번째 선언지인 'Y'가 참이어야 한다. 두 번째 형태의 선언 기호 제거 규칙도 마찬가지의 이유에서 정당화된다. 이 추론의 한 예는 다음과 같다.

> 길수는 서울에 있거나 인천에 있다.
> 길수는 서울에 있지 않다.
> 그러므로 길수는 인천에 있다.

(3) 선언 기호 도입 (∨ 도입)disjunction introduction

$$\frac{X}{X \vee Y} \qquad\qquad \frac{X}{Y \vee X}$$

'X'가 전제로 주어지면, 'X ∨ Y'를 추론할 수 있다. 이 추론 규칙도 명백하다. 'X'가 참이라면 'X ∨ Y'는 당연히 참이기 때문이다. 왜냐하면 선언지의 하나가 참이면, 선언 문장은 참이 되기 때문이다. 마찬가지 이유에서 'X'라는 전제에서 'Y ∨ X'를 추론할 수 있다. 위 추론의 한 예는 다음과 같다.

> 나폴레옹은 위대한 장군이었다.
> 그러므로 나폴레옹은 위대한 장군이었거나 또는 위대한 정치가이었다.

나머지 기본 추론 규칙들을 도입하기 전에 이런 추론 규칙들을 이용해 어떻게 논증의 타당성을 증명하는지 살펴보자. 다음 논증을 고려해 보자.

> 길수가 정치인이라면, 그는 거짓말을 한다.
> 그가 거짓말을 한다면, 그는 정치인임을 부인할 것이다.

길수는 정치인이다.

그러므로 그는 정치인임을 부인할 것이다.

우리는 위 논증을 다음과 같이 기호화 할 수 있다.

1. A → B
2. B → C
3. A // C

〔A : 길수는 정치인이다. B : 길수는 거짓말을 한다. C : 길수는 정치인임
을 부인한다.〕

우리의 목표는 위의 세 전제들로부터 추론 규칙들을 이용해 결론 'C'를
이끌어 내는 것이다. 우리는 다음과 같은 추론들의 연쇄를 제시할 수 있다.

1. A → B
2. B → C
3. A // C
4. B   1, 3, → 제거
5. C   2, 4, → 제거

먼저 우리는 1번 전제와 3번 전제로부터 → 제거 규칙을 이용해 'B'을
추론할 수 있다. 전제들이 참이라면, 이 결론은 참이어야 한다. 우리는 단
계 4가 어떻게 정당화되는지를 보여주기 위해 단계 4 오른편에 이 단계를
얻기 위해 이용한 전제들의 번호와 사용된 추론 규칙을 표시할 것이다. 그

다음 우리는 얻고자 했던 결론 'C'를 전제 2와 단계 4로부터 → 제거 규칙을 이용해 증명할 수 있다. 앞서 언급했던 것처럼 추론 규칙들은 참을 유지하기 때문에, 우리는 전제들이 참이면 결론 또한 참임을 알 수 있다. 다시 말해 위의 논증은 타당하다.

위의 자연 연역 추론에서 1부터 5까지의 문장들의 연쇄sequence를 '전제들로부터 결론의 도출'a derivation of the conclusion from the premises이라고 부른다. 전제들로부터 결론의 도출은 전제들로부터 결론을 이끌어 내기 위해 사용된 모든 문장들의 연쇄를 가리킨다. 그리고 한 논증은 전제들로부터 결론으로의 도출이 존재하면 타당하다.

(4) 조건 기호 도입 (→ 도입)conditional introduction

이 추론 규칙은 증명하고자 하는 결론이 'X → Y'의 형태의 조건문인 경우에 사용한다. 'X → Y'는 'X'라는 조건하에서 'Y'가 성립한다는 조건적 주장conditional claim이다. 이런 조건적 주장은 'X'라는 가정하에 'Y'가 성립함을 보일 수 있는 경우 성립한다. 따라서 이런 조건적 주장을 증명하는 방법은 다음과 같다. 먼저 'X'를 전제로서 가정한다. 그리고 'X'가 단지 가정이라는 것을 나타내기 위해 이를 표시하는 세로줄인 보조 증명선을 사용한다. 그리고 이 보조 증명선 내에서의 추론 단계들을 보조 증명subproof 또는 보조 도출subderivation이라고 부른다.

1. | X   가정
2. |
3. |

그다음 위의 가정하에 결론 'Y'를 이끌어 내고자 시도한다. 우리가 'Y' 를 보조 증명의 결론으로 이끌어 내는 데 성공하면, 우리는 그 보조 증명 선을 닫고, 그 밑에 보조 증명의 결론으로서 'X → Y'라고 쓸 수 있다. 즉 'X'라는 가정하에 'Y'를 이끌어 내는 보조 증명을 할 수 있으면, 보조 증명 선을 닫으면서 'X → Y'를 결론으로 주장할 수 있다. 그리고 이처럼 보조 증명선을 닫는 것을, 그 보조 증명의 가정을 해제discharge한다고 말한다. 그리고 이처럼 해제된 전제는 추후의 추론에서 또 다시 전제로서 가정되 지 않는 한 더 이상 사용될 수 없다.

```
1. | X
2. |——————————————
3. |
   |
   | Y
   |——————————————
   X → Y
```

한 가지 예를 살펴보자.

1. A → ~B
2. B ∨ C // A → C
3. | A   가정
4. | ~B   1, 3, → 제거
5. | C   2, 4, ∨ 제거
6. A → C   3-5, → 도입

120

(5) 연언 기호 제거 (& 제거)conjunction elimination

$$\frac{X \,\&\, Y}{X} \qquad\qquad \frac{X \,\&\, Y}{Y}$$

이 규칙은 명백하다. 'X & Y'가 참이면, 두 연언지들이 모두 참이다. 따라서 이로부터 'X'가 참임을 추론할 수 있다. 마찬가지로 'X & Y'가 전제로 주어지면, 두 번째 연언지를 추론할 수 있다.

(6) 연언 기호 도입 (& 도입)conjunction introduction

$$\frac{\begin{array}{c} X \\ Y \end{array}}{X \,\&\, Y}$$

'X'와 'Y'가 각각 전제로 주어져 있으면, 'X & Y'를 추론할 수 있다. 'X'가 참이고, 또한 'Y'가 참이면, 당연히 'X & Y'는 참이기 때문이다.

(7) 쌍조건 기호 도입 (↔ 도입)biconditional introduction

$$\frac{\begin{array}{c} X \rightarrow Y \\ Y \rightarrow X \end{array}}{X \leftrightarrow Y}$$

'X ↔ Y'의 의미는 '(X → Y) & (Y → X)'이다. 따라서 두 조건 문장들 'X → Y'와 'Y → X'가 전제로 주어지면, 당연히 연언 기호 도입 규칙에 의해서 'X ↔ Y'를 추론할 수 있다.

(8) 쌍조건 기호 제거 (↔ 제거)biconditional elimination

$$\frac{X \leftrightarrow Y}{X \rightarrow Y} \qquad \frac{X \leftrightarrow Y}{Y \rightarrow X}$$

'X ↔ Y'가 주어져 있으면, 당연히 'X → Y'와 'Y → X'를 각각 추론할 수 있다.

(9) 부정 기호 제거 (~ 제거)negation elimination

$$\frac{\sim\sim X}{X}$$

이중 부정문 '~~X'가 주어져 있으면, 이중 부정 규칙에 의해 이중 부정 기호를 제거하고 'X'를 추론할 수 있다.

(10) 부정 기호 도입 (~ 도입)negation introduction

부정 기호 도입 규칙은 귀류법Reductio ad absurdum을 사용하는 추론이다. 귀류법은 어떤 결론을 확립하기 위해서 그것의 부정을 가정한 후, 이로부터 모순을 이끌어 냄으로써 간접적으로 그 결론을 확립하는 추론 방법이다. 부정 기호 도입 규칙은 바로 이러한 증명 방법을 사용한다. 즉 부정 문장 '~X'를 증명하기 위해 'X'를 가정하는 보조 증명을 시작한다. 그리고 이 가정하에 모순을 이끌어 내도록 시도한다. 'X'라는 가정으로부터 모순이 함축된다면, 'X'는 결코 참일 수 없다. 따라서 보조 증명에서 모순을 이끌어 내는 데 성공하면, 보조 증명선을 닫고 '~X'를 결론으로 도출할 수 있다. 요컨대 '~X'를 증명하기 위해서 'X'를 가정하고, 그 가정하에 모순을 이끌어 낸 후 '~X'를 결론으로 이끌어 낸다.

```
1. │ X
   │
2. │
   │
3. │
   │
   │ Y
   │
   │ ~ Y
   └─────────
   ~X
```

한 가지 예를 살펴보자.

1. H → ~K

2. K ∨ D

3. D → K   // ~H

```
4. │ H              가정
5. │ ~K             1, 4, → 제거
6. │ D              2, 5, ∨ 제거
7. │ K              3, 6, → 제거
   └─────
8.   ~H             4-7, ~ 도입
```

　지금까지 모두 10개의 기본 추론 규칙들을 배웠다. 문장 논리의 모든 타당한 논증들은 이 10개의 추론 규칙들만으로 증명할 수 있다. 이런 의미에서 이 10개의 기본 추론 규칙들은 완전complete하다. 즉 문장 논리의 타당한 논증을 증명하기 위해서 이 10개 이외의 다른 추론 규칙은 필요하지 않다.

　여기서 한 가지 주목할 점은 기본 추론 규칙들 중에서 → 도입 규칙과 ~ 도입 규칙은 다른 규칙들과는 달리 증명 또는 보조 증명에 나타나는 문장

들에 호소하지 않는다는 점이다. 이 두 규칙들은 대신 보조 증명 전체에 호소한다. 달리 말하면, → 도입 규칙과 ~도입 규칙을 사용하기 위해서는 새로운 보조 증명을 시작해야 하고, 그 보조 증명이 끝난 다음 그 보조 증명의 가정을 해제해야 한다.

여기서 또 한 가지 주목할 점은 보조 증명 내에서 또 다른 가정을 할 수 있다는 점이다. 즉 보조-보조 증명sub-subproof을 할 수 있다. 한 가지 예는 다음과 같다.

1. X → Y // ~Y → ~X
2. | ~Y   가정
3. | | X   가정
4. | | Y   1, 3, → 제거
5. | | ~Y   2, 반복
6. | ~X   3-5, ~도입
7. ~Y → ~X   2-6, → 도입

위의 증명은 대우 규칙의 증명이다. 먼저 결론이 조건문이므로 전건을 가정하고 후건을 증명해야 한다. 그래서 단계 2에서 전건 '~Y'를 가정한다. 이 가정하에 후건 '~X'를 이끌어 내야 한다. 그런데 우리가 확립해야 할 중간 결론인 '~X'는 부정문이고, 이러한 부정문을 이끌어 내는 한 방법은 'X'를 가정하고, 모순을 이끌어 내는 것이다. 그래서 '~Y'라는 가정하에 있는 단계 3에서 'X'를 또 다시 가정한다. 그리고 이것이 가정임을 표시하기 위해 보조-보조 증명을 시작한다. 이 보조-보조 증명 내에서 우리는 전제 1과 전제 3으로부터 → 제거 규칙에 의해 'Y'를 이끌어 낼 수 있다. 그리고 이것은 첫 번째 가정 '~Y'와 모순된다. 그런데 증명의 명확성을 위해

보조-보조 증명 내에서 모순을 이끌어 낼 수 있음을 명시적으로 보일 필요가 있다. 이를 위해 단계 5에서 단계 2를 반복해 쓰고, 정당화 근거로서 '반복'이라고 쓴다. 'X'라는 가정하에 모순을 이끌어 냈으므로 이 가정을 해제하고, 단계 6에서 ~도입 규칙에 의해 '~X'를 이끌어 낸다. 결론적으로 '~Y'라는 가정하에 '~X'를 이끌어 냈으므로 첫 번째 가정을 해제하고, '~Y → ~X'를 → 도입 규칙에 의해 이끌어 낼 수 있다.

(나) 유용한 증명 전략useful proof strategies

    (1) 증명하고자 하는 목표를 항상 유념한다.

    (2) 'A → B'를 증명하기 위해, 'A'를 가정하고, 'B'를 이끌어 낸다.

    (3) '~A'를 증명하기 위해, 'A'를 가정하고 모순을 이끌어 낸다.

연습문제 A 다음 논증들을 기호화하고 자연 연역 방법에 의해 타당성을 증명하시오.

(1) 아담이 백만장자라면, 가난은 이브가 그의 청혼을 거절한 이유가 아니다. 그런데 이브가 그의 청혼을 거절한 이유는 아담이 가난하다는 것 또는 그가 매력이 없다는 것 둘 중의 하나이다. 아담은 백만장자이다. 그러므로 매력이 없다는 것이 아담이 청혼을 거절당한 이유임에 틀림없다.

(2) 길수가 윤주를 사랑했다면, 그는 윤주에게 청혼을 하고 싶어 했을 것이다. 길수가 윤주에게 청혼을 하고 싶어 했다면, 그는 윤주가 다른 남자와 결혼하기 전에 청혼을 했을 것이다. 그러나 길수는 윤주가 다른 남자와 결혼하기 전에 청혼을 하지 않았다. 그러므로 길수는 윤주를 사랑하지 않았음에 틀림없다.

(3) 아담이든 이브이든 충분히 조심을 했더라면, 그 사고는 나지 않았을 것이다. 그 사고가 나지 않았다면, 그들은 부자가 되었을 것이다. 그러나 그들은 부자가 되지 않았다. 그러므로 아담은 충분히 조심을 하지 않았다.

(4) 우리는 우리 자신의 인생을 스스로 결정하거나 또는 부모의 조언을 따라야 한다. 우리가 부모의 조언을 따른다면, 우리는 부모 자신의 꿈을 실현하는 데 이용될 위험이 있다. 우리는 그러한 위험을 피해야 한다. 그러므로 우리는 우리 자신의 인생을 스스로 결정해야 한다.

(5) 동물들은 단순히 기계들에 불과하거나 또는 동물들은 아픔을 느낀다. 동물들이 아픔을 느끼거나 또는 영혼을 갖고 있다면, 동물들은 불필요한 아픔을 겪지 않을 권리를 지니며 인간들은 동물들에게 불필요한 아픔을 가하지 말아야 할 의무를 지닌다. 동물들이 단순히 기계들에 불과하다는 것은 사실이 아니다. 그러므로 동물들은 불필요한 아픔을 겪지 않을 권리를 지닌다.

(6) 경찰이 당신을 구금하고 당신이 묵비권을 행사할 권리가 있음을 통보한다면, 당신의 진술은 당신에게 불리하게 사용될 수 있다. 경찰이 당신이 묵비권을 행사할 권리가 있음을 통보하고 또한 당신의 진술이 당신에게 불리하게 사용될 수 있다면, 당신은 아무 말도 하지 않는 것이 좋을 것이다. 그러므로 경찰이 당신을 구금하고 당신이 묵비권을 행사할 권리가 있음을 통보한다면, 당신은 아무 말도 하지 않는 것이 좋을 것이다.

(7) 두뇌 현상이 심적 현상과 동일하다면, 두뇌 현상이 공간적 위치를 가져야 함은 심적 현상이 공간적 위치를 가져야 함의 필요충분조건이다. 두뇌 현상은 공간적 위치를 갖는다. 심적 현상이 공간적 위치를 갖는다면, 생각에 공간적 위치를 부여하는 것이 유의미해야 한다. 그러나 생각에 공간적 위치를 부여하

는 것은 유의미하지 않다. 그러므로 두뇌 현상과 심적 현상은 동일하지 않다.

(8) 혜영이 수업에 충실하고 또한 지나친 사교활동을 줄인다면, 혜영의 성적은
오를 것이다. 혜영의 성적이 오르면, 혜영은 장학금을 받게 될 것이다. 혜
영은 사교활동은 줄이겠지만, 장학금은 받지 못할 것이다. 따라서 혜영은
수업에 충실하지 않을 것이다.

(9) 혜영이 법조계로 나간다면, 그녀는 성공할 것이다. 그녀가 금융계로 나간
다면, 그녀는 성공할 것이다. 그녀가 법조계 및 금융계 어느 쪽으로도 나가
지 않는다는 것은 사실이 아니다. 따라서 그녀는 성공할 것이다.

(10) 사람들이 선하다면, 법은 범죄를 예방하기 위해 필요치 않을 것이다. 반면
에, 사람들이 악하다면, 법은 범죄를 예방하지 못할 것이다. 사람들은 선하
거나 또는 악하다. 그러므로 법은 범죄를 예방하기 위해 필요치 않거나 또
는 범죄를 예방하지 못할 것이다.

(11) 길수가 밤새 공부를 한다면, 그는 그 파티에 갈 수 없다. 그러나 길수가 밤
새 공부하지 않는다면, 그는 내일 논리학 시험을 망칠 것이다. 길수는 밤새
공부하거나 또는 그렇게 하지 않거나 둘 중의 하나를 해야 한다. 그러므로
길수는 그 파티에 가지 못하거나 또는 논리학 시험을 망칠 것이다.

(12) 온실효과를 감소시켜야 한다면, 우리는 원자력 발전을 선택해야 한다. 그러
나 우리가 원자력 사고의 위험을 줄여야 한다면, 우리는 재래식 발전을 선택
해야 한다. 우리는 원자력 발전을 선택하지 않거나 또는 재래식 발전을 선
택하지 않을 것이다. 그러므로 우리는 온실효과를 감소시키지 않거나 또는
원자력 사고의 위험을 줄이지 않을 것이다.

(1) A → B
   A & C
   (B & C) → D // D

(2) ~A ∨ B
   ~B
   A ∨ C // ~B & C

(3) D
   (D ∨ A) → (B ∨ C)
   ~B
   (C ∨ ~F) → (G & H) // G

(4) ~(A & G) ∨ C
   ~C
   (A & G) ∨ (~D ∨ F)
   E → B
   E ∨ D
   ~F // B

(5) B & D
   (B ∨ F) → (A & G)
   (G → E) & ~C // ~C & E

(6) (B → D) & (C → E)
   B ∨ C
   (D ∨ E) → (A ∨ F)
   ~A & ~C // F & B

(7) (~A ∨ B) → (C → D)
   (~F ∨ B) → (D → E)
   ~A & ~F // C → E

(8) ~(A → ~C)
   (D → E) ∨ (A → ~C)
   E → ~B // D → ~B

(9) ~A ∨ ~B
   A ∨ (C → ~D)
   ~~B
   ~D → E // C → E

(10) A → ~B
   C ∨ A
   B // C

(11) A ∨ (B & C)
   B → D
   ~D // A

(12) A ∨ ~(D ∨ C)
   ~(A ∨ ~D) ∨ B // B

머리 풀기 문제 다음 〈보기〉의 내용이 모두 사실이라고 하자. 경수가 농민이 아닌 경우에 다음 중 반드시 참인 것은?

〈보기〉

ㄱ. A, B, C, D, 네 개의 구역이 있으며, A 구역에는 군인이, B 구역에는 농민 또는 노동자가, C 구역에는 행정 관료가, 그리고 D 구역에는 기업가가 산다.

ㄴ. A 구역 사람들은 모두 B 구역 사람만을 좋아하고, D 구역 사람을 존경하는 사람들은 모두 A 구역 사람들뿐이다.

ㄷ. 아파트에 거주하는 모든 사람들은 D 구역 사람을 좋아하고, 자가용으로 출퇴근하는 모든 사람들은 부자이다.

ㄹ. C 구역 사람들이나 D 구역 사람들은 모두 부자이다.

ㅁ. C 구역 사람들은 모두 아파트에 거주한다.

(1) A 구역 사람은 경수를 좋아하지 않는다.

(2) 경수가 기업가를 좋아한다면, 경수는 행정 관료를 좋아한다.

(3) 경수가 부자도 아니고 군인도 아니라면, 경수는 노동자이다.

(4) 경수가 자가용으로 출퇴근한다면, 경수는 아파트에 거주한다.

(5) 경수가 C 구역 사람이라면, 경수는 D 구역 사람을 좋아하지 않는다.

8

문장 논리 II :
파생 규칙

Core

Logical Inference and Proof Techniques

logic

제7장에서 우리는 10개의 기본 추론 규칙들을 배웠다. 앞서 언급한 것처럼 이 10개의 기본 규칙들은 완전하다. 즉 문장 논리의 타당한 논증을 증명하기 위해 이 10개 이외의 다른 추론 규칙은 필요치 않다. 그렇지만 이 기본 규칙들만을 이용해 복잡한 논증을 증명할 때 많은 경우 증명이 너무 길어진다는 문제가 있다. 이 문제를 해결하기 위해 우리는 이 장에서 11개의 파생 규칙들derived rules을 도입할 것이다. 파생 규칙들은 기본 규칙들로 항상 대체 가능한 유용한 약식 규칙들이다. 엄밀하게 말해서, 이 파생 규칙들은 반드시 필요한 것들이 아니지만, 타당성의 증명을 훨씬 손쉽게 해 주는 유용한 규칙들이다.

8-1. 11개의 파생 규칙

(1) 이중 부정 도입double negation introduction

$$\frac{X}{\sim\sim X}$$

증명

1. X // ~~X
2. | ~X 가정
3. | X 1, 반복
4. ~~X 2-3, ~ 도입

(2) 후건 부정denying the consequent

$$X \rightarrow Y \qquad\qquad X \rightarrow \sim Y$$
$$\sim Y \qquad\qquad\qquad Y$$
$$\overline{\qquad\qquad} \qquad\qquad \overline{\qquad\qquad}$$
$$\sim X \qquad\qquad\qquad \sim X$$

증명

1. X → Y
2. ~Y // ~X
3. | X 가정
4. | Y 1, 3, → 제거
5. | ~Y 2, 반복
6. ~X 3-5, ~도입

두 번째 형태의 후건 부정 규칙도 유사하게 증명할 수 있다.

(3) 연쇄 논법chain argument *

$$X \rightarrow Y$$
$$Y \rightarrow Z$$
$$\overline{\qquad\qquad}$$
$$X \rightarrow Z$$

* 연쇄 논법은 또한 '가언삼단논법'
(hypothetical syllogism)이라고도
불린다.

증명

1. $X \to Y$

2. $Y \to Z$ // $X \to Z$

3. | X   가정

4. | Y   1, 3, $\to$ 제거

5. | Z   2, 4, $\to$ 제거

6. $X \to Z$ 3-5, $\to$ 도입

(4) 대우 규칙contraposition

$$\frac{X \to Y}{\sim Y \to \sim X}$$

증명

1. $X \to Y$ // $\sim Y \to \sim X$

2. | $\sim Y$ 가정

3. | $\sim X$ 1, 2, 후건 부정

4. $\sim Y \to \sim X$ 2-3, $\to$ 도입

(5) 약화weakening

$$\frac{Y}{X \to Y}$$

어떤 문장 'Y'가 전제로 주어진 경우에 'X $\to$ Y'를 결론으로 추론하는 것이 허용된다. 왜냐하면 결론은 전제보다 약한 주장이기 때문이다.

증명

1. Y   // X → Y
2. | X   가정
3. | Y   1, 반복
4. X → Y   2-3, → 도입

(6) 경우에 의한 논증argument by cases

$$X \lor Y$$
$$X \to Z$$
$$\frac{Y \to Z}{Z}$$

다음은 경우에 의한 논증의 한 예이다.

길수가 열심히 공부한다면, 그는 논리학 과목을 통과할 것이다.
길수가 운이 좋다면, 그는 논리학 과목을 통과할 것이다.
길수는 열심히 공부하거나 또는 운이 좋다.
그러므로 길수는 논리학 과목을 통과할 것이다.

증명

1. X ∨ Y
2. X → Z
3. Y → Z   // Z
4. | ~Z   가정
5. | ~X   2, 4, 후건 부정
6. | Y   1, 5, ∨ 제거
7. | Z   3, 6, → 제거
8. ~~Z   4-7, ~도입
9. Z   8, ~제거

(7) 교환 규칙commutative rule

$$(X \lor Y) \equiv (Y \lor X)$$

증명

1. $X \lor Y$ // $Y \lor X$
2. | X 가정
3. | $Y \lor X$ 2, $\lor$ 도입
4. $X \rightarrow (Y \lor X)$ 2-3, $\rightarrow$ 도입
5. | Y 가정
6. | $Y \lor X$ 5, $\lor$ 도입
7. $Y \rightarrow (Y \lor X)$ 5-6, $\rightarrow$ 도입
8. $Y \lor X$ 1, 4, 7, 경우에 의한 논증

위의 증명에서 단계 4와 단계 7은 주어진 보조 증명으로부터 명백하므로
생략할 수 있다. 즉 경우에 의한 논증을 다음과 같은 약식 형태로 사용할
수 있다.

증명

1. $X \lor Y$ // $Y \lor X$
2. | X 가정
3. | $Y \lor X$ 2, $\lor$ 도입
4. | Y 가정
5. | $Y \lor X$ 4, $\lor$ 도입
6. $Y \lor X$ 1, 2-3, 4-5, 경우에 의한 논증

반대 방향도 마찬가지 방식으로 증명할 수 있다.

(8) 결합 규칙associative rule

$$(X \vee (Y \vee Z)) \equiv ((X \vee Y) \vee Z)$$

연습 문제 A2 결합 규칙을 증명하시오.

(9) 분배 규칙distributive rules

$$\text{(a)} (X \& (Y \vee Z)) \equiv ((X \& Y) \vee (X \& Z))$$
$$\text{(b)} (X \vee (Y \& Z)) \equiv ((X \vee Y) \& (X \vee Z))$$

(a)의 증명

1. $X \& (Y \vee Z)$	// $(X \& Y) \vee (X \& Z)$	
2. X	1, & 제거	
3. $Y \vee Z$	1, & 제거	
4.	Y	가정
5.	$X \& Y$	2, 4, & 도입
6.	$(X \& Y) \vee (X \& Z)$	5, $\vee$ 도입
7.	Z	가정
8.	$X \& Z$	2, 7, & 도입
9.	$(X \& Y) \vee (X \& Z)$	8, $\vee$ 도입
10. $(X \& Y) \vee (X \& Z)$	3, 4-6, 7-9, 경우에 의한 논증	

(b)의 증명

1. $X \vee (Y \& Z)$ // $(X \vee Y) \& (X \vee Z)$

2. | X 가정

3. | $X \vee Y$ 2, $\vee$ 도입

4. | $X \vee Z$ 2, $\vee$ 도입

5. | $(X \vee Y) \& (X \vee Z)$ 3, 4, $\&$ 도입

6. | $Y \& Z$ 가정

7. | Y 6, $\&$ 제거

8. | Z 6, $\&$ 제거

9. | $X \vee Y$ 7, $\vee$ 도입

10. | $X \vee Z$ 8, $\vee$ 도입

11. | $(X \vee Y) \& (X \vee Z)$ 9, 10, $\&$ 도입

12. $(X \vee Y) \& (X \vee Z)$ 1, 2-5, 6-11, 경우에 의한 논증

(10) 드 모르간의 규칙De Morgan's rules

    (a) $\sim (X \vee Y) \equiv (\sim X \& \sim Y)$

    (b) $\sim (X \& Y) \equiv (\sim X \vee \sim Y)$

(a)의 증명

    1. ~X & ~Y   // ~ (X ∨ Y)

    2. | X ∨ Y   가정

    3. | ~X   1, & 제거

    4. | Y   2, 3, ∨ 제거

    5. | ~Y   1, & 제거

    6. ~(X ∨ Y)   2-5, ~도입

연습문제 A5 반대 방향을 증명하시오.

(b)의 증명

    1. ~X ∨ ~Y   // ~ (X & Y)

    2. | X & Y   가정

    3. | X   2, & 제거

    4. | ~Y   1, 3, ∨ 제거

    5. | Y   2, & 제거

    6. ~(X & Y)   2-5, ~도입

연습문제 A6 반대 방향을 증명하시오.

---

(11) 조건문 규칙the rules of the conditional

    (a) (X → Y) ≡ (~X ∨ Y)

    (b) ~(X → Y) ≡ (X & ~Y)

(a)의 증명

    1. ~X ∨ Y   // X → Y

    2. | X   가정

    3. | ~~X   2, 이중 부정 도입

    4. | Y   1, 3, ∨ 제거

    5. X → Y   2- 4, → 도입

(b)의 증명

    1. ~(X → Y)   // X & ~Y

    2. | ~ X   가정

    3. | ~Y → ~X   2, 약화

    4. | X → Y   3, 대우 규칙

    5. | ~(X → Y)   1, 반복

    6. ~~X   2, 5, ~도입

    7. X   6, ~제거

    8. | Y   가정

    9. | X → Y   8, 약화

    10. | ~(X → Y) 1, 반복

    11. ~Y   8-10, ~도입

    12. X & ~Y   7, 11, & 도입

주목할 점

(1) 추론 규칙들을 잘 안다고 증명을 잘하게 되는 것은 아니다. 자연 연역적 방법으로 논증을 증명하는 기계적인 방법은 없다. 증명을 구성하는 것은 훈련과 창의성을 요구한다.

(2) 많은 경우 단지 하나의 올바른 증명만이 있는 것이 아니다. 각 증명 단계가 옳으면, 어떤 증명이든 상관없다.

(3) 증명에 적용되는 모든 추론 규칙들은 또한 보조 증명에도 적용된다. 증명과 보조 증명의 유일한 차이는 보조 증명은 가정이 해제되면 끝나고 주 증명으로 되돌아간다는 점이다.

8-2. 전제들을 사용하지 않는 증명

전제들을 모두 사용하는 증명도 있고, 전제들의 일부만을 사용하는 증명도 있고, 전제들을 전혀 사용하지 않는 증명proofs without premises도 있다. 우리가 전제들을 전혀 사용하지 않고 결론을 증명했다고 가정해 보자. 이것은 무엇을 의미하는가? 이것은 결론의 참이 전제들의 참에 의존함이 없이 그 자체로 참임을 뜻한다. 다시 말해 이러한 경우 결론은 항상 논리적으로 참인 문장이다. 한 가지 예를 살펴보자.

$$\frac{B}{A \to A}$$

이 논증은 다음과 같이 증명할 수 있다.

1. B   // A → A
2. | A   가정
3. | A   2, 반복
4. A → A   2-3, → 도입

위의 증명에서 결론 'A → A'를 도출하는 데 전제 'B'가 전혀 사용되지 않았음을 주목하라. 우리가 결론 'A → A'를 전제의 도움 없이 이끌어 낼 수 있는 이유는 'A → A'가 논리적으로 참인 문장이기 때문이다. 논리적으로 참인 문장은 오직 논리 규칙들만을 사용해 도출할 수 있다. 예컨대 우리는 'A → A'를 아무런 전제 없이 다음과 같이 증명할 수 있다.

1. | A   가정
2. | A   1, 반복
3. A → A   1-2, → 도입

그리고 앞서 증명한 파생 규칙들은 기본 규칙들로 증명할 수 있는 논리적 참들로 표현될 수 있다. 예컨대, 대우 규칙의 경우를 보자.

$$\frac{X \to Y}{\sim Y \to \sim X}$$

이 대우 규칙은 다음과 같은 조건문의 형태로 표현될 수 있다.

(X → Y) → (~Y → ~X)

우리는 이 조건 문장을 아무런 전제 없이 증명할 수 있다. 따라서 이 조건 문장은 논리적 참이다.

증명

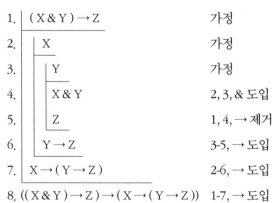

1. | X → Y   가정
2. | ~Y   가정
3. | ~X   1, 2, 후건 부정
4. ~Y → ~X   2-3, → 도입
5. (X → Y) → (~Y → ~X)   1-4, → 도입

한 가지 예를 더 살펴보자. 다음의 수출 규칙exportation을 증명해 보자.

$$((X \& Y) \rightarrow Z) \rightarrow (X \rightarrow (Y \rightarrow Z))$$

증명

1. | (X & Y) → Z   가정
2. | X   가정
3. | Y   가정
4. | X & Y   2, 3, & 도입
5. | Z   1, 4, → 제거
6. | Y → Z   3-5, → 도입
7. X → (Y → Z)   2-6, → 도입
8. ((X & Y) → Z) → (X → (Y → Z))   1-7, → 도입

(1) 섬유 수입에 쿼터가 적용되면 일자리는 줄지 않는다는 주장은 거짓이거나,
또는 국내 섬유산업이 첨단화되면 국내 섬유산업이 붕괴되지 않을 것이다.
섬유 수입에 쿼터가 적용되면 국내 섬유산업은 첨단화될 것이다. 섬유산업
이 첨단화되면 일자리는 줄지 않을 것이다. 그러므로 섬유 수입에 쿼터가
적용되면 국내 섬유산업은 붕괴되지 않을 것이다.

(2) 한 인간의 심장은 한 시간 안에 그의 몸무게보다 많은 피를 배출한다. 한 인
간의 심장이 한 시간 안에 그의 몸무게보다 많은 피를 배출하고 피가 단지
심장으로부터만 배출된다면, 심장은 한 시간 안에 한 인간의 몸무게보다 많
은 피를 생산한다. 그러나 심장은 한 시간 안에 한 인간의 몸무게보다 많은
피를 생산할 수 없다. 피가 단지 심장으로부터 배출되는 것이 아니라면, 피
는 몸을 순환하고 심장으로 다시 진입해야 한다. 그러므로 심장은 한 시간
안에 몸무게보다 많은 피를 생산할 수 없으며, 또한 피는 몸을 순환하고 심
장으로 다시 진입한다.

(3) 사형 제도가 잔인한 형벌이 아니고 사회가 이 제도를 시행하는 것이 정당화
된다면, 이 제도는 범죄발생률을 줄인다. 사형 제도가 잔인한 형벌이라면,
이 제도의 시행은 사회의 품위를 떨어뜨린다. 사형 제도가 잔인하고 또한
동시에 이 제도의 시행이 사회의 품위를 떨어뜨리는 것은 아니다. 또한 이
제도는 범죄발생률을 줄이지 않는다. 그러므로 사회가 사형 제도를 시행하
는 것은 정당화되지 않는다.

(4) 신은 그보다 더 큰 것이 생각될 수 없는 존재이다. 우리는 '신'이라는 용어를 이해한다. 우리가 '신'이라는 용어를 이해한다면 신은 우리의 이해 속에 존재한다. 신이 우리의 이해 속에 존재하고 또한 신이 실재 속에 존재하지 않는다면, 신은 그보다 더 큰 것이 생각될 수 없는 존재가 아니다. 그러므로 신은 실재 속에 존재한다.

(5) 길수가 그 동아리에 가입하면 그 동아리의 위상은 크게 올라갈 것이다. 윤주가 가입하면 그 동아리의 재정이 매우 튼튼해질 것이다. 길수 또는 윤주가 가입할 것이다. 그 동아리의 위상이 크게 올라가면 윤주는 가입할 것이다. 그 동아리의 재정이 매우 튼튼해지면 남중이 가입할 것이다. 그러므로 윤주 또는 남중이 가입할 것이다.

(6) 사랑이 눈물의 씨앗이 아니거나 또는 사랑이 환상이라면, 사랑은 눈물의 씨앗이고 인생은 무의미하다. 사랑이 환상이 아니라면 사랑은 눈물의 씨앗이 아니다. 그러므로 인생은 무의미하다.

(7) 신이 악을 막을 수는 있지만 그렇게 하길 원치 않는다면, 신은 전선하지 않다. 신이 존재한다면, 신은 전능하고 전선하다. 악이 존재한다면, 신은 악을 막고자 원치 않거나 또는 악을 막을 능력이 없다. 악은 존재한다. 그러므로 신이 존재한다면 신은 악을 막을 능력이 없다.

(8) 강도가 문을 통해 들어왔거나, 또는 그 범죄는 내부자 소행이고 하인들 중 한 명이 연루되어 있다. 강도는 빗장이 내부에서 열려진 한에서 문을 통해 들어올 수 있다. 그러나 빗장이 내부에서 열려졌다면 하인들 중 한 명이 연루되어 있다. 그러므로 하인들 중 한 명이 연루되어 있다.

(9) 내가 정장을 구입한다면 나는 돈이 없게 된다. 난 돈이 있는 한에서 딸을 오
페라 공연에 데려갈 수 있다. 내가 내 딸을 오페라 공연에 데려갈 수 없다면
내 딸은 매우 서운해 할 것이다. 그러나 내가 정장을 구입하지 못하면 나는
입을 정장이 전혀 없게 된다. 나는 입을 정장이 없으면 내 딸을 오페라 공연
에 데려갈 수 없다. 그러므로 내 딸은 매우 서운해 할 것이다.

**연습
문제 C** 다음 논증들을 자연 연역 방법에 의해 증명하시오.

(1) ~A → B

B → ~C   // C → A

(2) A ↔ ~B

A ↔ C   // ~B ↔ C

(3) ~A → ((B → D) → (A ∨ ~C))

(B → C) → ~A

B → D

D → C   // ~D

(4) ~A → (C & B)

~D → (B & E)

~A ∨ ~D   // B

(5) (B → A) & (A → (D → ~C))

(D ∨ E) ↔ (A ∨ B)

((E → ~C) ∨ ~A) & B   // ~C

(6) (A ∨ D) ∨ C

(A ∨ C) → ~B

~D   // ~(D ∨ B)

(7) B → (C → A)

C → (A → ~C)   // ~B ∨ ~C

(8) C ∨ D

~D ∨ ~(A & B)   // ~C → (A → ~B)

(9) (C & B) → D

(B → D) → ~A

~(E ∨ ~C)   // ~A

(10) A → ~B

~(A & B) → (~C ∨ (D & E))   // ~C ∨ E

(11) ~C → (C ∨ (A → D))

C → (C & B)

~C ∨ ~B

~D   // ~A

(12) C → (B → ~A)

B → (~A → ~D)   // C → (D → ~B)

(13) A → (B → C)

    B → (C → ~D)   // A → (~D ∨ ~B)

(14) (A ∨ (B ∨ C)) → ~(D & ~C)

    E → (B ∨ (C ∨ A))   // (E & D) → C

연습문제 D 다음의 논리적 참들을 증명하시오.

(1) (A → B) → (~B → ~(A & C))

(2) (A & ~B) ∨ ((B & C) ∨ ~(C & A))

(3) ((A → B) & (A → ~B)) → ~A

(4) ((A → C) & (B → C)) → ((A ∨ B) → C)

(5) A ↔ ((A & B) ∨ (A & ~B))

(6) ((A ∨ B) & (~B ∨ ~(C & D))) → (~A → (C → ~D))

(7) ~(A & ~B) ∨ (C → (~A ∨ (C ∨ B)))

빅토리아 호텔은 5층으로 이루어진 작은 호텔이다. 각 층은 일인용 객실 하나와 이인용 객실 하나로 이루어져 있다. 일인용 객실은 혼자 온 손님만이 이용할 수 있으며, 이인용 객실은 두 명이 이용하는 것이 원칙이나 손님이 원할 경우 혼자 이용할 수 있다. 현재 이 호텔엔 아홉 명의 손님들—A, B, C, D, E, F, G, H, I—이 묵고 있으며, 다음과 같은 사실이 알려졌다고 하자.

ㄱ. B, E, G, H는 일인용 객실에 투숙하고 있다.

ㄴ. 2층 이인용 객실과 3층 일인용 객실은 현재 투숙객이 없다.

ㄷ. A와 C는 부부로 같은 객실에 묵고 있다. 또한 이들은 E보다 두 층 아래에 투숙하고 있다.

ㄹ. G와 I는 같은 층에 묵고 있다. 그리고 오직 이들만이 H보다 한 층 아래에 투숙하고 있다.

이 경우 참이 아닐 수 있는 경우는 무엇인가?

(1) A와 C는 I보다 위층에 투숙하고 있다.

(2) H는 B보다 아래층에 투숙하고 있다.

(3) D는 B보다 위층에 투숙하고 있다.

(4) F는 B보다 아래층에 투숙하고 있지 않다.

(5) A와 C는 D보다 위층에 투숙하고 있지 않다.

9

술어 논리 Ⅰ:
술어 논리의 언어

Core
logic

Logical Inference and Proof Techniques

9-1. 술어 논리의 필요성

우리는 이제까지 문장 논리에 대해 공부하였다. 지금부터는 술어 논리 predicate logic에 대해 공부할 것이다. 그런데 왜 굳이 술어 논리가 필요한 가? 다음의 논증들을 고찰해 보자.

> 모든 사람은 아담을 사랑한다.(Everyone loves Adam.)
> 따라서 이브는 아담을 사랑한다.(Eve loves Adam.)

> 이브는 아담을 사랑한다.(Eve loves Adam.)
> 따라서 어떤 사람은 아담을 사랑한다.(Someone loves Adam.)

먼저 첫 번째 논증을 살펴보자. 결론은 전제로부터 도출되는가? 그렇다. 이 논증은 직관적으로 타당하다. 그리고 두 번째 논증도 마찬가지로 타당하다. 그런데 우리는 이 논증들의 타당성을 문장 논리를 이용해 증명할 수 없다. 왜냐하면 이 논증들의 타당성은 논증 속에 나타나는 문장들의 내부 구조에 의존하는데, 문장 논리는 이러한 내부 구조를 다룰 수 없기 때문이다. 따라서 우리는 문장 내부의 논리적 구조를 다룰 수 있는 보다 정교한 새로운 논리학이 필요하다. 이 새로운 논리학이 바로 술어 논리이다.

이제 다음 문장들을 고려해 보자.

(1) 소크라테스는 철학자이다.(Socrates is a philosopher.)

(2) 플라톤은 철학자이다.(Plato is a philosopher.)

(3) 아리스토텔레스는 철학자이다.(Aristotle is a philosopher.)

이 문장들 내부의 논리적 구조를 분석해 보자. 이 문장들에 어떤 공통된 패턴이 있는가? 이 문장들에 공통된 패턴은 다음과 같다. '_____는 철학자이다.' 문장 (1)에서 '소크라테스'라는 이름을 제거하고 그 자리를 공란으로 남기면 우리는 이 패턴을 얻을 수 있다. 공란에 올 수 있는 이름들에 따라 보조사가 '은'이 될 수도 있고, '는'이 될 수도 있지만, 이러한 변화는 발음상의 편의에서 발생하는 것이기 때문에 논리적으로 볼 때 중요하지 않다. 여기서 '_____는 철학자이다'라는 표현은 일종의 술어이며, 이술어 안에 단지 하나의 공란이 있기 때문에 우리는 이 술어를 '일항 술어'one-place predicate라고 부를 것이다. 그리고 우리는 이 술어를 일종의 문장 함수sentential function로 간주할 것이다. 왜냐하면 이 일항 술어에 '소크라테스'라는 이름을 입력값으로 집어넣으면, '소크라테스는 철학자이다'라는 한 완전한 문장을 출력값으로 산출하고, 또한 다른 이름, 예컨대 '아리스토텔레스'라는 이름을 집어넣으면, '아리스토텔레스는 철학자이다'라는 또 다른 완전한 문장을 산출하기 때문이다.

다시 말해 단순 문장은 이름과 술어의 두 부분으로 구성되며, 술어는 문장에서 이름을 제거한 나머지 부분이다. 그리고 우리는 공란 대신에 변항variable을 사용할 수 있다. 즉 위의 일항 술어를 우리는 다음과 같이 표현할수 있다. 'x는 철학자이다.' 그리고 우리는 술어를 기호화하기 위해 알파

벳 대문자를 사용할 것이다. 그리고 이름을 나타내기 위해서 알파벳 소문자를 사용할 것이다. 예컨대 '소크라테스는 철학자이다'라는 문장을 기호화하기 위해서 이 문장을 구성하는 이름 '소크라테스'를 's'로 나타내고, 이 이름을 제거한 나머지 부분인 일항 술어 'x는 철학자이다'를 'Px'로 나타낼 수 있다. 그러면 'Ps'는 '소크라테스는 철학자이다'라는 문장을 나타낸다.

> s : 소크라테스
> Px : x는 철학자이다.
> Ps : 소크라테스는 철학자이다.

이제 이항 술어를 고려해 보자.

> 아담은 이브를 사랑한다.(Adam loves Eve.)
> 로미오는 줄리엣을 사랑한다.(Romeo loves Juliet.)

우리가 이 문장들에서 이름들을 제거하면, 다음의 패턴을 얻게 된다. '_____은 _____을 사랑한다.' (_____ loves _____.) 이 술어에는 공란이 두 개 있기 때문에 '이항 술어'two-place predicate라고 부를 것이다. 이 경우 완전한 문장을 얻기 위해서는 두 개의 이름들을 채워 넣어야 한다. 다시 말해 두 개의 이름들이 채워 넣어지면, 이 문장 함수는 하나의 완전한 문장을 산출한다. 그리고 우리는 위의 문장들을 다음과 같이 기호화할 수 있다.

> 이름들 :
> a : 아담

e : 이브
r : 로미오
j : 줄리엣

이항 술어 :

Lxy : x는 y를 사랑한다.(x loves y.)

문장들 :

Lea : 이브는 아담을 사랑한다.

Lrj : 로미오는 줄리엣을 사랑한다.

문장 'Lea'는 두 이름들 'e'와 'a'가 지칭하는 두 대상들 사이에 'L'에 의해 표현되는 관계가 성립함을 말한다. 그리고 여기서 이름들의 순서가 중요하다. 'Lea'는 '이브는 아담을 사랑한다'는 문장이며, 'Lae'는 '아담은 이브를 사랑한다'는 문장이다. 따라서 이 두 문장들은 서로 다른 문장들이다. 우리는 술어 기호 다음에 나타나는 이름들이 지칭하는 것들을 '논항'argument이라고 부를 것이다. 예컨대 문장 'Lea'에서 첫 번째 논항은 이브이고, 두 번째 논항은 아담이다.

이항 술어뿐만 아니라 삼항 술어three-place predicate도 존재한다. 사실상 이론적으로 임의의 자연수 n에 대해 n항 술어가 가능하다. 삼항 술어의 한 예는 다음과 같다.

길수는 미애와 윤주 사이에 있다.(Gilsoo is between Miae and Yoonju.)

이 문장에는 세 개의 이름들이 나타난다. 따라서 술어는 이 세 이름들을 제거한 나머지 부분이다. 'x는 y와 z 사이에 있다.' 이 술어를 'B'로 나타내자. 그리고 각각의 이름을 다음과 같이 나타내자. 길수: g, 미애: m, 윤주: y. 그러면 위의 문장은 다음과 같이 기호화된다. Bgmy.

이 새로운 논리는 술어들을 고려하기 때문에, 문장 논리에 대조하여 '술어 논리'라고 불린다.

연습 문제 A 다음 문장들을 술어 논리의 문장으로 번역하시오.

(1) 이브는 아담을 사랑하거나 또는 금발이 아니다.

(2) 아담을 스스로를 사랑한다. 그리고 이브가 금발이라면 아담은 이브도 사랑한다.

(3) 길수는 윤주와 혜영 둘 다 사랑한다.

(4) 길수는 윤주 또는 혜영을 사랑한다.

(5) 이브는 아담을 사랑하지만, 그렇다고 그와 결혼하지는 않을 것이다.

9-2. 양화사와 변항

다음과 같은 가능 세계가 주어져 있다고 가정하자.

그리고 위의 가능 세계를 기술하기 위해 다음의 일항 술어들을 사용하자.

Px : x는 철학자이다.

Bx : x는 금발이다.

먼저 우리는 '논의 영역'the universe of discourse이란 용어를 쓸 것인데, 논의 영역은 변항 'x'가 취할 수 있는 모든 가능한 대상들의 집합을 가리킨다. 여기서 논의 영역은 {소크라테스, 플라톤, 아리스토텔레스}이다. 이제 우리는 이 논의 영역 내에 있는 얼마나 많은 대상들이 문장 함수 'Px' 또는 'Bx'를 만족시키는지 알고 싶을 수 있다. 예컨대 우리는 논의 영역 내의 모든 대상들이 'Px'를 만족시키는지, 또는 'Px'를 만족시키는 적어도 하나의 대상이 존재하는지 알고 싶을 수 있다. 이제 다음 주장들이 참인지 거짓인지를 결정해 보자.

(1) 모든 x에 대하여, x는 철학자이다.

　　(For all x, x is a philosopher.)

위의 가능 세계에서 대상은 오직 소크라테스, 플라톤, 아리스토텔레스
뿐이다. 그리고 이 세 사람 모두 철학자이다. 따라서 (1)은 참이다.

(2) 모든 x에 대하여, x는 금발이다.

　　(For all x, x is blond.)

위의 가능 세계에서 오직 소크라테스만이 금발이다. 따라서 (2)는 거짓
이다.

(3) 어떤 x에 대하여, x는 철학자이다.

　　또 는 'x는 철학자이다'를 만족하는 적어도 하나의 대상이 있다.

　　(For some x, x is a philosopher; or there is an x such that x is a philosopher.)

위의 가능 세계에서 'x는 철학자이다'를 만족하는 적어도 하나의 대상이
있다. 예컨대 소크라테스는 이 문장 함수를 만족한다. 따라서 (3)은 참이다.

(4) 어떤 x에 대하여, x는 금발이다.

　　또는 'x는 금발이다'를 만족하는 적어도 하나의 대상이 있다.

　　(For some x, x is blond; or there is an x such that x is blond.)

위의 가능 세계에서 'x는 금발이다'를 만족하는 적어도 하나의 대상이
있다. 소크라테스는 이 문장 함수를 만족한다. 따라서 (4)는 참이다.

위의 논리적 상황들을 표현하기 위하여 우리는 두 개의 새로운 기호들을 도입할 것이다.

(a) 'Px는 모든 대상들에 대하여 참이다'라고 말하기 위해 우리는 '$(\forall x)Px$'라고 쓸 것이다. 이것을 우리는 '모든 x에 대하여 Px' 또는 영어로 'for all x, Px'라고 읽을 것이다. 여기서 기호 '$\forall$'는 보편 양화사universal quantifier이다. 위에서 언급한 것처럼, '$(\forall x)Px$'는 모든 대상들이 'Px'를 만족한다는 것을 표현한다. 다시 말해 '$(\forall x)Px$'는 모든 대상 x가 P라는 속성을 보편적으로 갖고 있음을 표현한다. 참고로 보편 양화기호 '$\forall$'는 '모든'을 뜻하는 영어 단어 'All'에서 'A'를 거꾸로 뒤집어 만든 기호이다.

(b) 'Px를 만족하는 적어도 하나의 대상이 존재한다'는 것을 표현하기 위해 우리는 '$(\exists x)Px$'라고 쓸 것이다. 이것을 우리는 '어떤 x에 대하여 Px' 또는 영어로 'for some x, Px'라고 읽을 것이다. 여기서 기호 '$\exists$'는 존재 양화사existential quantifier이다. 그리고 참고로 존재 양화기호 '$\exists$'는 '존재한다'를 뜻하는 영어 단어 'Exists'에서 'E'를 왼쪽으로 뒤집어 만든 기호이다.

이제 다음의 문장 함수를 가정하자.

Mx : x는 사람이다.
Bx : x는 검은 눈동자를 갖고 있다.

그러면 다음 문장은 무엇을 표현하는가?

$(\exists x)(Mx \ \& \ Bx)$

이 문장은 문장 함수 'Mx'와 'Bx'를 동시에 만족하는 대상이 적어도 하나 존재한다는 것을 뜻한다. 좀 더 일상적으로 표현하면, 이 문장은 '검은 눈동자를 가진 사람이 존재한다'는 것을 표현한다. 따라서 이 문장은 우리 세계에 관하여 참이다. 그러면 다음 문장은 무엇을 표현하는가?

$$(\forall x)(Mx \rightarrow Bx)$$

이 문장은 '모든 x에 있어서, x가 사람이면 x는 검은 눈동자를 갖고 있다'는 것을 표현한다. 다시 말해 '모든 사람들이 검은 눈동자를 갖고 있다'를 뜻한다. 따라서 이 문장은 우리 세계에 관하여 거짓이다.

이제 다음 문장을 고려해 보자.

모든 사람은 이브를 사랑한다.(Everyone loves Eve.)

우리는 어떻게 이 문장을 술어 논리의 문장으로 기호화할 수 있는가? 우리의 논의 영역을 사람들의 집합으로 한정시키자. 즉 단지 사람만이 변항의 자리에 올 수 있는 대상이라고 가정하자. 그러면 위 문장을 다음과 같이 분석할 수 있다.

모든 x에 대하여, x는 이브를 사랑한다.

따라서 우리는 위의 문장을 다음과 같이 기호화할 수 있다.

$$(\forall x)Lxe$$

그렇다면 다음 문장은 어떻게 기호화할 수 있는가?

이브를 사랑하는 사람이 있다.

우리는 이 문장을 다음과 같이 분석할 수 있다.

어떤 x는 이브를 사랑한다. 또는
문장 함수 'x는 이브를 사랑한다'를 만족시키는 x가 있다.

따라서 우리는 위의 문장을 다음과 같이 기호화할 수 있다.

(∃x)Lxe

한 문장을 더 고려해 보자.

(∃x)(Bx & Lxe)

이 문장은 무엇을 표현하는가? 검은 눈동자를 갖고 있고 또한 이브를
사랑하는 어떤 사람이 있다는 것을 의미한다.

주의할 점

(1) 위의 문장 '(∃x)(Bx & Lxe)'에서 존재 양화사 '(∃x)'는 'Bx & Lxe' 전체
에 적용된다. 여기서 괄호는 'Bx & Lxe'가 존재 양화사 '(∃x)'의 적용 범위

scope에 속한다는 것을 말해 준다. 부정 기호 '~'의 경우처럼 양화사는 그 다음에 나타나는 가장 짧은 문장을 그 적용범위로 한다. 그리고 그 가장 짧은 문장은 괄호에 의해 표시될 수 있다.

(2) 일단 변항 'x'가 양화사와 함께 주어지면, x는 그 양화사의 적용 범위 내에서 같은 대상을 지칭한다. 따라서 문장 '(∃x)(Bx & Lxe)'에서 'Bx'의 'x'와 'Lxe'의 'x'는 같은 대상을 지칭한다.

연습문제 B 다음의 정언 진술들을 술어 논리의 언어로 기호화하시오.

(1) 모든 마녀들은 빗자루를 타고 난다.(All witches fly on broomsticks.)

(2) 어떤 마녀들은 빗자루를 타고 날지 않는다.(Some witches do not fly on broom-sticks.)

(3) 어느 마녀도 빗자루를 타고 날지 않는다.(No witches fly on broomsticks.)

(4) 어떤 마녀들은 빗자루를 타고 난다.(Some witches fly on broomsticks.)

9-3. 술어 논리의 구문론

한 언어의 구문론syntax은 무엇이 그 언어의 문장인지에 관한 규칙들의 집합이다.

(가) 기본 기호 primitive symbols

이름 : a, b, c, …

변항 : x, y, z, …

술어 : 1항 술어. 예 : Bx, Px, …

2항 술어. 예 : Lxy, …

3항 술어. 예 : Txyz, …

$$\vdots$$

논리적 연결사 : ~, &, ∨, →, ↔

양화사 : ∀ (보편 양화사), ∃ (존재 양화사)

괄호 :), (

(나) 항 terms

모든 이름들과 변항들은 항이다.

(다) 단순 적형식 atomic well-formed formulas

'F'가 n항 술어이고, 't_1', 't_2', …, 't_n'이 항들이라면, '$Ft_1, t_2, …, t_n$'은 단순 적형식이다.

예: Ba, Lae, Lxe, Lxy, Tabc.

(라) 적형식 well-formed formulas

(1) 모든 단순 적형식들은 적형식이다.

(2) 'A'가 적형식이면, '(~A)'도 적형식이다.

(3) 'A'와 'B'가 적형식이면, '(A & B)'도 적형식이다.

(4) 'A'와 'B'가 적형식이면, '(A ∨ B)'도 적형식이다.

(5) 'A'와 'B'가 적형식이면, '(A → B)'도 적형식이다.

(6) 'A'와 'B'가 적형식이면, '(A ↔ B)'도 적형식이다.

(7) 'A'가 적형식이고 'x'가 변항이면, '(∀x)A'도 적형식이다.

(8) 'A'가 적형식이고 'x'가 변항이면, '(∃x)A'도 적형식이다.

(마) 자유 변항 free variables과 구속 변항 bound variables

변항 'x'의 한 사례가 양화사의 적용 범위 내에서 발생하면, 그 'x'의 사례는 구속되어 있다고 말한다. 'x'의 한 사례가 구속되어 있지 않으면, 그 'x'의 사례는 자유롭다고 말한다. (An occurrence of a variable 'x' is said to be bound if it occurs within the scope of (∀x) or (∃x). An occurrence of a variable 'x' is said to be free if it is not bound.)

한 변항은 문장 A 내에서 자유로운 사례가 있으면, A 내에서 자유롭다고 말한다. 한 변항은 문장 A 내에서 자유롭지 못하면, A 내에서 구속되어 있다고 말한다. (A variable is said to be free in A if it has a free occurrence in A. Otherwise, a variable is said to be bound in A.)

예 : (1) (∀x)Lxe : x는 이 문장 속에서 구속되어 있다.

　　 (2) (∀x)Lxy : 이 적형식 속에서 x는 구속되어 있지만, y는 자유롭다.

(바) 문장 sentences

자유 변항을 포함하지 않는 적형식을 문장이라고 부른다.

예 : Ba, Lae, (∃x)Bx

연습문제 C 다음 적형식들에서 구속 변항과 자유 변항을 지적하시오. 그리고 이 적형식들 중에서 문장이 있으면 지적하시오.

(1) (∀x)(Lxa → ~By)

(2) Bx & ~(∀y)(Lya → Ba)

(3) (∃x)(Lax & (∃z)(Lyz & ~Lxz))

(4) (∃x)(Bx & (∀y)(Lyx → Lxy))

머리 풀기 문제 총무과 김 과장은 상부로부터 회사의 중요 행사의 도우미로 월요일부터 토요일까지 매일 한 명씩을 차출해 보낼 것을 지시받았다. 다음과 같은 제약 사항들이 있다고 할 때, 그의 직원 A, B, C, D, E, F 중 화요일에 보내야 하는 사람은 누구인가?

ㄱ. 매일 다른 사람을 보내야 한다.

ㄴ. A는 D를 파견한 바로 전날 또는 바로 다음날 보내야 한다.

ㄷ. F는 금요일에 파견해야 한다.

ㄹ. E는 D이후에 파견되어야 한다.

ㅁ. C는 A와 E보다는 앞서서 그리고 B보다는 나중에 파견할 수 있다.

ㅂ. B는 A보다 이틀 전에 보내야 한다.

(1) A (2) B (3) C (4) D (5) E

10

술어 논리 Ⅱ :
의미론과 타당성

Core
logic

Logical Inference and Proof Techniques

이 장에서 우리는 술어 논리의 의미론semantics에 대해 살펴볼 것이다. 술어 논리의 의미론은 술어 논리의 기호들의 의미를 규정해 준다. 우리는 술어 논리의 의미론을 엄밀하게 표현하기 위해 집합과 순서쌍의 개념을 사용할 것이다. 이 개념들에 대해 먼저 간단히 살펴보자.

10-1. 집합

간단히 말해 집합set은 대상들을 모아 놓은 것이다. 다음은 집합의 예들이다.

  (1) {이순신, 김유신}
  (2) {박정희}
  (3) {1, 2, 5}
  (4) { }

집합 (1)은 이순신과 김유신을 원소로 갖는 집합이다. 집합 (2)는 박정희를 유일한 원소로 갖는 집합이다. 집합 (3)은 1, 2, 5를 원소로 갖는 집합이다. 집합은 원소를 갖지 않을 수도 있다. 집합 (4)가 그러한 경우이다.

이러한 집합을 공집합이라고 부르는데, 때때로 'Ø'로 표현된다. 집합은 그 집합의 원소들에 의해 완전히 결정된다. 따라서 다음 집합들은 동일한 집합이다. {아담, 이브, 아담} = {이브, 아담}. 그리고 집합들은 다른 집합들의 원소가 될 수 있다. 예컨대, 집합 {1, 2}는 다음 집합의 원소이다. {{1, 2}, {3}}.

10-2. 순서쌍

'x는 y의 아버지이다'라는 관계를 생각해 보자. 우리는 이 관계를 단순한 집합으로 표현할 수 없다. 예컨대 박정희는 박근혜의 아버지이지만, 박근혜는 박정희의 아버지가 아니다. 그렇지만 다음 두 집합들은 동일한 집합이다.

{박정희, 박근혜} = {박근혜, 박정희}

우리는 이 문제를 해결하기 위해 순서쌍ordered pairs의 개념을 도입할 것이다. 그리고 순서쌍을 표현하기 위해 각진 괄호angle brackets '⟨ ⟩'를 사용할 것이다. ⟨박정희, 박근혜⟩는 박정희와 박근혜로 구성된 순서쌍이다. 여기서 대상들의 순서가 중요한 이유는 다음이 성립하기 때문이다.

⟨박정희, 박근혜⟩ ≠ ⟨박근혜, 박정희⟩

그리고 순서쌍 ⟨박정희, 박근혜⟩는 'x는 y의 아버지이다'는 문장 함수를 만족시키지만, 순서쌍 ⟨박근혜, 박정희⟩는 이 문장 함수를 만족시키지 않는다. 집합과 달리, 순서쌍의 근본 원리는 다음과 같다.

$$(\langle x, y \rangle = \langle u, v \rangle) \leftrightarrow (x = u \ \& \ y = v)$$

우리는 관계를 순서쌍들의 집합으로 표현할 수 있다. 예컨대 다음과 같은 집합이 논의 영역 D로 주어졌다고 가정해 보자.

D = {박정희, 박근혜, 김대중, 김홍일, 아브라함, 이삭, 이희호}

그러면 아버지 관계를 다음과 같이 표현할 수 있다.

{⟨박정희, 박근혜⟩, ⟨김대중, 김홍일⟩, ⟨아브라함, 이삭⟩}

이 순서쌍들의 집합이 표현하는 것은 이 집합에 속하는 순서쌍들이 문장 함수 'x는 y의 아버지이다'를 만족시킨다는 것이다. 예컨대 ⟨김대중, 김홍일⟩은 이 문장 함수를 만족시킨다. 마찬가지로 어머니 관계를 다음과 같이 표현할 수 있다.

{⟨이희호, 김홍일⟩}

순서쌍의 특성은 두 개 이상의 대상들의 순서열에 대해서도 일반화된다. n항 순서열ordered n-tuples은 다음의 특성을 갖는다.

$$(\langle x_1, x_2, \cdots, x_n \rangle = \langle y_1, y_2, \cdots, y_n \rangle) \leftrightarrow (x_1 = y_1 \ \& \ x_2 = y_2 \ \& \ \cdots \ \& \ x_n = y_n)$$

10-3. 해석

술어 논리의 언어 PL이 다음의 기호들로 이루어져 있다고 가정해 보자.

> 두 이름들 : a, e.
> 두 술어들 : 일항 술어 B, 이항 술어 L.

우리는 이 기호들을 이용하여 여러 문장들을 구성할 수 있다. 예컨대 Ba, Be, Laa, Lae, ~Ba, Ba ∨ Laa, 등등을 구성할 수 있다.

이제 다음 질문을 고려해 보자. 'Ba'는 참인가 거짓인가? 우리는 이 문장에 나타나는 기호들이 무엇을 뜻하는지 알지 못하면, 이 질문에 답할 수 없다. 다시 말해 이 문장의 참은 모형세계model에 상대적이다. 모형세계는 각 기호들이 무엇을 뜻하는지 우리에게 알려 주고, 세계가 어떠한지를 우리에게 알려 준다.

이제 다음과 같은 매우 단순한 모형세계(또는 가능세계) M1을 가정해 보자.

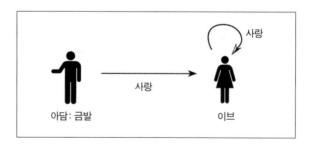

이 가능세계에 존재하는 대상들은 단지 아담과 이브뿐이다. 그리고 이

세계에는 다음과 같은 사실들이 성립한다.

> (1) 아담은 금발이다.
> (2) 아담은 이브를 사랑한다.
> (3) 이브는 그녀 자신을 사랑한다.

이제 술어논리의 언어를 이용하여 이 세계를 어떻게 기술할 수 있는지에 대해 살펴보자. 먼저 우리는 모형세계 M1에 존재하는 대상들의 집합을 M1의 '논의 영역'이라고 부를 것이다. 이 세계에 단지 아담과 이브만이 존재하므로, 우리는 M1의 논의 영역 D를 다음과 같이 표현할 수 있다.

> D = {아담, 이브}.

그리고 이 논의 영역 속에 있는 두 대상들을 지칭하기 위해서 각 대상에 대한 이름이 필요하다. 술어논리에서 이름은 영어의 소문자에 의해 표현된다. 따라서 영어 소문자 'a'를 이용해 아담을 지칭하고, 영어 소문자 'e'를 이용해 이브를 지칭하기로 하자. 우리는 이것을 해석함수 I를 이용하여 다음과 같이 표현할 것이다.

> I(a) = 아담. I(e) = 이브.

여기서 'I(a)'는 이름 'a'에 대한 해석interpretation을 나타낸다. 한 이름에 대한 해석은 그 이름과 논의 영역 내의 한 특정 대상을 연결시켜 준다. 예를 들면, 'I(a) = 아담'은 'a'라는 이름이 논의 영역 내의 대상인 아담을 지칭함을 뜻한다. 마찬가지로 'I(e) = 이브'는 이름 'e'가 이브를 지칭함을 뜻한다.

또한 위 세계에서 아담은 금발이므로 이 속성을 기술하기 위해서 'x는 금발이다'라는 일항 술어가 필요하다. 술어논리에서 술어는 영어의 대문자에 의해 표현된다. 'Bx'를 'x는 금발이다'를 표현하는 일항 술어라고 하자. 가능세계 M1에서 오직 아담만이 금발이므로, 오직 아담만이 'Bx'를 만족한다. 우리는 이 사실을 다음과 같이 표현할 것이다.

I(B) = {아담}.

다시 말해 이것은 일항 술어 'B'가 오직 아담에게만 옳게 적용된다는 뜻이다. 따라서 'Ba'는 M1에서 참이다. 또한 이브는 I(B)에 속하지 않으므로, 'Be'는 M1에서 참이 아니다. 우리는 이 사실을 다음과 같이 기호로 표현할 수 있다.

이브 ∉ I(B).

그런데 위 세계에서 아담은 이브를 사랑하므로 이 관계를 표현하기 위해 'x는 y를 사랑한다'라는 이항 술어가 또한 필요하다. 'Lxy'를 'x는 y를 사랑한다'를 표현하는 이항 술어라고 하자. M1에서 아담은 이브를 사랑하고, 이브는 이브 자신을 사랑하기 때문에, 순서쌍 〈아담, 이브〉와 순서쌍 〈이브, 이브〉가 이 이항 술어를 만족한다. 우리는 이 사실을 다음과 같이 표현할 수 있다.

I(L) = {〈아담, 이브〉, 〈이브, 이브〉}.

따라서 'Lae'는 M1에서 참이고, 'Lee'도 M1에서 참이다. 그렇지만 '〈아담, 아담〉 ∉ I(L)'이므로 'Laa'는 M1에서 참이 아니다. 요약하면, 우리는 가능세계 M1을 위의 기호법을 이용해 다음과 같이 기술할 수 있다.

D = {아담, 이브}.

I(a) = 아담. I(e) = 이브.

I(B) = {아담}. I(L) = {〈아담, 이브〉, 〈이브, 이브〉}.

이제 양화사를 포함한 문장들의 진리 조건에 대해 살펴보자. 'P'를 임의의 술어라고 할 때, 이들의 진리 조건은 다음과 같이 정의된다.

'(∀x)Px'는 모형세계 M에서 참이다 =df 'Px'는 M의 논의 영역 속에 있는 모든 대상들에 의해 만족된다.

'(∃x)Px'는 모형세계 M에서 참이다 =df 'Px'는 M의 논의 영역 속에 있는 적어도 하나의 대상에 의해 만족된다.

양화사를 제거하고, 양화사가 구속하던 변항을 이름으로 대체하면, 우리는 그 양화 문장의 한 대체예substitution instance를 얻게 된다. 예컨대 'Ba'는 '(∀x)Bx'의 한 대체예이다. 대체예의 개념을 좀 더 정확히 정의해 보자.

정의 'A(s)'는 '(∀x)A(x)' 또는 '(∃x)A(x)'의 대체예이다 =df 'A(s)'는 가장 바깥쪽의 양화사를 제거하고 얻게 되는 'A(x)'에 나타나는 모든 자유 변항 'x'를 이름 's'로 대체함으로써 얻어지는 것이다.

언어 PL에 오직 두 이름들 'a'와 'e'만이 존재한다고 가정하자.

(1) '(∃x)Lxe'의 대체예들은 무엇인가?
(2) '(∀x)(Lxe ∨ Bx)'의 대체예들은 무엇인가?

대체예의 개념을 이용하여 양화사를 포함한 문장들의 진리 조건을 정의하면 다음과 같다.

'(∀x)Px'는 M에서 참이다 =df 'Px'의 모든 대체예들이 M에서 참이다.
'(∃x)Px'는 M에서 참이다 =df 'Px'의 대체예들 중 적어도 하나는 M에서 참이다.

따라서 앞서 논의된 모형세계 M1에서는 단지 두 대상들만이 존재하므로, 보편 양화 문장들의 진리 조건은 대체예들의 연언으로 다음과 같이 표현될 수 있다.

(∀x)Bx ↔ (Ba & Be).
(∀x)Lxe ↔ (Lae & Lee).

그리고 존재 양화 문장들의 진리 조건은 대체예들의 선언으로 다음과 같이 표현될 수 있다.

(∃x)Bx ↔ (Ba ∨ Be).
(∃x)Lxe ↔ (Lae ∨ Lee).

다시 말해 논의 영역 D가 유한할 경우, 보편 양화 문장은 유한한 연언으로 그리고 존재 양화 문장은 유한한 선언으로 표현할 수 있다. 그러나 논의 영역 D가 무한할 경우, 양화 문장은 단지 무한히 긴 연언 또는 선언으로 표현될 수 있다.

이제 다음과 같은 모형세계가 주어져 있다고 가정해 보자.

D = {아담, 이브}. I(a) = 아담. I(e) = 이브. I(B) = {아담}.
I(L) = {⟨아담, 이브⟩, ⟨이브, 이브⟩}.

이 모형세계에 입각하여 다음 문장들의 진리값을 결정해 보자.

(1) Ba & Lae.

이 문장은 참인가 거짓인가? 'Ba'는 아담이 속성 B를 갖고 있음을 말하고, 위의 모형세계에 의하면, 아담은 속성 B를 갖고 있다. 그러므로 'Ba'는 참이다. 그리고 'Lae'는 아담과 이브가 L의 관계를 갖고 있음을 뜻한다. 위의 모형세계에 의하면, '⟨아담, 이브⟩ ∈ I(L)'가 성립함으로 'Lae'는 참이다. 따라서 'Ba & Lae'는 참이다.

(2) (∃x)Bx. 참. 왜냐하면 'Ba'가 참이기 때문이다.

(3) (∃x)Lxa. 거짓. 왜냐하면 'Laa'와 'Lea'가 둘 다 거짓이기 때문이다.

(4) (∀x)Lxe. 참. 왜냐하면 'Lae & Lee'가 참이기 때문이다.

(5) (∀x)Bx. 거짓. 왜냐하면 'Be'가 거짓이기 때문이다.

다음의 모형세계가 주어졌다고 가정하고, 다음 문장들의 진리값을
결정하시오.

D = {아담, 이브}. I(a) = 아담. I(e) = 이브. I(B) = {아담}.
I(L) = {⟨아담, 이브⟩, ⟨이브, 이브⟩}.

(1) (∀x)(Bx → Lxe)

(2) (∀x)(Bx → Lxa)

(3) (∃x)(Lxa & Lex)

(4) (∀x)(Bx → (Lxx → Lxa))

(5) (∃x)((Lax & Lxa) ↔ (Bx ∨ Lxe))

다음의 모형세계를 가정하고, 다음 문장들의 진리값을 결정하시오.

D = {a, b, c}. I(a) = a. I(b) = b. I(c) = c. I(L) = {⟨a, b⟩}. I(T) = {c}.
I(F) = {a, b}. I(G) = {c}. I(R) = {⟨b, c⟩}. I(K) = {b}. I(M) = {c}.

(1) Lab

(2) Lab → Ta

(3) Lab ∨ ~Lba

(4) (∀x)(Fx ↔ Rxb)

(5) Ga & (∃x)(Lxb ∨ Rax)

(6) (Kb & (∀x)Rax) → (∃x)(Mx ∨ Rcx)

번역하고, 현실 세계에 비추어 진리값을 결정하시오.

> Rx : x는 20억 원 이상의 재산을 가진 부자이다.
>
> Hx : x는 행복하다.

(1) $(\forall x)(Hx \to Rx)$

(2) $(\exists x)(Rx \,\&\, Hx) \,\&\, (\exists y)(Ry \,\&\, {\sim}Hy)$

10-4. 술어 논리의 의미론과 타당성

이제 술어 논리의 의미론을 좀 더 정확하게 정의해 보자. 다음의 의미론은
논의 영역 내에 이름이 없는 대상an unnamed object이 없다는 가정하에 성립
한다. 이러한 가정에 의존하지 않는 의미론은 다소 복잡하기 때문에 이 책
에서는 보다 단순한 의미론을 제시하겠다. 왜냐하면 기초 논리학의 목적
상 이러한 의미론으로 충분하기 때문이다.

앞서 언급한 바와 같이, 대체예substitution instance의 정의는 다음과 같다.

정의 'A(s)'는 '$(\forall x)A(x)$' 또는 '$(\exists x)A(x)$'의 의 대체예이다 $=_{df}$ 'A(s)'는 가
장 바깥쪽의 양화사를 제거하고 얻게 되는 'A(x)'에 나타나는 모든 자
유 변항 'x'를 이름 's'로 대체함으로써 얻어지는 것이다.

정의 모형세계 M에 상대적인 문장의 진리값은 다음과 같이 회귀적으로 recursively 정의된다.

(1) 단순 문장 'Ft₁, ⋯, tₙ'은 M에서 참이다 =df ⟨I(t₁), ⋯, I(tn)⟩ ∈ I(F).

(2) '~A'는 M에서 참이다 =df 'A'는 M에서 참이 아니다.

(3) 'A & B'는 M에서 참이다 =df 'A'는 M에서 참이고, 'B'도 M에서 참이다.

(4) 'A ∨ B'는 M에서 참이다 =df 'A'가 M에서 참이거나 또는 'B'가 M에서 참이다.

(5) 'A → B'는 M에서 참이다 =df 'A'가 M에서 거짓이거나 또는 'B'가 M에서 참이다.

(6) 'A ↔ B'는 M에서 참이다 =df 'A'와 'B'는 M에서 동시에 참이거나 또는 동시에 거짓이다.

(7) '(∀x)A(x)'는 M에서 참이다 =df 'A(x)'의 모든 대체예들은 M에서 참이다.

(8) '(∃x)A(x)'는 M에서 참이다 =df 'A(x)'의 적어도 한 대체예가 M에서 참이다.

정의 한 논증은 술어 논리에서 타당하다 =df 모든 모형세계 M에 대하여, 전제들이 M에서 모두 참인 경우에 결론도 반드시 M에서 참이다.

한 논증의 타당성을 증명하는 방법은 다음과 같다. M을 임의의 모형세계라고 가정하자. 그리고 모든 전제들이 M에서 참이라고 가정하자. 그런 다음 결론이 또한 M에서 참임을 보인다. 모든 전제들이 참이고 결론이 거짓인 모형세계 M이 있으면 그 논증은 부당하다. 그러한 모형세계를 '반레'counterexample라고 부른다.

다음 논증을 고려해 보자.

> 모든 것은 이브를 사랑한다.
> 따라서 아담은 이브를 사랑한다.

우리는 이 논증을 다음과 같이 기호화 할 수 있다.

$$\frac{(\forall x)Lxe}{Lae}$$

증명 :

M을 임의의 모형세계라고 가정하자. 전제 '$(\forall x)Lxe$'가 M에서 참이라고 가정하자. 우리는 결론 'Lae'가 M에서 참임을 보이고자 한다. 먼저 'Lae'가 'Lxe'의 대체예임을 주목하라. 가정에 의해 모든 'Lxe'의 대체예들은 M에서 참이다. 따라서 'Lae'도 M에서 참이어야만 한다.

이제 다음 논증을 고려해 보자.

> 아담은 이브를 사랑한다.
> 따라서 이브를 사랑하는 것이 있다.

이 논증을 기호화하면 다음과 같다.

$$\frac{Lae}{(\exists x)Lxe}$$

증명 :

M을 임의의 모형세계라고 가정하자. 전제 'Lae'가 M에서 참이라고 가정하자. 우리는 결론 '(∃x)Lxe'가 M에서 참임을 보이고자 한다. 따라서 'Lxe'의 대체예들 중 하나가 M에서 참임을 보이면 된다. 그런데 'Lae'는 'Lxe'의 대체예이고, 가정에 의해 'Lae'는 M에서 참이다.

이제 다음 논증을 고려해 보자.

> 아담은 이브를 사랑한다.
> 따라서 모든 것은 이브를 사랑한다.

이 논증을 기호화하면 다음과 같다.

$$\frac{Lae}{(\forall x)Lxe}$$

이 논증은 부당하다. 이 논증의 부당성을 보이기 위해 우리는 전제가 참이면서 결론이 거짓인 모형세계를 구성해야 한다. 그러한 모형세계의 한 예는 다음과 같다.

D = {아담, 이브}. I(a) = 아담. I(e) = 이브. I(L) = {⟨아담, 이브⟩}.

이 모형세계에서 'Lae'는 참이다. 그러나 '(∀x)Lxe'는 참이 아니다. 왜냐하면 'Lee'는 거짓이기 때문이다.

다음 논증들이 타당하면 타당성을 증명하고, 부당하면 반례를 들어
부당성을 증명하시오.

(1) $(\forall x)Lxe$ // $(\exists x)Lxe$

(2) $(\exists x)Lxe$ // Lae

(3) $(\exists x)Bx \,\&\, (\exists x)Lxa$ // $(\exists x)(Bx \,\&\, Lxa)$

(4) $(\forall x)(Bx \rightarrow Lxe) \,\&\, (\forall x)(\sim Bx \rightarrow Lxa)$ // $(\forall x)((Bx \rightarrow Lxe) \,\&\, (\sim Bx \rightarrow Lxa))$

(2)는 논리적으로 (1)을 함축하지만, (1)은 (2)를 함축하지 않음을 증명
하시오.

(1) 모든 것은 아담 또는 이브에게 사랑받는다.

　$(\forall x)(Lax \vee Lex)$

(2) 모든 것은 아담에게 사랑받거나 또는 모든 것은 이브에게 사랑받는다.

　$(\forall x)Lax \vee (\forall x)Lex$

(4)는 논리적으로 (3)을 함축하지만, (3)은 (4)를 함축하지 않음을 증명하시오.

(3) 모든 사람은 아담 또는 이브에게 사랑받는다.

   $(\forall x)(Px \rightarrow (Lax \lor Lex))$

(4) 모든 사람은 아담에게 사랑받거나 또는 모든 사람은 이브에게 사랑받는다.

   $(\forall x)(Px \rightarrow Lax) \lor (\forall x)(Px \rightarrow Lex)$

먼 은하계에 다섯 행성, 즉 X, 알파, 베타, 감마, 델타가 있다. X 행성은 매우 호전적이어서 기회만 있으면 다른 행성을 식민지화하고자 한다. 다음 진술들이 참이라고 할 때, X 행성이 침공할 행성을 모두 고르시오.

ㄱ. X 행성은 델타 행성을 침공하지 않는다.

ㄴ. X 행성은 베타 행성을 침공하거나 델타 행성을 침공한다.

ㄷ. X 행성이 감마 행성을 침공하지 않는다면 알파 행성을 침공한다.

ㄹ. X 행성이 베타 행성을 침공한다면 감마 행성을 침공하지 않는다.

(1) 베타 행성

(2) 감마 행성

(3) 알파와 베타 행성

(4) 알파와 감마 행성

(5) 알파와 베타와 감마 행성

11

다중 양화 문장

Logical Inference and   Proof Techniques

11-1. 다중 양화 문장의 진리값

논의의 편의를 위해 논의 영역을 사람들의 집합에 국한하기로 하자.

D = {x: x는 사람이다}.

적형식 'Lxy'가 'x는 y를 사랑한다'는 문장 함수를 뜻한다고 가정하자. 그러면 다음의 다중 양화 문장sentences containing multiple quantification의 의미는 무엇인가?

(1) $(\forall x)(\forall y)Lxy$

(2) $(\exists x)(\exists y)Lxy$

(3) $(\exists x)(\forall y)Lxy$

(4) $(\exists x)(\forall y)Lyx$

(5) $(\forall x)(\exists y)Lxy$

(6) $(\forall x)(\exists y)Lyx$

위 문장들의 의미는 다음과 같다.

(1) 모든 사람은 모든 사람을 사랑한다.(Everyone loves everyone.)

(2) 어떤 사람은 어떤 사람을 사랑한다.(Somebody loves somebody.)

(3) 모든 사람을 사랑하는 어떤 사람이 있다.(There is someone who loves everyone.)

(4) 모든 사람에게 사랑 받는 어떤 사람이 있다.(There is someone who is loved by everyone.)

(5) 모든 사람은 누군가를 사랑한다.(Everyone loves someone.)

(6) 각 사람은 누군가에게 사랑 받는다.(Each person is loved by someone.)

이제 다음의 모형세계가 주어졌다고 가정해 보자.

D = {아담, 이브, 카인}.

I(L) = {⟨아담, 아담⟩, ⟨아담, 이브⟩, ⟨아담, 카인⟩}.

그러면 위의 문장들의 진리값은 무엇인가?

(1) $(\forall x)(\forall y)Lxy$

이브는 카인을 사랑하지 않는다. 따라서 모든 사람이 모든 사람을 사랑한다는 것은 거짓이다.

(2) $(\exists x)(\exists y)Lxy$

아담은 이브를 사랑한다. 따라서 어떤 사람이 어떤 사람을 사랑한다는 것은 참이다.

주의할 점

$$(\exists x)(\forall y)Lxy \leftrightarrow (\exists y)(\forall x)Lyx$$
$$\quad 1 \quad\ 2 \ \ 12 \qquad\ \ 1 \quad\ 2 \ \ 12$$

위의 두 양화 문장들은 논리적 동치이다. 여기서 변항 'x' 또는 변항 'y' 자체는 특별히 중요하지 않다. 중요한 것은 양화사와 변항의 패턴이다. 위의 양화 문장에서 중요한 것은 1번에 있는 존재 양화사가 첫 번째 변항을 구속하고, 2번에 있는 보편 양화사가 두 번째 변항을 구속한다는 점이다. 위두 문장들은 동일하게 '모든 것을 사랑하는 어떤 것이 있다'를 뜻한다.

연습문제 A 나머지 문장들의 진리값을 결정하시오.

(3) $(\exists x)(\forall y)Lxy$

(4) $(\exists x)(\forall y)Lyx$

(5) $(\forall x)(\exists y)Lxy$

(6) $(\forall x)(\exists y)Lyx$

D = {아담, 이브, 카인}.

I(L) = {⟨아담, 이브⟩, ⟨이브, 이브⟩, ⟨카인, 이브⟩}.

이 모형세계를 이용하여 다음 문장들의 진리값을 결정하시오.

(1) (∀x)(∀y)Lxy

(2) (∃x)(∃y)Lxy

(3) (∃x)(∀y)Lxy

(4) (∃x)(∀y)Lyx

(5) (∀x)(∃y)Lxy

(6) (∀x)(∃y)Lyx

11-2. 술어 논리의 논리적 동치

다음의 두 문장을 고려해 보자.

(1) 모든 것은 이브를 사랑하지 않는다. $(\forall x)\sim Lxe$
(2) 이브를 사랑하는 것은 없다. $\sim(\exists x)Lxe$

직관적으로 위 두 문장들은 논리적으로 같은 의미를 지닌다. 그러나 이것을 어떻게 증명할 수 있을까? 우리는 이것을 두 문장들이 논리적으로 동치임을 보임으로써 증명할 수 있다.

정의 술어 논리의 문장 X와 Y는 논리적으로 동치이다 $=_{df}$ X와 Y는 모든 모형세계에서 같은 진리값을 가진다.

(1)과 (2)는 논리적 동치이다.

증명 :
먼저 (1)이 (2)를 함축함을 증명하자. M을 임의의 모형세계라고 가정하자. 그리고 '$(\forall x)\sim Lxe$'가 M에서 참이라고 가정하자. 이제 귀류법을 위해 '$(\exists x)Lxe$'를 M에서 참이라고 가정하자. 그러면 M에서 참인 'Lxe'의 대체예가 존재한다. 이 대체예를 'Lue'라고 하자. 그러면 'Lue'는 M에서 참이다. 이 사실을 (*)라고 부르자. 그런데 가정에 의해 '$(\forall x)\sim Lxe$'가 M에서 참이므로, '$\sim Lxe$'의 모든 대체예들이 M에서 참이다. 따라서 '$\sim Lue$'도 M에서 참이다. 이것은 (*)와 모순이 되므로, 귀류법에 의하여 '$(\exists x)Lxe$'는 M에서 참이 아니다. 따라서 '$\sim(\exists x)Lxe$'는 M에서 참이다.

이제 반대 방향을 증명하자. '~(∃x)Lxe'가 M에서 참이라고 가정하자. 우리는 '(∀x)~Lxe'가 M에서 참임을 보이고자 한다. 이것을 증명하기 위해 임의의 이름 'u'에 대하여, '~Lue'가 참임을 보이는 것으로 충분하다. 귀류법을 위해 'Lue'가 M에서 참이라고 가정해 보자. 그러면 '(∃x)Lxe'가 M에서 참이어야 한다. 그렇지만 이것은 가정과 모순이 된다. 따라서 귀류법에 의해 '~Lue'는 M에서 참이다.

주목할 점 : 위의 증명을 일반화하면, 임의의 술어 F에 대해 우리는 다음과 같은 사실이 성립함을 알 수 있다 :

$$(\forall x)F(x) \leftrightarrow \sim(\exists x)\sim F(x).$$

연습 문제 C 다음의 문장 (1)은 문장 (2)를 함축하지만, (2)는 (1)을 함축하지 않는다는 것을 증명하라.

(1) 모든 것은 이브를 사랑하지 않는다. (∀x)~Lxe.
(2) 모든 것이 이브를 사랑한다는 것은 사실이 아니다. ~(∀x)Lxe.

주목할 점 : 위의 사실을 일반화하면 우리는 다음의 논리 법칙이 성립함을 알 수 있다 :
'(∀x) ~Fx'은 '~(∀x)Fx'을 함축하지만, 그 반대 방향은 성립하지 않는다.

11-3. 술어 논리 문장의 기호화 연습

우리의 논의 영역에 모든 대상들이 포함된다고 가정하자. 그러면 예컨대 '$(\forall x)Fx$'는 모든 것이 속성 F를 갖고 있음을 뜻한다. 이제 다음의 번역 길잡이를 이용하여 아래의 한국어 문장들을 술어 논리의 문장들로 기호화해 보자.

> Px : x는 사람이다. Ax : x는 동물이다. Sx : x는 스웨덴 사람이다.
>
> Bx : x는 금발이다. Nx : x는 신교도이다. Lxy : x는 y를 사랑한다.
>
> Mx : x는 죽는다. Dx : x는 개이다. a : 아담. e : 이브.

(1) 어떤 스웨덴 사람들은 신교도들이다.

  $(\exists x)(Sx \& Nx)$

문장 (1)은 어떤 스웨덴 사람이 존재함을 함축한다. 따라서 (1)를 기호화하기 위해서는 먼저 존재 양화사 '$(\exists x)$'를 사용해야 하고, 존재하는 대상 x가 스웨덴 사람이기 때문에 '$(\exists x)(Sx \cdots$'로 시작해야 한다. 그리고 x가 또한 신교도이기 때문에, 문장 전체를 기호화하면 '$(\exists x)(Sx \& Nx)$'이다.

여기서 (1)을 '$(\exists x)(Sx \& Nx)$'로 기호화해야지 '$(\exists x)(Sx \to Nx)$'로 기호화해서는 안 되는 이유에 대해 잠시 생각해 보자. '$(\exists x)(Sx \to Nx)$'는 존재양화문장이기 때문에 '$Sx \to Nx$'를 만족하는 대체예가 최소한 하나 있으면 참이다. 그런데 스웨덴 사람이 아닌 어떤 대상이 최소한 하나 존재하면 '$Sx \to Nx$'의 전건은 그 대상에 대해 거짓이 된다. 또한 모든 대상들이 스웨덴 사람들인 매우 극단적인 모형세계를 제외하고 당연히 스웨덴 사람이 아닌 어떤 대상이 존재할 것이다. 따라서 '$(\exists x)(Sx \to Nx)$'는 사소하게 참일 수 있는 문장이다. 반면 (1)은 이처럼 사소하게 참일 수 있는 문장이 아니다.

(2) 어떤 스웨덴 사람은 금발이다.

$(\exists x)(Sx \ \& \ Bx)$

(3) 이브는 어떤 금발의 스웨덴 사람을 사랑한다.

$(\exists x)(Sx \ \& \ Bx \ \& \ Lex)$

(4) 어떤 금발의 스웨덴 사람은 이브를 사랑한다.

$(\exists x)(Sx \ \& \ Bx \ \& \ Lxe)$

(5) 이브를 사랑하는 사람이 있다.

$(\exists x)(Px \ \& \ Lxe)$

(6) 어떤 사람은 이브 또는 아담을 사랑한다.

$(\exists x)(Px \ \& \ (Lxe \ \vee \ Lxa))$

(7) 어떤 사람이 이브를 사랑한다면, 이브도 어떤 사람을 사랑한다.

$(\exists x)(Px \ \& \ Lxe) \rightarrow (\exists x)(Px \ \& \ Lex)$

(8) 어떤 사람이 이브를 사랑한다면, 이브도 그 사람을 사랑한다.

$(\forall x)((Px \ \& \ Lxe) \rightarrow Lex)$

(7)과 (8) 사이의 차이점에 대해 살펴보자. (7)의 주 연결사는 조건기호 '→'이다. 그리고 전건의 '어떤 사람'과 후건의 '어떤 사람'은 동일인이 아

닐 수 있다. 반면에 (8)의 전건의 '어떤 사람'과 후건의 '그 사람'은 동일인이다. 이 점은 '그'라는 대명사의 역할을 통해 알 수 있다. 따라서 '(Px & Lxe) → Lex'에 나타나는 변항 'x'의 모든 사례들은 동일한 양화사에 의해 구속돼야 한다. 그렇다면 왜 (8)은 '(∃x)((Px & Lxe) → Lex)' 대신에 '(∀x)((Px & Lxe) → Lex)'로 기호화돼야 하는가? (8)의 자연스러운 해석은 '어떤 사람이 이브를 사랑한다면, 그 사람이 누구든지, 이브도 그 사람을 사랑한다'이다. 따라서 (8)은 이브를 사랑하는 어떤 특정한 사람에 관한 주장이 아니라, 이브를 사랑하는 사람이 있다면 그 사람이 누구든지 상관없이 이브가 그 사람을 사랑한다는 주장이다. 또한 '(∃x)((Px & Lxe) → Lex)'는 존재양화문장이기 때문에 '(Px & Lxe) → Lex'를 만족하는 대체예가 최소한 하나만 있으면 참이다. 그런데 사람이 아닌 어떤 대상이 최소한 하나 존재하면, '(Px & Lxe) → Lex'의 전건은 그 대상에 대해 거짓이 되기 때문에 '(∃x)((Px & Lxe) → Lex)'는 사소하게 참일 수 있는 문장이다. 반면 (8)은 이처럼 사소하게 참일 수 있는 문장이 아니다. 그러므로 (8)을 존재양화사가 아니라 보편양화사를 이용해 기호화하는 것이 옳다. 또 한 가지 주목할 점은 '(∀x)((Px & Lxe) → Lex)'와 '(∀x)(Px → (Lxe → Lex))'가 논리적 동치라는 사실이다. 따라서 (8)을 후자로 기호화해도 무방하다.

이제 다음 문장을 어떻게 기호화할 수 있는지 생각해 보자.

모든 사람은 죽는다.

다음 두 기호화한 문장 중에서 어떤 것이 올바른가?

(a) (∀x)(Px → Mx)

(b) $(\forall x)(Px \,\&\, Mx)$

문장 (a)의 의미는 다음과 같다. 'x가 사람이라면, x는 죽는다.' 문장 (b)의 의미는 다음과 같다. '모든 x에 대하여, x는 사람이고 그리고 x는 죽는다.' (b)가 참이면 모든 대상은 사람이다. 그렇지만 이것은 사실이 아니다. 왜냐하면 사람이 아닌 대상들, 예컨대 개, 호랑이, 바위 등등이 존재하기 때문이다. 따라서 올바른 기호화는 (b)가 아니라 (a)이다. 그리고 (b)가 (a)보다 훨씬 강한 주장이라는 사실은 다음 모형세계를 살펴보면 보다 분명하게 알 수 있다.

D = {아담, 이브, 신}.
I(P) = {아담, 이브}. I(M) = {아담, 이브}.

이 모형세계에 따르면, 신은 사람도 아니고, 죽지도 않는다. 따라서 이 모형세계에 의하면, (a)는 참이지만, (b)는 거짓이다.

기호화 연습을 좀 더 해보자.

Cx : x는 고양이이다. Ax : x는 성인이다. Vx : x는 투표할 수 있다.
Jx : x는 판사이다. Bx : x는 법률가이다. Px : x는 사람이다.
Lxy : x는 y를 사랑한다.

이브는 모든 고양이를 사랑한다.
$(\forall x)(Cx \rightarrow Lex)$

모든 사람은 이브를 사랑한다.

$(\forall x)(Px \rightarrow Lxe)$

모든 사람은 아담 또는 이브를 사랑한다.

$(\forall x)(Px \rightarrow (Lxa \vee Lxe))$

모든 사람이 아담과 이브 둘 다를 사랑하는 것은 아니다.

$\sim(\forall x)(Px \rightarrow (Lxa \,\&\, Lxe))$

어느 고양이도 개가 아니다.

$(\forall x)(Cx \rightarrow \sim Dx)$

모든 사람은 모든 사람을 사랑한다.

$(\forall x)(Px \rightarrow (\forall y)(Py \rightarrow Lxy))$ 또는 $(\forall x)(\forall y)((Px \,\&\, Py) \rightarrow Lxy)$

오직 성인만이 투표할 수 있다.

$(\forall x)(\sim Ax \rightarrow \sim Vx)$ 또는 $(\forall x)(Vx \rightarrow Ax)$

아무도 이브를 사랑하지 않는다.

$\sim(\exists x)(Px \,\&\, Lxe)$ 또는 $(\forall x)(Px \rightarrow \sim Lxe)$

단지 법률가만이 판사가 될 수 있다.

$(\forall x)(Jx \rightarrow Bx)$

이제 복잡한 문장을 기호화하는 방법에 대해 생각해 보자. 복잡한 문장을 기호화할 때는 한꺼번에 기호화하지 않고, 각 부분을 나눠서 번역한 후 이를 결합하는 것이 좋다. 예컨대 다음 문장을 고려해 보자.

(1) 이브를 사랑하는 모든 소년들이 부유한 것은 아니다.

먼저 이 문장은 부정문이므로, '이브를 사랑하는 모든 소년들은 부유하다'를 번역한 후 부정 기호를 앞에 붙이면 된다.

(2) 이브를 사랑하는 모든 소년들은 부유하다.

(2)는 다음과 같이 분석될 수 있다.

(3) $(\forall x)$(x는 소년이고 이브를 사랑한다 → x는 부유하다)

따라서 이 부분은 다음과 같이 번역된다.

(4) $(\forall x)((Bx \,\&\, Lxe) \rightarrow Rx)$

따라서 최종적인 번역은 다음과 같다:

(5) $\sim(\forall x)((Bx \,\&\, Lxe) \rightarrow Rx)$

〔Bx : x는 소년이다. Rx : x는 부유하다.〕

이제 한 문장을 더 기호화해 보자.

이브는 아담이 결혼을 하지 않은 한에서만 그를 사랑한다.

이 문장은 다음과 같이 분석될 수 있다.

이브가 아담을 사랑한다면, 아담은 결혼을 하지 않았다.

따라서 먼저 전건을 기호화하면 다음을 얻을 수 있다.

Lea → 아담은 결혼을 하지 않았다.

그렇다면 후건을 어떻게 기호화할 수 있을까? 우선, 결혼 관계는 이항 관계이므로 다음과 같은 이항 술어를 이용해야 한다. 'Mxy : x는 y와 결혼했다'. 그러면 후건을 다음과 같이 기호화할 수 있다.

~(∃x)Max

따라서 최종 번역은 다음과 같다.

Lea → ~(∃x)Max

끝으로, 다음 문장을 어떻게 기호화할 수 있는지 생각해 보자.

(6) 아담이 아들이 있다면, 그는 이브의 아들이 아니다.

'x는 y의 아들이다'를 'Sxy'로 기호화하자. 그러면 '아담은 아들이 있다'

는 '(∃x)Sxa'가 된다. 그러면 다음의 두 문장들 중 어느 것이 (6)에 대한 적합한 번역이라고 볼 수 있는가?

(a) (∃x)(Sxa → ~Sxe)
(b) (∀x)(Sxa → ~Sxe)

세상에는 아담의 아들이 아닌 것들이 많이 있다. 예컨대 아담은 그 자신의 아들이 아니다. 따라서 'Saa → ~Sae'의 전건은 거짓이고, 이 조건문 전체는 (a)를 사소하게 참이게 하는 대체예이다. 그러나 (6)은 (a)처럼 사소하게 참인 주장이 아니다. 통상적으로 문장 (6)은 '아담이 아들이 있다면, 그가 누구든 이브의 아들이 아니다'를 의미한다. (6)의 의미를 이렇게 해석할 때 (6)의 적합한 번역은 (b)이다.

끝으로 다음의 두 기호화를 비교해 보자.

(a) (∃x)(Sxa → ~Sxe)
(c) (∃x)(Sxa & ~Sxe)

위에서 언급한 바와 같이 (a)는 아담의 아들이 아닌 것이 최소한 하나만 있으면 참이 되는, 사소하게 참인 문장이다. 반면 (c)는 아담의 아들이면서 동시에 이브의 아들이 아닌 것이 존재함을 뜻한다. 즉 아버지는 아담이지만, 어머니는 이브가 아닌 그런 것이 있음을 뜻한다. 따라서 (c)는 (a)처럼 사소하게 참일 수 있는 문장이 아니다.

(1) 모든 고양이가 검지는 않다.

(2) 아담을 사랑하는 모든 고양이는 또한 이브를 사랑한다.

(3) 오직 아담을 사랑하는 사람들만이 이브를 사랑한다.

(4) 이브를 사랑하는 모든 사람들은 아담을 사랑한다.

(5) 아담은 아들이 있고, 모든 사람들은 그 아들을 사랑한다.

(6) 모든 지식인들이 도덕적이라면, 우리나라는 부패하지 않을 것이다.

(7) 동물이 아닌 것은 개일 수 없다.

(8) 오직 신을 믿는 사람만이 사후에 영생하고 또한 아담이 사후에 영생한다면,
아담은 신을 믿는다.

(9) 모든 사람들이 동의하는 원리가 아닌 것은 선천적 원리가 아니다.

(10) 이브가 사랑하는 모든 것을 사랑하는 어떤 사람은 이브를 사랑하는 어떤
사람에 의해 사랑받는다.

연습
문제 E (1)과 (2)가 논리적으로 동치임을 증명하시오.

(1) $(\forall x)((Cx \mathbin{\&} Lxa) \rightarrow Lxe)$

(2) $(\forall x)(Cx \rightarrow (Lxa \rightarrow Lxe))$

(3)이 (1)을 논리적으로 함축하지만, 그 반대 방향은 성립하지 않음을
증명하시오.

(1) $(\forall x)((Cx \,\&\, Lxa) \rightarrow Lxe)$

(3) $(\forall x)((Cx \rightarrow Lxa) \rightarrow Lxe)$

보건복지부 장관은 새로 신설된 공공복지위원회에 새 위원들을 다음
여섯 명 —A, B, C, D, E, F— 중에서 임명해야 하는데, 다음과 같은 제약 조건이
있다고 가정하자. B를 위원으로 임명하면, C를 같이 임명할 수 없다. 그리고 E는
F가 임명되고 그리고 오직 그런 한에서 임명할 수 있다. A를 임명하면, B를 같이
임명해야 한다. 또한 E는 C가 위원으로 임명되는 한에서 위원으로 임명될 수 있
다. 이와 같은 조건이 성립한다고 할 때, 반드시 참이어야 하는 것은 무엇인가?

(1) A가 위원으로 임명되면, E도 위원으로 임명될 것이다.
(2) F는 위원으로 임명될 것이다.
(3) B가 위원으로 임명되면, F도 위원으로 임명될 것이다.
(4) A가 위원으로 임명되면, F는 위원으로 임명되지 않을 것이다.
(5) F가 위원으로 임명되면, C는 위원으로 임명되지 않을 것이다.

12

술어 논리의
자연 연역

Logical Inference and   Proof Techniques

이제 우리는 술어 논리의 논증들을 자연 연역에 의해 증명하는 방법을 공부할 것이다. 앞서 언급했던 것처럼, 자연 연역의 목적은 각 단계의 추론이 명백한 추론 규칙들에 의해 정당화되는 추론들의 연쇄를 제시하는 것이다. 전제들이 참인 경우에 각 추론 규칙들에 의해 정당화되어 도출되는 결론도 참이다. 즉 추론 규칙들은 전제들의 참을 유지한다. 따라서 우리는 전제들이 참인 경우에 추론 규칙들에 의해 보장되는 결론 또한 참이라는 것을 받아들일 수 있게 된다.

술어 논리에는 문장 논리의 기호에다 두 개의 기호, 보편 양화사 '∀'와 존재 양화사 '∃'가 첨가된다. 그래서 우리는 문장 논리의 10개의 기본 규칙들 외에 다음의 네 개의 새로운 추론 규칙들을 도입할 것이다.

∀ 제거, ∀ 도입, ∃ 제거, ∃ 도입.

술어 논리에서는 문장 논리의 규칙들이 모두 적용된다. 따라서 문장 논리에서 증명된 파생 규칙들도 자유롭게 사용할 수 있다.

12-1. 보편 양화사 제거 (∀ 제거)

$$\frac{(\forall x)A(x)}{A(t)}$$

여기서 'A(t)'는 'A(x)'에 나타나는 모든 자유 변항 'x'를 이름 't'로 대체함으로써 얻어진 대체예이다.

'(∀x)A(x)'가 전제로 주어지면, 우리는 'A(x)'의 대체예인 'A(t)'를 추론할 수 있다. 이 ∀ 제거 규칙은 직관적으로 명백한데, 그 이유는 '(∀x) A(x)'가 참이면, 'A(t)'를 포함한 'A(x)'의 모든 대체예들이 참이기 때문이다.

다음의 예를 보자.

모든 사람들은 이브를 사랑한다.
아담은 사람이다.
그러므로 아담은 이브를 사랑한다.

우리는 위의 논증을 다음과 같이 술어 논리의 문장들로 번역할 수 있다.

전제 1 : (∀x)(Px → Lxe)
전제 2 : Pa
결　론 : Lae

그리고 우리는 이 논증을 다음과 같이 자연 연역에 의해 증명할 수 있다.

1. $(\forall x)(Px \rightarrow Lxe)$

2. Pa // Lae

3. Pa → Lae   1 , ∀ 제거

4. Lae   2, 3, → 제거

∀ 제거 규칙을 사용할 때 주의할 점

(1) 보편 양화문장의 대체예를 형성할 때, 대체되는 변항은 모든 곳에서 같은 이름으로 대체되어야 한다. 예컨대 '(∀x)Lxx'에서 'x'를 이름 'a'로 대체한다면, 대체된 결과는 'Lxa'가 아니라 'Laa'가 되어야 한다. 왜냐하면 '(∀x)Lxx'의 의미는 모든 것은 자기 자신을 사랑한다는 뜻이기 때문이다.

(2) 변항을 이름으로 대체할 때, 항상 맨 앞의 양화사를 제거한 후 자유 변항이 되는 경우들만을 대체해야 한다. 예컨대 주어진 양화문장이 '(∀x)(Bx → (∀x)Lxe)'이고, 이름 'a'에 대한 대체예를 얻고자 한다고 가정하자. 이때 먼저 맨 앞의 양화사를 제거하면 적형식 'Bx → (∀x)Lxe'를 얻게 된다. 여기서 첫 번째 'x'의 경우는 자유 변항이지만 두 번째 'x'는 자유 변항이 아니다. 따라서 주어진 양화 문장의 이름 'a'에 대한 대체예는 'Ba → (∀x)Lxe'이다.

이제 또 한 가지 예를 살펴보자.

모든 사람은 죽는다.
소크라테스는 사람이다.
그러므로 소크라테스는 죽는다.

이 논증을 술어 논리의 문장으로 번역하여 증명하면 다음과 같다.

1. $(\forall x)(Px \rightarrow Mx)$

2. Ps   // Ms

3. Ps → Ms   1, ∀ 제거

4. Ms   2, 3, → 제거

〔Px : x는 사람이다. Mx : x는 죽는다. s : 소크라테스.〕

아담을 사랑하는 모든 사람은 이브를 또한 사랑한다. 아담은 이브를 사랑하지 않는다. 아담은 사람이다. 그러므로 아담은 스스로를 사랑하지 않는다.

이 논증을 술어 논리의 문장으로 기호화하여 증명하면 다음과 같다.

1. $(\forall x)((Px \And Lxa) \rightarrow Lxe)$

2. ~Lae

3. Pa   // ~Laa

4. (Pa & Laa) → Lae   1, ∀ 제거

5. ~(Pa & Laa)   2, 4, 후건 부정

6. ~Pa ∨ ~Laa   5, 드 모르간의 규칙

7. ~Laa   3, 6, ∨ 제거

〔Px : x는 사람이다. Lxy : x는 y를 사랑한다. a : 아담. e : 이브.〕

208

(1) (∀x)(Bx & Cx) // Ba & Ce

(2) (∀x)(Mx ∨ Sx)

  (∀x)(Mx → Hx)

  (∀x)(Sx → Hx) // Ha & He

(3) (∀x)(Txx ∨ ~Txg)

  (∀y)Tyg // Tee & Tbb

(4) (∀x)((Px & Lxx) → Lxa)

  ~Lea

  Pe // ~(∀x)(Px → Lxx)

(5) (∀x)(Px → Lxx) → Laa

  Laa → Lae

  ~Lae // ~(∀x)(Px → Lxx)

12-2. 존재 양화사 도입 (∃ 도입)

$$\frac{A(t)}{(\exists x)A(x)}$$

'A(t)'가 전제로 주어지면, 'A(t)'의 존재 일반화인 '(∃x)A(x)'를 추론할 수 있다.

제한 사항 : 'A(t)'에서 't'가 'x'에 의해 대체되었을 때, 'x'는 'A(x)'에서 구속되어서는 안 된다.

이 규칙의 정당화는 다음과 같다. 여기서 'A(t)'는 'A(x)'의 한 대체예이다. 'A(x)'의 한 대체예가 참인 경우에 '(∃x)A(x)'는 참이다. 따라서 'A(t)'가 주어지면, '(∃x)A(x)'를 추론할 수 있다. 그리고 여기서 '(∃x)A(x)'는 'A(t)'의 존재 일반화existential generalization라고 불린다. 다시 말해 'A(t)'에 있는 모든 또는 일부의 이름 't'를 변항 'x'로 대체하여 얻은 적형식 'A(x)'에 존재 양화사 '(∃x)'를 적용하여 얻게 되는 적형식 '(∃x)A(x)'를 'A(t)'의 존재 일반화라고 부른다.

이제 위의 존재 양화사 도입 규칙에서 제한 사항이 왜 필요한지를 알아보자. 다음 논증을 고려해 보자.

$$\frac{(\forall x)Lax}{(\exists x)(\forall x)Lxx}$$

전제 '(∀x)Lax'에서 이름 'a'를 변항 'x'로 대체한 후 존재 양화사를 도입하면, 결론 '(∃x)(∀x)Lxx'를 얻게 된다. 그러나 이 추론은 오류이다. 전제가 '아담은 모든 것을 사랑한다'를 의미한다고 할 때, 이 전제로부터 '모든 것은 스스로를 사랑한다'는 결론이 도출되지 않기 때문이다. 이와 같은 잘못된 추론은 변항 'x'가 이름 'a'를 대체했을 때 구속되는 변항이기 때문에 발생한다. 위에서 언급된 존재 양화사 도입 규칙에 부가된 제한 사항은 이러한 잘못된 추론을 배제하기 위한 것이다. 이 경우 올바르게 존재 양화사 도입 규칙을 적용하려면 'x'가 아닌 다른 변항을 사용해야 한다. 예컨대 새로운 변항 'y'를 사용해 ∃ 도입 규칙을 적용하면 우리는 다음의 결론을 얻을 수 있다. (∃y)(∀x)Lyx. 여기서 'y'는 적형식 '(∀x)Lyx'에서 구속되지 않음을 주목하라. 한 가지 예를 더 살펴보자.

$$\frac{Ba \rightarrow (\forall x)Lax}{(\exists x)(Bx \rightarrow (\forall x)Lxx)}$$

이 추론도 오류이다. 왜냐하면 전제 'Ba → (∀x)Lax'에서 이름 'a'를 'x'로 대체했을 때 적형식 'Bx → (∀x)Lxx'를 얻게 되는데, 두 번째 'a'를 대체한 'x'는 'Bx → (∀x)Lxx'에서 자유 변항이 아니기 때문이다. 따라서 이 경우도 우리는 다른 변항을 사용해 존재 일반화를 해야 한다. 예컨대 다음과 같다.

$$(\exists y)(By \rightarrow (\forall x)Lyx)$$

이제 ∃ 도입 규칙을 이용한 추론의 예들을 살펴보자.

아담은 이브를 사랑한다.

이브는 사람이다.

그러므로 아담이 사랑하는 사람이 있다.

1. Lae

2. Pe // (∃x)(Px & Lax)

3. Pe & Lae   1, 2, & 도입

4. (∃x)(Px & Lax)   3, ∃ 도입

아담은 선량하다. 선량한 사람이 있다면, 세상은 아직 희망이 있다. 아담
은 사람이다. 그러므로 세상은 아직 희망이 있다.

1. Ga

2. (∃x)(Px & Gx) → Hw

3. Pa // H w

4. Pa & Ga   1, 3, & 도입

5. (∃x)(Px & Gx)   4, ∃ 도입

4. Hw   2, 5, → 제거

〔Gx : x는 선량하다. Hx : x는 아직 희망이 있다. a : 아담. w : 세상.〕

아담은 정신적인 존재이다.

정신적인 존재가 있다면, 파괴될 수 없는 존재가 있다.

그러므로 파괴될 수 없는 존재가 있다.

1. Ma

2. (∃x)Mx → (∃x)Ix // (∃x)Ix.

3. (∃x)Mx   1 , ∃ 도 입

4. (∃x)Ix   2 , 3 , → 제거

〔Mx : x는 정신적인 존재이다. Ix : x는 파괴될 수 없는 존재이다.〕

아담이 이브를 사랑하거나 또는 이브가 아담을 사랑한다.

아담이 사랑하는 사람이 있다면, 아담은 행복하다.

아담을 사랑하는 사람이 있다면, 아담은 행복하다.

이브는 사람이다. 그러므로 아담은 행복하다.

〔Hx : x는 행복하다.〕

1. Lae ∨ Lea

2. (∃x)(Px & Lax) → Ha

3. (∃x)(Px & Lxa) → Ha

4. Pe   // Ha

5. | Lae   가정

6. | Pe & Lae   4, 5, & 도입

7. | (∃x)(Px & Lax)   6, ∃ 도입

8. | Ha   2, 7, → 제거

9. | Lea   가정

10. | Pe & Lea   4, 9, & 도입

11. | (∃x)(Px & Lxa)   10, ∃ 도입

12. | Ha   3, 11, → 제거

13. Ha   1, 5-8, 9-12, 경우에 의한 논증

(1) Ta // (∃x)(Gx ∨ Tx)

(2) (∀x)(Nx & Qx // (∃x)Nx

(3) (∃x)Fx → Ga

   (∀x)Fx // (∃x)Gx

(4) (∀x)Gx → (∀x)Hxa

   (∀x)Gx // (∃x)(Gx & Hxx)

(5) Pa ∨ Qe // (∃x)Px ∨ (∃x)Qx

(6) (∀x)(Hxg → Dx)

   (∀x)(~Dx ∨ ~Cxe) // (∀x)Hxg → (∃x)~Cxe

12-3. 보편 양화사 도입 (∀ 도입)

이 규칙의 아이디어는 다음과 같다. 임의의 이름 'u'에 대하여, 우리가 'A(u)'를 증명할 수 있다면, 이것은 'A(x)'의 모든 대체예들이 성립함을 의미한다. 따라서 이 경우 우리는 '(∀x)A(x)'를 추론할 수 있다. 그러므로 우리는 '(∀x)A(x)'를 증명하기 위하여 임의의 이름 'u'를 선택하여, 'A(u)'를 증명할 것이다.

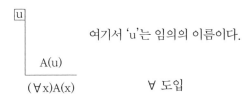

여기서 'u'는 임의의 이름이다.

∀ 도입

제한 사항 : 'A(u)'에서 'u'를 'x'로 대체했을 때, 'x'는 'A(x)'에서 구속되어서는 안 된다.

다시 말하면, 우선 임의의 이름 'u'를 선택하고, 보조 증명선을 도입한다. 'u'가 임의의 이름임을 나타내기 위해 보조 증명선의 수직선이 시작하는 부분에 위의 도표에서처럼 이름 'u'를 정사각형으로 둘러싼다. 그다음 보조 증명선이 끝나는 부분의 수평선 바로 위에 우리가 증명하고자 하는 목표인 'A(u)'를 쓴다. 그다음 주어진 전제들로부터 'A(u)'를 이끌어 낼 수 있으면, 보조 증명을 끝내고, 결론 '(∀x)A(x)'를 쓰면 된다.

'A(u)'에 나타나는 모든 'u'를 'x'로 대체해서 얻은 적형식 앞에 '(∀x)'를 적용하여 얻은 적형식이 '(∀x)A(x)'일 때, 우리는 '(∀x)A(x)'를 'A(u)'의 보편 일반화universal generalization라고 부른다.

이제 ∀ 도입 규칙을 사용할 때 위에서 언급된 제한 사항이 왜 필요한

지 살펴보자. 예컨대 우리가 임의의 이름 'u'에 대하여 '(∃x)Axu'를 증명했다고 가정해 보자. 이때 우리는 ∀도입 규칙에 의해 '(∀x)(∃x)Axx'를 추론할 수 없다. 왜냐하면 '(∃x)Axu'에서 'u'를 'x'로 대체해서 얻은 적형식 '(∃x)Axx'에서 'x'는 구속 변항이기 때문이다. 따라서 올바른 추론을 위해선 다른 변항을 사용해야 한다. 예컨대 변항 y를 사용하면 다음을 얻을 수 있다.

  (∀y)(∃x)Axy

이제 ∀ 도입 규칙을 이용한 추론의 예들을 살펴보자.

  모든 프랑스인은 유럽인이다.
  그러므로 모든 비유럽인은 프랑스인이 아니다.

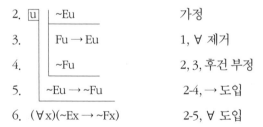

1. (∀x)(Fx → Ex) // (∀x)(~Ex → ~Fx)
2. u | ~Eu   가정
3. | Fu → Eu   1, ∀ 제거
4. | ~Fu   2, 3, 후건 부정
5. | ~Eu → ~Fu   2-4, → 도입
6. (∀x)(~Ex → ~Fx)   2-5, ∀ 도입

  〔Fx : x는 프랑스인이다. Ex : x는 유럽인이다.〕

  2미터 이상의 사람은 거인이다. 모든 피그미족 사람들은 거인이 아니다.
  그러므로 어느 피그미족 사람도 2미터 이상의 키를 갖고 있지 않다.

1. $(\forall x)(Tx \rightarrow Gx)$

2. $(\forall x)(Px \rightarrow {\sim}Gx)$ // $(\forall x)(Px \rightarrow {\sim}Tx)$

3. $\boxed{u}$	Pu	가정
4.	Pu $\rightarrow$ ~Gu	2, $\forall$ 제거
5.	~Gu	3, 4, $\rightarrow$ 제거
6.	Tu $\rightarrow$ Gu	1, $\forall$ 제거
7.	~Tu	5, 6, 후건 부정
8.	Pu $\rightarrow$ ~Tu	3-7, $\rightarrow$ 도입

9. $(\forall x)(Px \rightarrow {\sim}Tx)$ 3-8, $\forall$ 도입

〔Tx : x는 2미터 이상의 키를 갖고 있다. Px : x는 피그미족 사람이다. Gx : x는 거인이다.〕

연습문제 C 다음 논증들을 기호화하고, 자연 연역에 의해 그 타당성을 증명하시오.

(1) 모든 것은 정신적인 것이면서 파괴되지 않는 것이거나 또는 물리적인 것이 면서 분해되는 것이다. 그러므로 분해되지 않는 모든 것은 파괴되지 않는다. 〔Mx : x는 정신적인 것이다. Dx : x는 파괴되는 것이다. Cx : x는 분해되는 것 이다. Px : x는 물리적인 것이다.〕

(2) 모든 것은 물리적이고 파괴 가능하다. 그러므로 모든 것은 물리적이고 또한 모든 것은 파괴 가능하다.

(3) 모든 강도행위는 범죄이다. 모든 범죄 또는 경범죄는 처벌 가능하다. 그러므 로 모든 강도행위는 처벌 가능하다. 〔Rx : x는 강도행위이다. Cx : x는 범죄 이다. Mx : x는 경범죄이다. Px : x는 처벌 가능하다.〕

12-4. 존재 양화사 제거 (∃ 제거)

$$\frac{(\exists x)A(x)}{(\forall x)(A(x) \to C)} \qquad \text{∃ 제거}$$

존재 양화사 제거 규칙은 다음과 같은 이유에서 타당하다. 첫 번째 전제 '(∃x)A(x)'에 따르면, 문장 함수 'A(x)'를 만족하는 적어도 하나의 대상 d 가 존재한다. 즉 'A(d)'가 성립한다. 두 번째 전제 '(∀x)(A(x) → C)'에 따르면, 'A(x)'를 만족하는 어떤 임의의 대상 x에 대해서도 C가 성립한다. 따라서 'A(d) → C'가 성립한다. 첫 번째 전제에 의해 'A(d)'가 성립하기 때문에 결론 'C'가 → 제거 규칙에 의해 또한 성립한다.

위의 ∃ 제거 규칙은 다음과 같은 방식으로 사용된다. '(∃x)A(x)'라는 존재양화문장이 전제로 주어진 상황에서 결론 'C'를 도출하고자 하는 경우에 '(∀x)(A(x) → C)'를 증명한다. '(∀x)(A(x) → C)'를 증명하면 전제 '(∃x)A(x)'와 ∃ 제거 규칙을 사용해 'C'를 도출할 수 있다.

∃ 제거 규칙을 사용한 추론의 예를 살펴보자.

1.	(∃x)(Px & Qx) // (∃x)Px & (∃x)Qx		
2.	[u]	Pu & Qu	가정
3.		Pu	2, & 제거
4.		(∃x)Px	3, ∃ 도입
5.		Qu	2, & 제거
6.		(∃x)Qx	5, ∃ 도입
7.		(∃x)Px & (∃x)Qx	4, 6, & 도입
8.		(Pu & Qu) → ((∃x)Px & (∃x)Qx)	2-7, → 도입
9.	(∀x)((Px & Qx) → ((∃x)Px & (∃x)Qx)		2-8, ∀ 도입
10.	(∃x)Px & (∃x)Qx		1, 9, ∃ 제거

위 논증의 전제는 '(∃x)(Px & Qx)'이다. 이 존재 양화 문장으로부터 ∃ 제거 규칙을 사용해 결론 '(∃x)Px & (∃x)Qx'를 이끌어내기 위해서는 '(∀x)((Px & Qx) → ((∃x)Px & (∃x)Qx))'를 증명해야 한다. 위 증명에서 2-8까지는 바로 이 보편 양화 문장을 이끌어내기 위한 단계이다. 이 보편 양화 문장이 주어지면 전제 '(∃x)(Px & Qx)'와 ∃ 제거 규칙을 사용해 원하는 결론을 이끌어낼 수 있다.

그런데 위에서 언급한 ∃ 제거 규칙은 엄밀하지만, 일상적으로 사용하기에는 다소 불편하다. 따라서 이 엄밀한 규칙을 약간 단순화시킨 다음 규칙을 고려해 볼 필요가 있다.

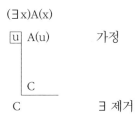

'A(u)'라는 가정으로부터 C를 이끌어낼 수 있으면, → 도입 규칙에 의해 'A(u) → C'를 추론할 수 있다. 그런데 여기서 'u'는 임의의 이름이므로 ∀ 도입 규칙에 의해 '(∀x)(A(x) → C)'를 추론할 수 있다. 그러면 이 보편양화문장과 전제 '(∃x)A(x)'로부터 ∃ 제거 규칙을 사용해 결론 'C'를 이끌어낼 수 있다. 따라서 위의 단순화한 ∃ 제거 규칙에서 첫 번째 전제 다음에 제시된 보조 증명은 엄밀한 ∃ 제거 규칙의 두 번째 전제 '(∀x)(A(x) → C)'를 대신하는 역할을 한다.

이제 엄밀한 ∃제거 규칙을 사용해 증명한 앞서의 논증을 위의 단순화한 ∃제거 규칙을 사용해 증명하면 다음과 같다.

1. $(\exists x)(Px \& Qx)$ // $(\exists x)Px \& (\exists x)Qx$

2. $\boxed{u}$ Pu & Qu   가정

3. Pu   2, & 제거

4. $(\exists x)Px$ 3, ∃ 도입

5. Qu   2, & 제거

6. $(\exists x)Qx$ 5, ∃ 도입

7. $(\exists x)Px \& (\exists x)Qx$ 4, 6, & 도입

8. $(\exists x)Px \& (\exists x)Qx$ 1, 2-7, ∃ 제거

그런데 위의 단순화한 ∃ 제거 규칙을 사용하는 경우에는 항상 보조 증명선을 도입해야 한다. 그래서 단순하지 않은 논증을 증명하는 경우엔 증명 과정이 매우 복잡해질 수 있다. 따라서 이 책에서는 비록 엄밀성에서는 다소 부족하지만, 훨씬 더 실용적인 약식 ∃ 제거 규칙을 사용할 것이다.

$$\frac{(\exists x)A(x)}{A(d)} \qquad \text{∃ 제거}$$

제한 사항 : 여기서 'd'는 주어진 증명과 관련하여 어떤 식으로든 가정된 적이 없는 새로운 이름이어야 한다. 또한 'd'는 이 약식 ∃ 제거 규칙을 사용해 도출하고자 하는 논증의 결론에 포함되면 안 된다.

'$(\exists x)A(x)$'가 참이면, 우리는 '$A(x)$'라는 문장함수를 만족하는 적어도 하나의 대상이 존재함을 알 수 있다. 따라서 우리는 어떤 것이 '$A(x)$'를 만족하는 대상인지에 대해선 비록 구체적으로 모르지만, 그 대상에 임시로 한 이름a stand-in name을 부여할 수 있다. 예컨대 이 이름을 'd'라고 하자. 그러면 우리는 '$A(d)$'를 '$(\exists x)A(x)$'에서 추론할 수 있다. 여기서 주의할 점

은 'd'가 가리키는 대상이 'A(x)'라는 문장함수를 만족한다는 것 이외에 그 어떤 것도 추가로 가정해서는 안 된다는 점이다. 따라서 'd'는 주어진 증명과 관련하여 어떤 식으로든 가정된 적이 없는 새로운 이름이어야 한다. 또한 'd'는 임시 이름이기 때문에 우리가 약식 ∃ 제거 규칙을 사용해 도출하고자 하는 결론에 결코 포함돼서는 안 된다.

이제 앞서의 증명을 약식 ∃ 제거 규칙을 사용해 다시 증명하면 다음과 같다.

1. $(\exists x)(Px \& Qx)$ // $(\exists x)Px \& (\exists x)Qx$
2. $Pd \& Qd$ 1, ∃ 제거
3. Pd 2, & 제거
4. $(\exists x)Px$ 3, ∃ 도입
5. Qd 2, & 제거
6. $(\exists x)Qx$ 5, ∃ 도입
7. $(\exists x)Px \& (\exists x)Qx$ 4, 6, & 도입

위 증명의 단계 2에서 도입된 임시 이름 'd'는 전 단계에서 가정된 적이 없는 새로운 이름이다. 또한 'd'는 결론인 단계 7에 포함되어 있지 않다. 따라서 위 증명은 약식 ∃ 제거 규칙의 제한 사항을 충족하는 옳은 증명이다. 그리고 위 사례가 잘 보여 주듯이 약식 ∃ 제거 규칙을 사용하면 증명을 보다 쉽고 짧게 할 수 있다. 따라서 이 책의 나머지 부분에서는 보조 증명을 사용하는 ∃ 제거 규칙 대신에 약식 ∃ 제거 규칙을 사용할 것이다. 그런데 약식 ∃ 제거 규칙은 실제로 사용하기 매우 편리한 반면에 자칫하면 오류에 빠질 수 있다. 따라서 약식 ∃ 제거 규칙을 사용할 때에는 오류에 빠지지 않도록, 제한 사항을 잘 지켜야 한다.

이제 약식 ∃ 제거 규칙을 사용할 때 주의할 점에 대해 살펴보자. 먼저 간단한 예는 다음과 같다.

아담은 착하다
또한 부자인 사람이 있다.
따라서 착하면서 부자인 사람이 있다.

1. Ka

2. (∃x)(Px & Rx) // (∃x)(Px & Rx & Kx)

3. Pa & Ra   2, ∃ 제거

4. Pa & Ra & Ka   1, 3, & 도입

5. (∃x)(Px & Rx & Kx)   4, ∃ 도입

〔Kx : x는 착하다. Px : x는 사람이다. Rx : x는 부유하다.〕

위 증명에서 단계 3은 오류이다. ∃ 제거 규칙을 사용할 때 새로운 이름을 사용해야 하는데, 'a'는 전제 1에 이미 사용된 이름이다. 그리고 이처럼 이미 사용된 이름을 사용해서는 안 되는 이유는, 'Px & Rx'를 만족하는 대상이 있다는 것은 전제 2를 통해서 알 수 있지만, a가 그 대상임은 알 수 없기 때문이다. 따라서 '(∃x)(Px & Rx)'에서 'Pa & Ra'를 추론할 수 없다.

이제 좀 더 복잡한 경우를 살펴보자.

1. (∀x)(∃y)Lxy   전제

2. ⊔ (∃y)Luy   1, ∀ 제거

3. │ Lua   2, ∃ 제거

4. (∀y)Lya   2-3, ∀ 도입

5. (∃x)(∀y)Lyx   4, ∃ 도입

∀ 도입 규칙을 사용하여 단계 4에 있는 '(∀y) Lya'를 증명하기 위해서는 우선 임의의 이름 'u'를 선택하고, 보조 증명선을 도입해야 한다. 그 다음 보조 증명선이 끝나는 부분의 가로선 바로 위에 우리가 증명하고자 하는 목표, 즉 'Lua'를 써야 한다. 그 다음 주어진 전제로부터 'Lua'를 이끌어낼 수 있으면, 보조 증명선을 끝내고 결론 '(∀y)Lya'를 이끌어낼 수 있다. 또한 '(∃y)Luy'가 참이면 우리는 'Luy'의 적어도 한 대체예가 참임을 알 수 있다. 따라서 비록 구체적으로 어떤 것이 참인 대체예인지에 대해서는 모르지만, 임시 이름 예컨대 'd'를 사용해 'Lud'가 그러한 대체예라고 가정할 수 있다. 그리고 그렇게 가정하기 위해서는 'd'가 주어진 증명과 관련하여 어떤 식으로든 가정된 적이 없는 새로운 이름이어야 한다.

그렇다면 위 증명은 어디서 잘못된 것인가? 앞서 언급한 것처럼 위 증명은 단계 4에 있는 '(∀y)Lya'를 증명하기 위해서 임의의 이름 'u'를 선택하여 'Lua'를 증명하고자 한다. 또한 단계 2에서 단계 3까지의 증명은 '(∀y)Lya'를 증명하기 위한 보조 증명이다. 따라서 우리는 단계 2, 즉 '(∃y)Luy'에서 ∃ 제거에 의해 'Lua'를 이끌어낼 수 없다. 왜냐하면 'a'는 증명하고자 하는 목표 '(∀y)Lya'에서 이미 가정되어 있는 이름이기 때문이다. 다시 말해 단계 3에서 'a'는 위 증명과 관련하여 어떤 식으로든 가정된 적이 없는 새로운 이름이 아니다. 따라서 단계 3에서 사용된 문장 'Lua' 속에 포함된 이름 'a'는 단지 문장함수 'Luy'를 만족한다는 것을 제외하고 그 어떤 것도 추가로 가정돼서는 안 된다는 제한 사항을 위반한다. 이런 이유에서 단계 3은 약식 ∃ 제거 규칙을 잘못 사용한 경우이다.

이제 위의 오류를 좀 더 명확히 이해하기 위해 약식 ∃ 제거 규칙 대신에 앞서 논의했던 보조 증명을 사용하는, 단순화한 ∃ 제거 규칙을 적용해 보자.

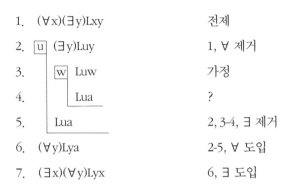

1.	$(\forall x)(\exists y)Lxy$		전제
2.	u	$(\exists y)Luy$	1, $\forall$ 제거
3.		w	Luw	가정
4.		Lua	?
5.	Lua	2, 3-4, $\exists$ 제거
6.	$(\forall y)Lya$		2-5, $\forall$ 도입
7.	$(\exists x)(\forall y)Lyx$		6, $\exists$ 도입

위 증명이 오류인 이유는 두 가지이다. 첫째, 단계 4를 이끌어 낼 수 없다. 둘째, 단계 5에 있는 문장 'Lua'는 $\exists$ 제거 규칙을 사용하기 위한 보조 증명선 밖에 있는 문장임에도 불구하고 여전히 임시 이름 'a'를 포함하고 있다. 따라서 보조 증명을 사용하는 $\exists$ 제거 규칙을 사용하면 왜 앞서의 증명이 오류인지에 대해 좀 더 명확히 이해할 수 있다. 그러나 이미 언급한 바대로 보조 증명을 사용하는 $\exists$ 제거 규칙은 단순하지 않은 논증을 증명하는 경우엔 증명 과정이 매우 복잡할 수 있다. 이런 이유에서 우리는 이 책에서 약식 $\exists$ 제거 규칙을 사용할 것이다. 그렇지만 그 대신 위와 같은 오류를 범하지 않도록 특별히 조심해야 한다. 그리고 약식 $\exists$ 제거 규칙을 사용한 증명에 대해 의구심이 드는 경우엔 이것을 보조 증명을 사용하는 $\exists$ 제거 규칙을 사용해 다시 증명해봄으로써 증명과정에 오류가 있었는지를 확인할 수 있다. 그렇지만 앞서 언급한 제한 사항을 유념하면서 약식 $\exists$ 제거 규칙을 사용하면, 오류를 피하면서도 훨씬 효율적인 증명을 할 수 있다.

이제 약식 $\exists$ 제거 규칙을 사용하는 증명의 예를 몇 가지 더 살펴보자.

모든 사기꾼은 착한 사람이 아니다.

착한 사람이 있다.

그러므로 사기꾼이 아닌 사람이 있다.

1. $(\forall x)(Cx \rightarrow \sim Gx)$

2. $(\exists x)Gx$ // $(\exists x)\sim Cx$

3. Ga 2, ∃ 제거

4. $Ca \rightarrow \sim Ga$ 1, ∀ 제거

5. $\sim Ca$ 3, 4, 후건 부정

6. $(\exists x)\sim Cx$ 5, ∃ 도입

〔Cx : x는 사기꾼이다. Gx : x는 착한 사람이다.〕

어떤 것은 파충류거나 또는 포유류이다.

그러므로 파충류인 것이 존재하거나 또는 포유류인 것이 존재한다.

1. $(\exists x)(Rx \vee Mx)$ // $(\exists x)Rx \vee (\exists x)Mx$

2. $Ra \vee Ma$ 1, ∃ 제거

3. | Ra 가정

4. | $(\exists x)Rx$ 3, ∃ 도입

5. | $(\exists x)Rx \vee (\exists x)Mx$ 4, ∨ 도입

6. | Ma 가정

7. | $(\exists x)Mx$ 6, ∃ 도입

8. | $(\exists x)Rx \vee (\exists x)Mx$ 7, ∨ 도입

9. $(\exists x)Rx \vee (\exists x)Mx$ 2, 3-5, 6-8, 경우에 의한 논증

〔Rx : x는 파충류이다. Mx : x는 포유류이다.〕

모든 판사들은 법률가이다.

그러므로 판사가 있다면, 판사인 법률가가 존재한다.

1. (∀x)(Jx → Lx) // (∃x)Jx → (∃x)(Lx & Jx)

2. | (∃x)Jx   가정

3. | Ja   2, ∃ 제거

4. | Ja → La   1, ∀ 제거

5. | La   3, 4, → 제거

6. | La & Ja   3, 5, & 도입

7. | (∃x)(Lx & Jx)   6, ∃ 도입

8. (∃x)Jx → (∃x)(Lx & Jx)   2-7, → 도입

〔Jx : x는 판사이다. Lx : x는 법률가이다.〕

모든 알카리성 액체는 몸에 유익하다.

따라서 알카리성 액체가 있다면, 몸에 유익한 액체가 있다.

1. (∀x)((Ax & Lx) → Hx) // (∃x)(Ax & Lx) → (∃x)(Lx & Hx)

2. | (∃x)(Ax & Lx)   가정

3. | Aa & La   2, ∃ 제거

4. | (Aa & La) → Ha   1, ∀ 제거

5. | Ha   3, 4, → 제거

6. | La   3, & 제거

7. | La & Ha   5, 6, & 도입

8. | (∃x)(Lx & Hx)   7, ∃ 도입

9. (∃x)(Ax & Lx) → (∃x)(Lx & Hx)   2-8, → 도입

〔Ax : x는 알카리성이다. Lx : x는 액체이다. Hx : x는 몸에 유익하다.〕

(1) 이브가 사랑하는 사람이 있다. 모든 사람은 이브에게 사랑 받지 못하거나
또는 아담을 미워한다. 그러므로 아담을 미워하는 사람이 있다. 〔Px : x는
사람이다. Lxy : x는 y를 사랑한다. Dxy : x는 y를 미워한다.〕

(2) 아담이 누군가의 선배라면, 그 사람은 아담의 선배가 아니다. 그러므로 아담
의 선배가 있다면, 아담이 선배가 아닌 어떤 사람이 있다. 〔Sxy : x는 y의 선배
이다.〕

(3) 총명하거나 또는 아름다운 사람이 있다. 모든 총명한 사람은 인기가 있다.
모든 아름다운 사람은 인기가 있다. 그러므로 인기가 있는 사람이 있다.
〔Sx : x는 총명하다. Bx : x는 아름답다. Fx : x는 인기가 있다. Px : x는 사람
이다.〕

(4) $(\exists x)Hxg \lor (\exists x)Nxf$

$\quad (\forall x)(Hxg \rightarrow Cx)$

$\quad (\forall x)(Nxf \rightarrow Cx \quad // \quad (\exists x)Cx$

(5) $(\forall x)((Fx \lor Gx) \rightarrow Lxx)$

$\quad (\exists x)\sim Lxx \quad // \quad (\exists x)\sim Fx \,\&\, (\exists x)\sim Gx$

(6) $(\forall x)(Fx \rightarrow (Rxa \lor Rax))$

$\quad (\exists x)\sim Rxa \quad // \quad (\forall x)\sim Rax \rightarrow (\exists x)\sim Fx$

12-5. 양화사에 관련된 몇 가지 사실

(가) 보편 양화사는 연언에 대해 분배distribute되고, 또한 결합collect된다.
즉 다음의 규칙이 성립된다.

(a) $(\forall x)(Px \ \& \ Qx)$ // $(\forall x)Px \ \& \ (\forall x)Qx$

(b) $(\forall x)Px \ \& \ (\forall x)Qx$ // $(\forall x)(Px \ \& \ Qx)$

(a)의 증명

1.	$(\forall x)(Px \ \& \ Qx)$ // $(\forall x)Px \ \& \ (\forall x)Qx$	
2.	u $Pu \ \& \ Qu$	1, $\forall$ 제거
3.	Pu	2, & 제거
4.	$(\forall x)Px$	2-3, $\forall$ 도입
5.	u $Pu \ \& \ Qu$	1, $\forall$ 제거
6.	Qu	5, & 제거
7.	$(\forall x)Qx$	5-6, $\forall$ 도입
8.	$(\forall x)Px \ \& \ (\forall x)Qx$	4, 7, & 도입

(b)의 증명

1.	$(\forall x)Px \ \& \ (\forall x)Qx$ // $(\forall x)(Px \ \& \ Qx)$	
2.	$(\forall x)Px$	1, & 제거
3.	$(\forall x)Qx$	1, & 제거
4.	u Pu	2, $\forall$ 제거
5.	Qu	3, $\forall$ 제거
6.	$Pu \ \& \ Qu$	4, 5, & 도입
7.	$(\forall x)(Px \ \& \ Qx)$	4-6, $\forall$ 도입

(나) 보편 양화사는 선언에 대해 결합되지만, 분배되지는 않는다.

$$(\forall x)Px \lor (\forall x)Qx \ // \ (\forall x)(Px \lor Qx)$$

증명

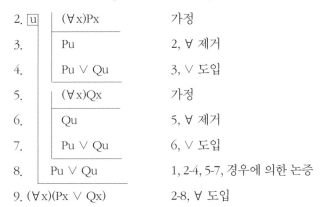

1. $(\forall x)Px \lor (\forall x)Qx \ // \ (\forall x)(Px \lor Qx)$
2. ⓤ $(\forall x)Px$ 가정
3.   Pu   2, $\forall$ 제거
4.   Pu $\lor$ Qu   3, $\lor$ 도입
5. $(\forall x)Qx$ 가정
6.   Qu   5, $\forall$ 제거
7.   Pu $\lor$ Qu   6, $\lor$ 도입
8.   Pu $\lor$ Qu   1, 2-4, 5-7, 경우에 의한 논증
9. $(\forall x)(Px \lor Qx)$ 2-8, $\forall$ 도입

반대 방향의 추론은 부당하다.

$$(\forall x)(Px \lor Qx) \ // \ (\forall x)Px \lor (\forall x)Qx$$

다음의 반례가 성립한다.

$$D = \{a, e\}. \ I(P) = \{a\}. \ I(Q) = \{e\}.$$

위 모형세계에 따르면 'Pa $\lor$ Qa'와 'Pe $\lor$ Qe' 둘 다 참이다. 따라서 전제 '$(\forall x)(Px \lor Qx)$'는 참이다. 그러나 'Pe'가 거짓이고 또한 'Qa'가 거짓이므로, '$(\forall x)Px$'와 '$(\forall x)Qx$'는 둘 다 거짓이다.

(다) 보편 양화사는 조건 기호에 대해서 분배되지만, 결합되지는 않는다.

$(\forall x)(Px \rightarrow Qx)$ // $(\forall x)Px \rightarrow (\forall x)Qx$

증명

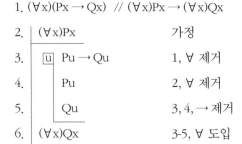

1. $(\forall x)(Px \rightarrow Qx)$ // $(\forall x)Px \rightarrow (\forall x)Qx$

2. $(\forall x)Px$ 가정

3. ⊔ $Pu \rightarrow Qu$ 1, ∀ 제거

4. Pu 2, ∀ 제거

5. Qu 3, 4, → 제거

6. $(\forall x)Qx$ 3-5, ∀ 도입

7. $(\forall x)Px \rightarrow (\forall x)Qx$ 2-6, → 도입

반대 방향의 추론은 부당하다.

$(\forall x)Px \rightarrow (\forall x)Qx$ // $(\forall x)(Px \rightarrow Qx)$

다음의 반례가 성립한다.

D = {a, e}, I(P) = {a}, I(Q) = {e}.

위 모형세계에 의하면 'Pe'는 거짓이므로, '$(\forall x)Px$'는 거짓이다. 따라서 전제의 전건이 거짓이므로 조건문 전체는 참이다. 그러나 'Pa → Qa'는 거짓이므로 결론 '$(\forall x)(Px \rightarrow Qx)$'는 거짓이다.

(라) 존재 양화사는 연언에 대해 분배되지만, 결합되지는 않는다.

$$(\exists x)(Px \,\&\, Qx) \;\; // \; (\exists x)Px \,\&\, (\exists x)Qx$$

증명

1. $(\exists x)(Px \,\&\, Qx)$	// $(\exists x)Px \,\&\, (\exists x)Qx$	
2. $Pa \,\&\, Qa$	1, ∃ 제거	
3. Pa	2, & 제거	
4. $(\exists x)Px$	3, ∃ 도입	
5. Qa	2, & 제거	
6. $(\exists x)Qx$	5, ∃ 도입	
7. $(\exists x)Px \,\&\, (\exists x)Qx$	4, 6, & 도입	

반대 방향의 추론은 부당하다.

$$(\exists x)Px \,\&\, (\exists x)Qx \;\; // \; (\exists x)(Px \,\&\, Qx)$$

다음의 반례가 성립한다.

$$D = \{a, e\}. \; I(P) = \{a\}. \; I(Q) = \{e\}.$$

위 모형세계에 따르면 'Pa'와 'Qe'는 참이다. 따라서 전제의 첫 번째 연언지와 두 번째 연언지 모두 참이다. 그렇지만 'Pa & Qa'도 거짓이고 또한 'Pe & Qe'도 거짓이기 때문에 결론은 거짓이다.

(마) 존재 양화사는 선언에 대해 분배되고 또한 결합된다.

    (a) (∃x)(Px ∨ Qx) // (∃x)Px ∨ (∃x)Qx

    (b) (∃x)Px ∨ (∃x)Qx // (∃x)(Px ∨ Qx)

(a)의 증명

    1. (∃x)(Px ∨ Qx) // (∃x)Px ∨ (∃x)Qx

    2. Pa ∨ Qa   1, ∃ 제거

    3. | Pa   가정

    4. | (∃x)Px   3, ∃ 도입

    5. | (∃x)Px ∨ (∃x)Qx   4, ∨ 도입

    6. | Qa   가정

    7. | (∃x)Qx   6, ∃ 도입

    8. | (∃x)Px ∨ (∃x)Qx   7, ∨ 도입

    9. (∃x)Px ∨ (∃x)Qx   2, 3-5, 6-8, 경우에 의한 논증

(b)의 증명

    1. (∃x)Px ∨ (∃x)Qx // (∃x)(Px ∨ Qx)

    2. | (∃x)Px   가정

    3. | Pa   2, ∃ 제거

    4. | Pa ∨ Qa   3, ∨ 도입

    5. | (∃x)(Px ∨ Qx)   4, ∃ 도입

    6. | (∃x)Qx   가정

    7. | Qb   6, ∃ 제거

    8. | Pb ∨ Qb   7, ∨ 도입

    9. | (∃x)(Px ∨ Qx)   8, ∃ 도입

    10. (∃x)(Px ∨ Qx)   1, 2-5, 6-9, 경우에 의한 논증

(바) 존재 양화사는 조건 기호에 대해 결합되지만, 분배되지는 않는다.

$$(\exists x)Px \rightarrow (\exists x)Qx \quad // \quad (\exists x)(Px \rightarrow Qx)$$

증명

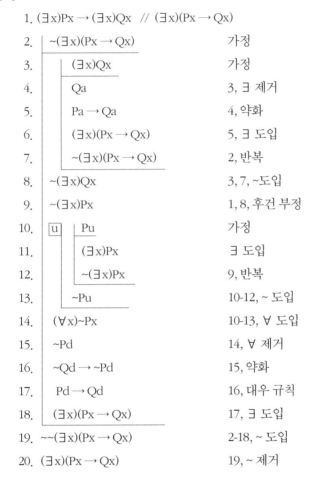

1. $(\exists x)Px \rightarrow (\exists x)Qx \quad // \quad (\exists x)(Px \rightarrow Qx)$

2. | $\sim(\exists x)(Px \rightarrow Qx)$ 가정

3. | | $(\exists x)Qx$ 가정

4. | | Qa 3, ∃ 제거

5. | | $Pa \rightarrow Qa$ 4, 약화

6. | | $(\exists x)(Px \rightarrow Qx)$ 5, ∃ 도입

7. | | $\sim(\exists x)(Px \rightarrow Qx)$ 2, 반복

8. | $\sim(\exists x)Qx$ 3, 7, ~도입

9. | $\sim(\exists x)Px$ 1, 8, 후건 부정

10. | u | Pu 가정

11. | | $(\exists x)Px$ ∃ 도입

12. | | $\sim(\exists x)Px$ 9, 반복

13. | $\sim Pu$ 10-12, ~ 도입

14. | $(\forall x)\sim Px$ 10-13, ∀ 도입

15. | $\sim Pd$ 14, ∀ 제거

16. | $\sim Qd \rightarrow \sim Pd$ 15, 약화

17. | $Pd \rightarrow Qd$ 16, 대우 규칙

18. | $(\exists x)(Px \rightarrow Qx)$ 17, ∃ 도입

19. $\sim\sim(\exists x)(Px \rightarrow Qx)$ 2-18, ~ 도입

20. $(\exists x)(Px \rightarrow Qx)$ 19, ~ 제거

반대 방향의 추론은 부당하다.

$$(\exists x)(Px \rightarrow Qx) \quad // \quad (\exists x)Px \rightarrow (\exists x)Qx$$

다음의 반례가 성립한다.

D = {a, e}. I(P) = {a}. I(Q) = ∅

이 모형세계에 따르면 'Pe → Qe'는 전건이 거짓이므로 참이다. 따라서 전제 '(∃x)(Px → Qx)'는 참이다. 그러나 'Pa'가 참이므로 결론의 전건 '(∃x)Px'은 참이지만, 'Qa'와 'Qe'가 둘 다 거짓이므로 후건 '(∃x)Qx'는 거짓이다.

12-6. 양화사와 관련된 두 가지 파생 규칙

(가) 존재 양화사의 부정 규칙 (~∃)

~(∃x)Fx   //   (∀x)~Fx

F의 속성을 갖는 대상이 존재하지 않는다는 사실로부터 우리는 모든 대상이 F라는 속성을 갖지 않음을 추론할 수 있다. 다시 말해 존재 양화사 앞에 부정 기호가 있을 때, 예컨대 '~(∃x)Fx'가 주어졌을 때, 부정 기호를 제거하고, 존재 양화사를 보편 양화사로 바꿔 주고, 그다음 부정 기호를 붙여서 얻게 되는 문장, 즉 '(∀x)~Fx'를 추론할 수 있다.

1. ~(∃x)Fx   //   (∀x)~Fx
2. ⊔ | Fu   가정
3. | (∃x)Fx   2, ∃ 도입
4. | ~(∃x)Fx   1 , 반복
5. | ~Fu   2-4, ~ 도입
6. (∀x)~Fx   2-5, ∀ 도입

234

(나) 보편 양화사의 부정 규칙 (~∀)

~(∀x)Fx　//　(∃x)~Fx

모든 대상이 F라는 속성을 갖고 있는 것은 아니라는 사실로부터 우리는 F라는 속성을 갖고 있지 않은 대상이 있음을 추론할 수 있다. 다시 말해 보편 양화사 앞에 부정 기호가 있을 때, 예컨대 '~(∀x)Fx'가 주어졌을 때, 부정 기호를 제거하고, 보편 양화사를 존재 양화사로 바꿔 주고, 그다음 부정 기호를 붙여서 얻게 되는 문장, 즉 '(∃x)~Fx'를 추론할 수 있다.

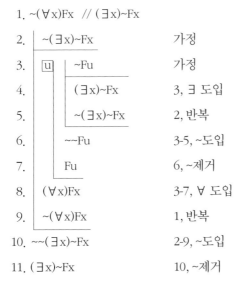

1.	~(∀x)Fx　//　(∃x)~Fx	
2.	~(∃x)~Fx	가정
3.	[u]　~Fu	가정
4.	(∃x)~Fx	3, ∃ 도입
5.	~(∃x)~Fx	2, 반복
6.	~~Fu	3-5, ~도입
7.	Fu	6, ~제거
8.	(∀x)Fx	3-7, ∀ 도입
9.	~(∀x)Fx	1, 반복
10.	~~(∃x)~Fx	2-9, ~도입
11.	(∃x)~Fx	10, ~제거

앞서 증명한 '존재 양화사는 조건 기호에 대하여 결합된다'는 사실을 위의 파생 규칙을 사용하여 증명해 보자.

1. $(\exists x)Px \rightarrow (\exists x)Qx$ // $(\exists x)(Px \rightarrow Qx)$

2.	$\sim(\exists x)(Px \rightarrow Qx)$	가정
3.	$(\forall x)\sim(Px \rightarrow Qx)$	2, $\sim\exists$
4.	$(\exists x)Qx$	가정
5.	Qa	4, $\exists$ 제거
6.	$\sim(Pa \rightarrow Qa)$	3, $\forall$ 제거
7.	Pa & $\sim$Qa	6, 조건문 규칙
8.	$\sim$Qa	7, & 제거
9.	$\sim(\exists x)Qx$	4-8, $\sim$도입
10.	$\sim(\exists x)Px$	1, 9, 후건 부정
11.	$(\forall x)\sim Px$	10, $\sim\exists$
12.	$\sim Pd$	11, $\forall$ 제거
13.	$\sim(Pd \rightarrow Qd)$	3, $\forall$ 제거
14.	Pd & $\sim$Qd	13, 조건문 규칙
15.	Pd	14, & 제거
16.	$\sim\sim(\exists x)(Px \rightarrow Qx)$	2-15, $\sim$도입
17.	$(\exists x)(Px \rightarrow Qx)$	16, $\sim$제거

이제 몇 가지 증명의 예들을 더 살펴보자.

(1) 착하면서 악당인 사람은 없다. 그러므로 모든 착한 사람은 악당이 아니다.

〔Nx : x는 착하다. Sx : x는 악당이다. Px : x는 사람이다.〕

1. ~(∃x)(Px & Nx & Sx) // (∀x)((Px & Nx) → ~Sx)

2. (∀x)~(Px & Nx & Sx)   1, ~∃

3. [u] | Pu & Nu   가정

4. | ~(Pu & Nu & Su)   2, ∀ 제거

5. | ~(Pu & Nu) ∨ ~Su   4, 드 모르간의 규칙

6. | ~Su   3, 5, ∨ 제거

7.   (Pu & Nu) → ~Su   3-6, → 도입

8. (∀x)((Px & Nx) → ~Sx)   3-7, ∀ 도입

(2) 모든 사람이 착하고, 너그러운 것은 아니다. 그러므로 착하지 않거나 너그럽지 않은 어떤 사람이 있다.

〔Px : x는 사람이다. Nx : x는 착하다. Gx : x는 너그럽다.〕

1. ~(∀x)(Px → (Nx & Gx)) // (∃x)(Px & (~Nx ∨ ~Gx))

2. (∃x)~(Px → (Nx & Gx))   1, ~∀

3. ~(Pa → (Na & Ga))   2, ∃ 제거

4. Pa & ~(Na & Ga)   3, 조건문 규칙

5. ~(Na & Ga)   4, & 제거

6. ~Na ∨ ~Ga   5, 드모르간의 규칙

7. Pa   4, & 제거

8. Pa & (~Na ∨ ~Ga)   6, 7, & 도입

9. (∃x)(Px & (~Nx ∨ ~Gx))   8, ∃ 도입

(3) 모든 사람이 착하고, 너그러운 것은 아니다. 그러므로 착하지 않은 사람이 있거나 또는 너그럽지 않은 사람이 있다.

1. ~(∀x)(Px → (Nx & Gx))   // (∃x)(Px & ~Nx) ∨ (∃x)(Px & ~Gx)

2. (∃x)~(Px → (Nx & Gx))   1, ~∀

3. ~(Pa → (Na & Ga))   2, ∃ 제거

4. Pa & ~(Na & Ga)   3, 조건문 규칙

5. ~(Na & Ga)   4, & 제거

6. ~Na ∨ ~Ga   5, 드 모르간의 규칙

7. | ~Na   가정

8. | Pa   4, & 제거

9. | Pa & ~Na   7, 8, & 도입

10. | (∃x)(Px & ~Nx)   9, ∃ 도입

11. | (∃x)(Px & ~Nx) ∨ (∃x)(Px & ~Gx)   10, ∨ 도입

12. | ~Ga   가정

13. | Pa   4, & 제거

14. | Pa & ~Ga   12, 13, & 도입

15. | (∃x)(Px & ~Gx)   14, ∃ 도입

16. | (∃x)(Px & ~Nx) ∨ (∃x)(Px & ~Gx)   15, ∨ 도입

17. (∃x)(Px & ~Nx) ∨ (∃x)(Px & ~Gx))   6, 7-11, 12-16,

                                        경우에 의한 논증

연습문제 E

(1) 위의 문제 (1)을 ~∃ 규칙을 사용하지 않고 증명하시오.

(2) 위의 문제 (2)를 ~∀ 규칙을 사용하지 않고 증명하시오.

(3) 위의 문제 (3)을 ~∀ 규칙을 사용하지 않고 증명하시오.

연습문제 F 다음 논증들을 자연 연역에 의해 증명하시오.

(1) ~(∃x)(Px ∨ Qx)   // (∀x)~Px & (∀x)~Qx

(2) ~(∀x)(Px & Qx) // (∃x)~Px ∨ (∃x)~Qx

(3) (∀x)Px // ~(∃x)~Px

(4) ~(∃x)~Px // (∀x)Px

12-7. 다중 양화 문장을 포함한 추론

이제 다중 양화 문장을 포함한 논증들의 예를 살펴보자.

(1) 모든 사람들은 각자가 영향을 주는 어떤 사람이 있다. 그 어느 사람
에게도 영향을 주지 않는 사람은 존재하지 않는다.

〔Px : x는 사람이다. Ixy : x는 y에게 영향을 준다.〕

1.	(∀x)(Px → (∃y)(Py & Ixy)) // ~(∃x)(Px & (∀y)(Py → ~Ixy))	
2.	(∃x)(Px & (∀y)(Py → ~Ixy))	가정
3.	Pa & (∀y)(Py → ~Iay)	2, ∃ 제거
4.	Pa → (∃y)(Py & Iay)	1, ∀ 제거
5.	Pa	3, & 제거
6.	(∃y)(Py & Iay)	4, 5, → 제거
7.	Pb & Iab	6, ∃ 제거
8.	(∀y)(Py → ~Iay)	3, & 제거
9.	Pb → ~Iab	8, ∀ 제거
10.	Pb	7, & 제거
11.	~Iab	9, 10, → 제거
12.	Iab	7, & 제거
13.	~(∃x)(Px & (∀y)(Py → ~Ixy))	2-12, ~ 도입

(2) 모든 사람은 어떤 사람에 의해 영향을 받는다. 그러므로 그 어느 사람에게도 영향을 주지 않는 사람은 존재하지 않는다.

$(\forall x)(Px \rightarrow (\exists y)(Py \& Iyx))$ // $\sim(\exists x)(Px \& (\forall y)(Py \rightarrow \sim Ixy))$

이 논증은 부당하다. 다음의 반례가 성립한다.

$D = \{a, e\}$. $I(P) = \{a, e\}$. $I(I) = \{\langle a, a \rangle, \langle a, e \rangle\}$.

이 모형세계에 의하면 논의 영역 속에 있는 모든 사람은 각각 영향을 주는 사람을 갖는다. 좀 더 구체적으로 말하면, 모든 사람은 아담에 의해서 영향을 받는다. 따라서 전제는 참이다. 그러나 이브는 누구에도 영향을 주지 않는다. 그러므로 그 어느 사람에게도 영향을 주지 않는 사람이 존재하므로 결론은 거짓이다.

(3) 모든 사람들이 좋아하는 정치인이 있다. 모든 정치인은 사람이다. 그러므로 자기 자신을 좋아하는 정치인이 있다.
〔Px : x는 정치인이다. Hx : x는 사람이다. Lxy : x는 y를 좋아한다.〕

1. $(\exists x)(Px \& (\forall y)(Hy \rightarrow Lyx))$
2. $(\forall x)(Px \rightarrow Hx)$ // $(\exists x)(Px \& Lxx)$
3. $Pa \& (\forall y)(Hy \rightarrow Lya)$ 1, ∃ 제거
4. $(\forall y)(Hy \rightarrow Lya)$ 3, & 제거
5. $Ha \rightarrow Laa$ 4, ∀ 제거
6. Pa 3, & 제거
7. $Pa \rightarrow Ha$ 2, ∀ 제거

8. Ha	6, 7, → 제거
9. Laa	5, 8, → 제거
10. Pa & Laa	6, 9, & 도입
11. (∃x)(Px & Lxx)	10, ∃ 도입

(4) 덴마크는 민주국가이다. 덴마크를 통치하는 여왕이 있다. 그러므로 여왕에 의해 통치되는 민주국가가 있다. 〔Dx : x는 민주국가이다. Qx : x는 여왕이다. Rxy : x는 y를 통치한다. d : 덴마크.〕

1. Dd	
2. (∃x)(Qx & Rxd) // (∃x)(∃y)(Dx & Qy & Ryx)	
3. Qa & Rad	2, ∃ 제거
4. Dd & Qa & Rad	1, 3, & 도입
5. (∃y)(Dd & Qy & Ryd)	4, ∃ 도입
6. (∃x)(∃y)(Dx & Qy & Ryx)	5, ∃ 도입

(5) 모든 사람이 모든 사람을 싫어하는 것은 아니다. 그러므로 어떤 사람을 싫어하지 않는 어떤 사람이 있다. 〔Dxy : x는 y를 싫어한다.〕

1. ~(∀x)(Px → (∀y)(Py → Dxy)) // (∃x)(∃y)(Px & Py & ~Dxy)	
2. (∃x)~(Px → (∀y)(Py → Dxy))	1, ~∀
3. ~(Pa → (∀y)(Py → Day))	2, ∃ 제거
4. Pa & ~(∀y)(Py → Day)	3, 조건문 규칙
5. ~(∀y)(Py → Day)	4, & 제거
6. (∃y)~(Py → Day)	5, ~∀

7. ~(Pb → Dab)	6, ∃ 제거
8. Pb & ~Dab	7, 조건문 규칙
9. Pa	4, & 제거
10. Pa & Pb & ~Dab	8, 9, & 도입
11. (∃y)(Pa & Py & ~Day)	10, ∃ 도입
12. (∃x)(∃y)(Px & Py & ~Dxy)	11, ∃ 도입

주목할 점

다음 두 진술들을 고려해 보자.

> (1) 모든 사람은 모든 사람을 싫어한다.(Everyone dislikes everyone.)
>
> (2) 모든 사람은 모든 사람을 싫어하지 않는다.(Everyone does not dislike everyone.)

'Px'는 'x는 사람이다'라는 일항술어이고, 'Dxy'가 'x는 y를 싫어한다'는 이항술어라고 할 때, (1)은 '(∀x)(Px → (∀y)(Py → Dxy))'로 기호화될 수 있다. 그렇다면 (2)는 어떻게 기호화될 수 있는가? 부정기호의 적용범위scope에 따라 다음 세 가지 가능성을 생각해 볼 수 있다.

> (a) ~(∀x)(Px → (∀y)(Py → Dxy))
>
> (b) (∀x)(Px → (∀y)(Py → ~Dxy))
>
> (c) (∀x)(Px → ~(∀y)(Py → Dxy))

여기서 (a)는 부정기호의 적용범위가 가장 넓은 경우이고, (b)는 가장 좁은 경우이고, (c)는 그 중간이다. 그렇다면 어떤 것이 옳은 기호화인가?

(a)를 일상 언어로 번역하면 '모든 사람이 모든 사람을 싫어하는 것은 아니다'이다. 그리고 (a)는 '(∃x)(Px & (∃y)(Py & ~Dxy))'와 동치이다. 따라서 (a)가 의미하는 바는 '누군가를 싫어하지 않는 사람이 있다'이다. (b)는 '~(∃x)(Px & (∃y)(Py & Dxy))'와 동치이다. 따라서 (b)가 의미하는 바는 '누군가를 싫어하는 사람은 없다'이다. 그리고 (c)는 '(∀x)(Px → (∃y)(Py & ~Dxy))'와 동치이다. 따라서 (c)가 의미하는 바는 '각 사람은 저마다 싫어하지 않는 어떤 사람이 있다'이다. (2)와 같은 일상 언어의 부정 문장은 부정 개념의 적용 범위를 어떻게 해석하느냐에 따라 (a)의 의미로 해석될 수도 있고, (b)의 의미로 해석될 수도 있고, (c)의 의미로 해석될 수도 있다. 이와 같이 다의적多義的인 문장이 사용된 상황에서 그것의 정확한 의미를 이해하려면 그것이 사용된 문맥을 잘 살펴봐야 한다.

또한 가능하면 사용자가 어떤 의미로 그 문장을 사용한 것인지를 물어봄으로써 그 문장의 애매성(曖昧性, ambiguity)을 제거해야 한다. 그리고 우리는 위와 같은 기호화를 통해서 (2)와 같은 부정문장의 애매성을 구분할 수 있다.

이제 (a), (b) 그리고 (c) 사이의 논리적 관계들에 대해 살펴보자. 첫 번째로 (b)와 (c) 사이의 논리적 관계에 대해 생각해보자. 먼저 (c)는 (b)를 논리적으로 함축하지 않는다. 다음 모형세계 M1을 고려해 보자.

D = {a, e}. I(P) = {a, e}. I(D) = {⟨a, a⟩, ⟨e, e⟩}.

앞서 언급한 바와 같이 (c)는 '(∀x)(Px → (∃y)(Py & ~Dxy))'와 동치이다. 그리고 M1에서 각 사람은 싫어하지 않는 어떤 사람이 있다. a는 e를 싫어하지 않고, e는 a를 싫어하지 않는다. 따라서 (c)는 M1에서 참이다. 그러나 (b)는 M1에서 거짓이다. 그 이유는 다음과 같다. 'Pa'는 M1에서 참이고,

'~Daa'는 M1에서 거짓이기 때문에 'Pa → ~Daa'는 M1에서 거짓이다. 그래서 보편양화문장 '(∀y)(Py →~Day))'는 M1에서 거짓이다. 따라서 'Pa → (∀y)(Py → ~Day)'는 M1에서 거짓이다. 결론적으로 보편양화문장 '(∀x)(Px → (∀y)(Py → ~Dxy))'는 M1에서 거짓이다.

반면에 (b)는 (c)를 논리적으로 함축한다. 그 증명은 다음과 같다.

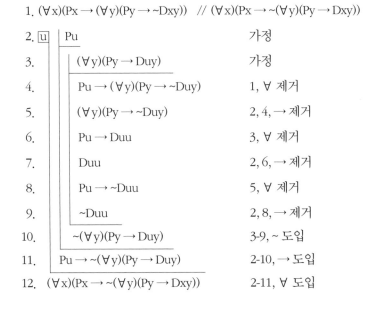

1. (∀x)(Px → (∀y)(Py → ~Dxy)) // (∀x)(Px → ~(∀y)(Py → Dxy))
2. ⊡ Pu   가정
3.   (∀y)(Py → Duy)   가정
4.   Pu → (∀y)(Py → ~Duy)   1, ∀ 제거
5.   (∀y)(Py → ~Duy)   2, 4, → 제거
6.   Pu → Duu   3, ∀ 제거
7.   Duu   2, 6, → 제거
8.   Pu → ~Duu   5, ∀ 제거
9.   ~Duu   2, 8, → 제거
10.   ~(∀y)(Py → Duy)   3-9, ~ 도입
11. Pu → ~(∀y)(Py → Duy)   2-10, → 도입
12. (∀x)(Px → ~(∀y)(Py → Dxy))   2-11, ∀ 도입

따라서 (b)는 (c)보다 논리적으로 강한 주장이다.

이번에는 (a)와 (b) 사이의 논리적 관계에 대해 살펴보자. 우선 (a)는 (b)를 논리적으로 함축하지 않는다. 앞서 고려했던 모형세계 M1은 이 사실을 잘 보여 준다.

D = {a, e}. I(P) = {a, e}. I(D) = {⟨a, a⟩, ⟨e, e⟩}.

앞서 언급한 바와 같이 (a)는 '(∃x)(Px & (∃y)(Py & ~Dxy))'와 동치이다. 그리고 M1에서 a와 e는 둘 다 사람이고, e는 a를 싫어하지 않으므로, (a)는 참이다. 또한 앞서 언급한 바와 같이 (b)의 의미는 '누군가를 싫어하는 사람은 없다'이다. 그런데 M1에서 a는 a를 싫어하므로, (b)는 거짓이다.

그리고 (b)도 (a)를 논리적으로 함축하지 않는다. 다음 모형세계 M2를 고려해 보자.

D = {a, e}. I(P) = ∅ . I(D) = {⟨a, a⟩, ⟨a, e⟩}.

M2에 사람이 존재하지 않으므로, (b)는 M2에서 사소하게 참이다. 또한 앞서 언급한 바와 같이 (a)는 '(∃x)(Px & (∃y)(Py & ~Dxy))'와 동치이고, M2에 사람이 존재하지 않으므로 (a)는 M2에서 거짓이다. 따라서 (a)와 (b)는 서로 논리적으로 독립적이다.

끝으로 (a)와 (c)사이의 논리적 관계는 무엇인가? 우선 (a)는 (c)를 논리적으로 함축하지 않는다. 다음 모형세계 M3을 고려해 보자.

D = {a, e}. I(P) = {a, e}. I(D) = {⟨a, a⟩, ⟨a, e⟩}.

앞서 언급한 바와 같이 (a)는 '(∃x)(Px & (∃y)(Py & ~Dxy))'와 동치이다. 그리고 M3에서 a와 e는 둘 다 사람이고, e는 a를 싫어하지 않으므로 (a)는 M3에서 참이다. 또한 앞서 언급한 바와 같이 (c)는 '(∀x)(Px → (∃y)(Py & ~Dxy))'와 동치이다. M3에서 a는 모든 사람을 싫어하므로 (c)는 거짓이다. 또한 (c)도 (a)를 논리적으로 함축하지 않는다. 앞서 살펴본 다음 모형세계 M2를 다시 고려해 보자.

D = {a, e}. I(P) = ∅ . I(D) = {⟨a, a⟩, ⟨a, e⟩}.

M2에는 사람이 존재하지 않으므로, (c)는 M2에서 사소하게 참이다. 또한 앞서 언급한 바와 같이 (a)는 '(∃x)(Px & (∃y)(Py & ~Dxy))'와 동치이고, M2에 사람이 존재하지 않으므로 (a)는 M2에서 거짓이다. 따라서 (a)와 (c)는 논리적으로 독립적이다.

앞서 언급했던 것처럼, '모든 사람은 모든 사람을 싫어하지 않는다'는 (a)로도 해석될 수 있고, (b)로도 해석될 수 있고, (c)로도 해석될 수 있다.

(a) ~(∀x)(Px → (∀y)(Py → Dxy))

(b) (∀x)(Px → (∀y)(Py → ~Dxy))

(c) (∀x)(Px → ~(∀y)(Py → Dxy))

그렇지만 앞서 증명했던 추론 (5)는 타당하지만, (5′)와 (5″)는 타당하지 않다.

(5) ~(∀x)(Px → (∀y)(Py → Dxy)) // (∃x)(Px & (∃y)(Py & ~Dxy))

(5′) (∀x)(Px → (∀y)(Py → ~Dxy)) // (∃x)(Px & (∃y)(Py & ~Dxy))

(5″) (∀x)(Px → ~(∀y)(Py → Dxy)) // (∃x)(Px & (∃y)(Py & ~Dxy))

(5′)와 (5″)는 둘 다 다음과 같은 반례를 허용한다.

D = {a, b}. I(P) = ∅ . I(D) = {⟨a, b⟩}.

이 모형세계에서 사람의 집합은 공집합이다. 따라서 (5′)의 전제는 사소한 의미에서 참이지만, 결론은 거짓이다. 마찬가지로 (5″)의 전제도 사소한 의미에서 참이지만, 결론은 거짓이다.

앞서 언급한 것처럼, (a), (b), (c) 모두가 '모든 사람은 모든 사람을 싫어하지 않는다'의 가능한 기호화임에도 불구하고, 왜 (5)는 타당한데 반해 (5′)와 (5″)는 부당한가? 그 이유는 (5′)와 (5″)가 위에서 언급한 종류의 반례를 허용하기 때문이다. 따라서 (5′)와 (5″)에 사람이 존재한다는 전제를 추가하면 우리는 타당한 추론을 얻을 수 있다. 다음은 각각의 증명이다.

1. $(\forall x)(Px \rightarrow (\forall y)(Py \rightarrow {\sim}Dxy))$
2. $(\exists x)Px$ // $(\exists x)(Px \& (\exists y)(Py \& {\sim}Dxy))$
3. Pa 2, ∃ 제거
4. $Pa \rightarrow (\forall y)(Py \rightarrow {\sim}Day)$ 1, ∀ 제거
5. $(\forall y)(Py \rightarrow {\sim}Day)$ 3, 4, → 제거
6. $Pa \rightarrow {\sim}Daa$ 5, ∀ 제거
7. ${\sim}Daa$ 3, 6, → 제거
8. $Pa \& {\sim}Daa$ 3, 7, &도입
9. $(\exists y)(Py \& {\sim}Day)$ 8, ∃ 도입
10. $Pa \& (\exists y)(Py \& {\sim}Day)$ 3, 9, & 도입
11. $(\exists x)(Px \& (\exists y)(Py \& {\sim}Dxy))$ 10, ∃ 도입

1. $(\forall x)(Px \rightarrow {\sim}(\forall y)(Py \rightarrow Dxy))$
2. $(\exists x)Px$ // $(\exists x)(Px \& (\exists y)(Py \& {\sim}Dxy))$
3. Pa 2, ∃ 제거
4. $Pa \rightarrow {\sim}(\forall y)(Py \rightarrow Day)$ 1, ∀ 제거

5. ~($\forall$y)(Py → Day)	3, 4, → 제거
6. ($\exists$y)~(Py → Day)	5, ~$\forall$
7. ~(Pb → Dab)	6, $\exists$ 제거
8. Pb & ~Dab	7, 조건문 규칙
9. ($\exists$y)(Py & ~Day)	8, $\exists$ 도입
10. Pa & ($\exists$y)(Py & ~Day)	3, 9, & 도입
11. ($\exists$x)(Px & ($\exists$y)(Py & ~Dxy))	10, $\exists$ 도입

12-8. 논리적 참, 논리적 모순 및 논리적 동치

술어 논리의 문장은 이것이 모든 모형세계에서 참이면 논리적 참이다. 또한 술어 논리의 문장은 이것이 모든 모형세계에서 거짓이면 논리적 모순이다. 그리고 앞서 11-2에서 지적한 바와 같이 술어 논리의 문장 X와 Y는 모든 모형세계에서 같은 진리값을 가지면 논리적 동치이다. 이 마지막 절에서 우리는 논리적 참, 논리적 모순 또는 논리적 동치를 자연 연역을 이용해 증명하는 방법에 대해 간략히 살펴볼 것이다.

우선, 우리는 술어논리의 진술 X가 논리적 참임을 그 어떤 전제를 이용함이 없이 자연 연역에 의해 X를 도출함으로써 보일 수 있다. 다음 예를 살펴보자.

($\forall$x)(Gx $\lor$ ~Gx)

우리는 위 진술을 아무런 전제를 이용함이 없이 다음과 같이 도출할 수 있다.

1.	u	~(Gu ∨ ~Gu)	가정
2.		~Gu & ~~Gu	1, 드 모르간의 규칙
3.		~Gu	2, & 제거
4.		~~Gu	2, & 제거
5.	Gu ∨ ~Gu		1-4, ~ 도입, ~ 제거
6. (∀x)(Gx ∨ ~Gx)			1-5, ∀ 도입

또한 우리는 ~X가 논리적 진리임을 보임으로써 X가 논리적 모순임을 보일 수 있다. 다음 예를 살펴보자.

(∀x)(Ax → Bx) & (∃x)(~Bx & (∀y)Ay)

우리는 위 문장의 부정을 다음과 같이 도출할 수 있다.

1.	(∀x)(Ax → Bx) & (∃x)(~Bx & (∀y)Ay)	가정
2.	(∀x)(Ax → Bx)	1, & 제거
3.	(∃x)(~Bx & (∀y)Ay)	1, & 제거
4.	~Ba & (∀y)Ay	2, ∃ 제거
5.	Aa → Ba	2, ∀ 제거
6.	~Ba	4, & 제거
7.	~Aa	5, 6 후건부정
8.	(∀y)Ay	4, & 제거
9.	Aa	8, ∀ 제거
10.	~((∀x)(Ax → Bx) & (∃x)(~Bx & (∀y)Ay))	1-9, ~ 도입

끝으로, 우리는 두 문장 X와 Y가 논리적 동치임을 'X → Y'와 'Y → X'가 논리적 참임을 보임으로써 증명할 수 있다. 예컨대 다음 두 문장들은 논리적 동치이다.

(1) $(\forall x)((Px \,\&\, Lxa) \rightarrow Lxe)$

(2) $(\forall x)(Px \rightarrow (Lxa \rightarrow Lxe))$

다시 말해 '$(\forall x)((Px \,\&\, Lxa) \rightarrow Lxe) \rightarrow (\forall x)(Px \rightarrow (Lxa \rightarrow Lxe))$'와 '$(\forall x)(Px \rightarrow (Lxa \rightarrow Lxe)) \rightarrow (\forall x)((Px \,\&\, Lxa) \rightarrow Lxe)$'는 둘 다 논리적 참이다. 우리는 이 사실을 다음 두 논증들의 타당성을 증명함으로써 보일 수 있다.

(1) → (2) :

1. $(\forall x)((Px \,\&\, Lxa) \rightarrow Lxe)$	// $(\forall x)(Px \rightarrow (Lxa \rightarrow Lxe))$	
2. u⃞ | Pu		가정
3. | | Lua		가정
4. | | $(Pu \,\&\, Lua) \rightarrow Lue$		1, $\forall$ 제거
5. | | Pu & Lua		2, 3, & 도입
6. | | Lue		4, 5, $\rightarrow$ 제거
7. | Lua → Lue		3-6, $\rightarrow$ 도입
8. | Pu → (Lua → Lue)		2-7, $\rightarrow$ 도입
9. $(\forall x)(Px \rightarrow (Lxa \rightarrow Lxe))$		2-8, $\forall$ 도입

$(2) \rightarrow (1)$:

1. $(\forall x)(Px \rightarrow (Lxa \rightarrow Lxe))$ // $(\forall x)((Px \& Lxa) \rightarrow Lxe)$

2. $\boxed{u}$	Pu & Lua	가정
3.	Pu	2, & 제거
4.	Lua	2, & 제거
5.	Pu $\rightarrow$ (Lua $\rightarrow$ Lue)	1, $\forall$ 제거
6.	Lua $\rightarrow$ Lue	3, 5, $\rightarrow$ 제거
7.	Lue	4, 6, $\rightarrow$ 제거
8.	(Pu & Lua) $\rightarrow$ Lue	2-7, $\rightarrow$ 도입
9. $(\forall x)((Px \& Lxa) \rightarrow Lxe)$		2-8, $\forall$ 도입

연습문제 G 다음 논증들을 기호화하고 그 타당성을 증명하시오.

(1) 어떤 질병은 의사라면 누구나 치료할 수 있는 것이다. 그러므로 모든 의사는 저마다 치료할 수 있는 어떤 질병이 있다. 〔Dx : x는 질병이다. Cxy : x는 y를 치료할 수 있다. Px : x는 의사이다.〕

(2) 모든 현대차는 한국차이다. 그러므로 현대차를 소유한 사람은 누구나 한국차를 소유한다. 〔Hx : x는 현대차이다. Kx : x는 한국차이다. Pxy : x는 y를 소유한다. Mx : x는 사람이다.〕

(3) 각 사람은 누군가에 의해서 미움을 받는다. 그러므로 누구에 의해서도 미움을 받지 않는 사람은 없다. 〔Px : x는 사람이다. Hxy : x는 y를 미워한다.〕

(4) 누구에 의해서도 미움을 받지 않는 사람은 없다. 그러므로 각 사람은 누군가에 의해 미움을 받는다. 〔Px : x는 사람이다. Hxy : x는 y를 미워한다.〕

(5) 모든 포유류가 육식동물인 것은 아니다. 냉혈동물인 포유류는 없다. 그러므로 어떤 포유류는 육식동물도 아니고 냉혈동물도 아니다. 〔Mx : x는 포유류이다. Fx : x는 육식 동물이다. Cx : x는 냉혈동물이다.〕

(6) 영희는 여학생이다. 영희는 서울에 사는 그 어떤 학생보다도 키가 크다. 영희는 그녀 자신보다 크지 않다. 따라서 영희는 서울에 살지 않는다. 〔Sx : x는 학생이다. Fx : x는 여성이다. Lx : x는 서울에 산다. Txy : x는 y보다 키가 크다. o : 영희.〕

연습문제 H 다음 논증들을 기호화하시오. 그리고 이 논증들이 타당하면 그 타당성을 증명하고, 부당하면 부당성을 보여 주는 모형세계를 제시하시오.

(1) 모든 사람이 이브를 사랑한다는 것은 사실이 아니다. 그러므로 모든 사람은 이브를 사랑하지 않는다. 〔Px : x는 사람이다. Lxy : x는 y를 사랑한다.〕

(2) 화가라면 누구든지 모두 그릴 수 있는 어떤 그림이 있다. 따라서 모든 화가는 그릴 수 있는 그림이 각자 적어도 하나는 있다. 〔Ax : x는 그림이다. Px : x는 화가이다. Dxy : x는 y를 그릴 수 있다.〕

(3) 모든 화가는 그릴 수 있는 그림이 각자 적어도 하나는 있다. 따라서 화가라면 누구든지 모두 그릴 수 있는 어떤 그림이 있다. 〔Ax :x는 그림이다. Px :x는 화가이다. Dxy :x는 y를 그릴 수 있다.〕

(4) 금발인 사람이 있다. 흑발인 사람이 있다. 금발인 사람은 모두 누군가에 의

해 사랑을 받는다. 그러므로 흑발이면서 누군가에게 사랑을 받는 사람이 있다. 〔Ax : x는 흑발이다. Bx : x는 금발이다. Px : x는 사람이다. Lxy : x는 y를 사랑한다.〕

(5) 모든 고양이를 싫어하는 논리학자는 없다. 그러므로 모든 고양이마다 그 고양이를 싫어하지 않는 논리학자가 있다. 〔Cx : x는 고양이다. Lx : x는 논리학자이다. Dxy : x는 y를 싫어한다.〕

(6) 오직 아담을 사랑하는 사람들만이 이브를 사랑한다. 그러므로 이브를 사랑하는 모든 사람들이 아담을 사랑한다. 〔Px : x는 사람이다. Lxy : x는 y를 사랑한다.〕

(7) 이브를 사랑하는 모든 사람들은 아담을 사랑한다. 그러므로 오직 아담을 사랑하는 사람들만이 이브를 사랑한다. 〔Px : x는 사람이다. Lxy : x는 y를 사랑한다.〕

연습문제 I 다음 진술들이 논리적 참임을 자연 연역에 의해 증명하시오.

(1) $(\forall x)(\forall y)Lxy \rightarrow (\exists x)(\exists y)Lxy$

(2) $(\forall x)(\exists y)(Ax \& By) \rightarrow (\exists x)(Ax \& Bx)$

(3) $(\exists y)(Ky \& (\forall x)(Dx \rightarrow Rxy)) \rightarrow (\forall x)(Dx \rightarrow (\exists y)(Ky \& Rxy))$

(4) $(\exists y)(\exists z)(\forall x)(Rxy \rightarrow Rxz)$

연습문제 J 다음 진술들이 논리적 모순임을 자연 연역에 의해 증명하시오.

(1) $(\forall x)(Rxb \rightarrow {\sim}Rxb) \& (\exists x)Rxb$

(2) $(\forall x)(\exists y)(\forall w)(\exists z)(Lxw \& {\sim}Lyz)$

(3) $(\forall x)((\forall y)Lxy \& (\exists y){\sim}Lyx)$

신입사원 채용지침과 지원자의 성적은 다음과 같다. 이에 따라 선발될 수 있는 사람들은 누구인가?

ㄱ. 모든 조건에 우선하여 어학 성적이 90점 이상인 어학 우수자를 최소한 한 명은 선발해야 한다.

ㄴ. 최대 3명까지만 선발할 수 있다.

ㄷ. A를 선발할 경우 D를 같이 선발해야 한다.

ㄹ. A를 선발할 수 없는 경우 C도 F도 선발할 수 없다.

ㅁ. D를 선발할 경우 B를 선발해야 하지만 C는 선발할 수 없다.

ㅂ. B를 선발하면 F를 선발해야 한다.

ㅅ. 합격한 사람이 불합격한 사람보다 학업성적이 나쁘면 안 된다.

ㅇ. 어느 점수든 70점 미만이 있으면 선발할 수 없다.

지원자	어학성적	학업성적	적성
A	95	90	80
B	80	90	75
C	80	80	75
D	70	95	75
E	95	95	90
F	85	90	70
G	85	85	65

(1) A, B, D.   (2) A, D, G.   (3) B, D, F.   (4) D, E.   (5) E.

13

동일성 문장과
확정 기술어구

Logical Inference and Proof Techniques

13-1. 동일성 문장

다음 두 문장들을 살펴보자.

(1) 마크 트웨인은 소설가이다.
(2) 마크 트웨인은 새뮤얼 클레먼스이다.

이 두 문장은 논리적으로 다르다. (1)에서 '이다'라는 표현은 'x는 소설가이다'라는 일항 술어의 일부이다. 반면 (2)에서 '이다'는 동일성을 표현하는 관계 술어이다. 다시 말해 문장 (1)은 'x는 소설가이다'라는 일항 술어와 이름 '마크 트웨인'으로 구성된 문장이지만, 문장 (2)는 '마크 트웨인'과 '새뮤얼 클레먼스'라는 두 이름들과 '동일하다'라는 이항 술어로 구성된 동일성 문장이다. '동일하다'는 이항 술어는 수학에서 '=' 기호를 사용하여 표현된다. 예컨대 '2 + 2 = 4.' 따라서 우리는 이 수학 기호를 이용하여 문장 (2)를 다음과 같이 표현할 수 있다.

마크 트웨인 = 새뮤얼 클레먼스.

그렇다면 술어의 일부로서의 '이다'('is' as predication)와 동일성의 표현으로서의 '이다'('is' as identity)를 어떻게 구분할 수 있는가?

(a) '이다'라는 표현을 '…과 동일한 대상이다'라는 표현으로 대체할 때, 주어진 문장의 의미가 보존되면, 동일성을 뜻하는 '이다'이다. 예컨대 '마크 트웨인은 새뮤얼 클레먼스와 동일한 대상이다.'

(b) '이다'의 앞에 나오는 두 이름의 순서를 바꿨을 경우에도 주어진 문장의 의미가 보존되면, 동일성을 뜻하는 '이다'이다. 예컨대 '새뮤얼 클레먼스는 마크 트웨인이다.'

이제 동일성 술어를 포함하는 논증의 예를 살펴보자.

마크 트웨인은 새뮤얼 클레먼스이다. 마크 트웨인은 소설가이다. 그러므로 새뮤얼 클레먼스는 소설가이다.

위 논증의 타당성은 동일성 술어로서의 '이다'에 의존한다. 이 장에서는 위 논증처럼 동일성 술어를 포함하는 논증의 타당성을 증명하는 방법을 다룰 것이다. 그리고 우리는 수학 기호 '='을 이용해 동일성 술어로서의 '이다'를 표현할 것이다. 또한 앞서 공부한 술어 논리의 기호체계에 이 동일성 기호를 추가하여 우리의 기호체계를 확장할 것이다.

's'와 't'를 임의의 이름 또는 변항이라고 하자. 그러면 '$s = t$'는 적형식이다. 어떤 의미에서 '$x = y$'는 이름을 두 개 취하여 문장이 되는 이항 술어이고, 따라서 엄밀하게 표현하면, '$= xy$'라고 표기해야 하지만, 수학에서 사용하는 관례에 따라서 'x = y'라고 표기할 것이다. 그리고 다른 술어들과 달리, 이것은 고정된 해석을 갖는다. 즉 항상 동일성을 표현하는 것으로 사용된다. 이 새로운 동일성 기호를 포함한 술어 논리는 이제까지 공부한 술어 논리를 다소 확장한 체계이기 때문에, 우리는 이것을 '동일성을 포함한 술어 논리'predicate logic with identity라고 부를 것이다.

(1) 술어 논리의 문장 형성 규칙에 다음 규칙을 추가한다.
 's'와 't'가 이름 또는 변항이면, 's = t'는 적형식이다.

(2) 술어 논리의 의미론에 다음을 추가한다.
 's = t'는 모형세계 M에서 참이다 $=_{df}$ s와 t는 모형세계 M에서 동일한 대상을 지칭한다.

동일성 문장 's = t'의 부정문은 '~(s = t)'이다. 그렇지만 우리는 편의상 's ≠ t'라는 약어를 사용할 것이다.

기호화 연습

(1) 아름다운 것이 최소한 하나 존재한다.
 (∃x)Bx
 〔Bx : x는 아름답다.〕

(2) 아름다운 것은 기껏해야 하나 존재한다.
 (∀x)(∀y)((Bx & By) → x = y)

(3) 아름다운 것은 단지 하나만 존재한다.

$(\exists x)(Bx \& (\forall y)(By \rightarrow x = y))$

(4) F라는 속성을 지닌 대상들이 최소한 두 개 존재한다.

$(\exists x)(\exists y)(Fx \& Fy \& x \neq y)$

(5) F라는 속성을 지닌 대상들은 기껏해야 두 개 존재한다.

$(\forall x)(\forall y)(\forall z)((Fx \& Fy \& Fz) \rightarrow (x = y \lor y = z \lor z = x))$

(6) F라는 속성을 지닌 대상들은 정확히 두 개 존재한다.

$(\exists x)(\exists y)(Fx \& Fy \& x \neq y \& (\forall z)(Fz \rightarrow (z = x \lor z = y)))$

(7) 아담 자신을 제외한 모든 사람은 아담을 사랑한다.

$(\forall x)((Px \& x \neq a) \rightarrow Lxa) \& {\sim}Laa$

(8) 오직 아담만이 이브를 사랑한다.

$Lae \& (\forall x)(Lxe \rightarrow x = a)$ 또는 $(\forall x)(Lxe \leftrightarrow x = a)$

(9) 아담은 우리 반에서 가장 키가 크다.

$(\forall x)((Cx \& x \neq a) \rightarrow Tax)$

〔Cx : x는 우리 반에 속한다. Txy : x는 y보다 크다.〕

(10) 길수는 영자의 유일한 아들이다.

$Sgo \& (\forall x)(Sxo \rightarrow x = g)$ 또는 $(\forall x)(Sxo \leftrightarrow x = g)$

〔Sxy : x는 y의 아들이다. g : 길수. o : 영자.〕

(1) 최소한 세 명의 배우가 있다.

(2) 정확히 세 명의 배우가 있다.

(3) 기껏해야 세 명의 배우가 있다.

(4) 최소한 세 사람이 아담을 사랑한다.

(5) 혜영은 우리 반의 유일한 여학생이다.

(6) 단지 이브만이 아담보다 똑똑하다.

(7) 길수의 유일한 개는 진돗개이다.

(8) 모든 사람은 단지 한 명의 외할머니를 갖는다.

(9) 어느 누구도 세 명 또는 그 이상의 부모를 갖지 않는다.

(10) 점보는 가장 큰 코끼리이다. 〔Ex : x는 코끼리이다. Lxy : x는 y보다 크다. j : 점보.〕

13-2. 동일성에 관한 추론 규칙

(가) 동일성 도입 (= 도입)

임의의 이름 또는 변항 's'에 대하여, 증명의 어떤 단계에서든 다음 동일성 문장(또는 적형식)을 도입할 수 있다.

$$s = s \ (= 도입)$$

모든 것은 그 자체와 동일하므로 's = s'는 명백히 참이고, 따라서 추론의 어떤 단계에서든 필요에 따라 도입할 수 있다. 또한 = 도입은 다른 추론 규칙들과 달리 아무런 전제에 의존함이 없이 도입된다.

(나) 동일성 제거 (= 제거)

$$\frac{\begin{array}{c} s = t \\ P(s) \end{array}}{P(t)} \qquad \frac{\begin{array}{c} s = t \\ P(t) \end{array}}{P(s)}$$

두 대상 s와 t가 동일한 대상이고, 그리고 s가 P라는 속성을 갖는다면, 우리는 t가 P라는 속성을 갖는다는 것을 추론할 수 있다. 마찬가지로, 두 대상 s와 t가 동일한 대상이고, 그리고 t가 P라는 속성을 갖는다면, 우리는 s가 P라는 속성을 갖는다는 것을 추론할 수 있다.

정의 R은 재귀적reflexive이다 $=_{df}$ $(\forall x)Rxx$

R은 대칭적symmetric이다 $=_{df}$ $(\forall x)(\forall y)(Rxy \to Ryx)$

R은 이행적transitive이다 $=_{df}$ $(\forall x)(\forall y)(\forall z)((Rxy \,\&\, Ryz) \to Rxz)$

R은 동치 관계equivalence relation이다 $=_{df}$ R은 재귀적, 대칭적, 그리고 이행적이다.

동일성 관계는 동치 관계이다.

증명

 (1) 동일성 관계는 재귀적이다.

  1. $\boxed{u}$ $u = u$ = 도입

  2. $(\forall x)(x = x)$ 1, $\forall$ 도입

(2) 동일성 관계는 대칭적이다.

$$
\begin{array}{lll}
1. \boxed{u}\ \boxed{w}\ \ u = w & \text{가정} \\
2. \qquad\quad u = u & \text{= 도입} \\
3. \qquad\quad w = u & 1, 2, \text{ = 제거} \\
4. \qquad u = w \rightarrow w = u & 1, 3, \rightarrow \text{도입} \\
5. \quad (\forall y)(u = y \rightarrow y = u) & \text{1-4, } \forall \text{ 도입} \\
6. \ (\forall x)(\forall y)(x = y \rightarrow y = x) & \text{1-5, } \forall \text{ 도입}
\end{array}
$$

위 증명에서 단계 3이 어떻게 도출되는지 살펴보자. 먼저 우리는 단계 2, 즉 'u = u'라는 동일성 진술을 대상 u가 'u와 동일함'(being identical with u)이라는 속성을 갖고 있는 것으로 해석할 수 있다. 따라서 우리는 단계 1로부터 u와 w가 동일함을 알고 있고, 또한 u가 'u와 동일함'이라는 속성을 갖고 있음을 알고 있으므로, 동일성 제거 규칙(= 제거)에 의해서 w 또한 'u와 동일함'이라는 속성을 갖고 있음을 추론할 수 있다.

(3) 동일성 관계는 이행적이다.

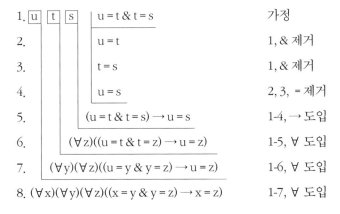

$$
\begin{array}{lll}
1. \boxed{u}\ \boxed{t}\ \boxed{s}\ \ u = t\ \&\ t = s & \text{가정} \\
2. \qquad\qquad u = t & 1, \& \text{ 제거} \\
3. \qquad\qquad t = s & 1, \& \text{ 제거} \\
4. \qquad\qquad u = s & 2, 3, \text{ = 제거} \\
5. \qquad (u = t\ \&\ t = s) \rightarrow u = s & \text{1-4, } \rightarrow \text{도입} \\
6. \quad (\forall z)((u = t\ \&\ t = z) \rightarrow u = z) & \text{1-5, } \forall \text{ 도입} \\
7. \ (\forall y)(\forall z)((u = y\ \&\ y = z) \rightarrow u = z) & \text{1-6, } \forall \text{ 도입} \\
8. (\forall x)(\forall y)(\forall z)((x = y\ \&\ y = z) \rightarrow x = z) & \text{1-7, } \forall \text{ 도입}
\end{array}
$$

(2)의 경우와 마찬가지로, 위의 증명에서 단계 4는, u와 t가 동일하고 또한 t가 's와 동일함'이라는 속성을 갖고 있으므로, 단계 2와 단계 3으로부터 동일성 제거 규칙에 의해 도출된다.

임의의 술어 'F'에 대하여 '$(\forall x)(\forall y)(x = y \rightarrow (Fx \leftrightarrow Fy))$' 는 논리적으로 참이다.

(동일자의 불구별성 원리 : the principle of the indiscernibility of identicals.)

증명

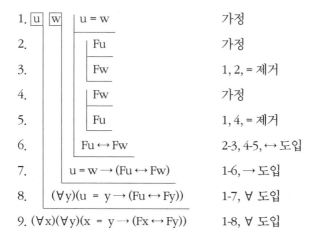

1. u w $u = w$ 가정
2.   Fu   가정
3.   Fw   1, 2, = 제거
4.   Fw   가정
5.   Fu   1, 4, = 제거
6.   Fu $\leftrightarrow$ Fw   2-3, 4-5, $\leftrightarrow$ 도입
7. $u = w \rightarrow (Fu \leftrightarrow Fw)$ 1-6, $\rightarrow$ 도입
8. $(\forall y)(u = y \rightarrow (Fu \leftrightarrow Fy))$ 1-7, $\forall$ 도입
9. $(\forall x)(\forall y)(x = y \rightarrow (Fx \leftrightarrow Fy))$ 1-8, $\forall$ 도입

유일한 신이 존재한다는 일신론monotheism은 기호로 어떻게 표현될 수 있는가?

(1) 적어도 하나의 신이 존재한다.

    $(\exists x)Gx$

(2) 기껏해야 하나의 신이 존재한다.

$(\forall x)(\forall y)((Gx \,\&\, Gy) \rightarrow x = y)$

(1)과 (2)를 결합하면, 일원론의 주장이 된다.

(3) $(\exists x)Gx \,\&\, (\forall x)(\forall y)((Gx \,\&\, Gy) \rightarrow x = y)$

그리고 이를 보다 자연스럽게 표현하면 다음과 같다.

(4) $(\exists x)(Gx \,\&\, (\forall y)(Gy \rightarrow x = y))$

(3)과 (4)는 논리적으로 동치이기 때문에 어떤 것을 사용해도 상관없다.

증명 : (3) → (4)

1. $(\exists x)Gx \,\&\, (\forall x)(\forall y)((Gx \,\&\, Gy) \rightarrow x = y)$ // $(\exists x)(Gx \,\&\, (\forall y)(Gy \rightarrow x = y))$

2. $(\exists x)Gx$ 1, & 제거

3. $(\forall x)(\forall y)((Gx \,\&\, Gy) \rightarrow x = y)$ 1, & 제거

4. Ga 2, ∃ 제거

5. $(\forall y)((Ga \,\&\, Gy) \rightarrow a = y)$ 3, ∀ 제거

6. u Gu 가정

7. $(Ga \,\&\, Gu) \rightarrow a = u$ 5, ∀ 제거

8. $Ga \,\&\, Gu$ 4, 6, & 도입

9. $a = u$ 7, 8, → 제거

10. $Gu \rightarrow a = u$ 6-9, → 도입

11. $(\forall y)(Gy \rightarrow a = y)$ 6-10, ∀ 도입

12. $Ga \,\&\, (\forall y)(Gy \rightarrow a = y)$ 4, 11, & 도입

13. $(\exists x)(Gx \,\&\, (\forall y)(Gy \rightarrow x = y))$ 2, ∃ 도입

증명 : (4) → (3)

$(\exists x)(Gx \& (\forall y)(Gy \rightarrow x = y))$ $// (\exists x)Gx \& (\forall x)(\forall y)((Gx \& Gy) \rightarrow x = y)$

연습문제 B (4) → (3) 을 증명하시오.

이제 앞서 언급했던 '오직 아담만이 이브를 사랑한다'라는 문장의 두 가지 가능한 기호화가 논리적으로 동치임을 증명해 보자.

> (1) Lae & $(\forall x)(Lxe \rightarrow x = a)$
>
> (2) $(\forall x)(Lxe \leftrightarrow x = a)$

증명

$(\rightarrow)$

1. Lae & $(\forall x)(Lxe \rightarrow x = a)$ $// (\forall x)(Lxe \leftrightarrow x = a)$		
2. Lae	1, & 제거	
3. $(\forall x)(Lxe \rightarrow x = a)$	1, & 제거	
4. $\boxed{u}$ Lue	가정	
5. Lue $\rightarrow$ u = a	3, $\forall$ 제거	
6. u = a	4, 5, $\rightarrow$ 제거	
7. u = a	가정	
8. Lue	2, 7, = 제거	
9. Lue $\leftrightarrow$ u = a	4-6, 7-8, $\leftrightarrow$ 도입	
10. $(\forall x)(Lxe \leftrightarrow x = a)$	4-9, $\forall$ 도입	

여기서 왜 단계 8이 성립하는지 살펴보자. 단계 7에서 'u = a'이고 단계 2에서 'Lae'가 성립한다. 즉 u와 a는 동일하고, a는 e와 L 관계에 있으므로, = 제거에 의해 u가 e와 L 관계에 있음을 추론할 수 있다.

($\longleftarrow$)

1. $(\forall x)(Lxe \leftrightarrow x = a)$ // Lae & $(\forall x)(Lxe \rightarrow x = a)$

2. $Lae \leftrightarrow a = a$ 1, $\forall$ 제거

3. $a = a$ = 도입

4. Lae 2, 3, $\leftrightarrow$ 제거

5. $\boxed{u}$ Lue 가정

6. $Lue \leftrightarrow u = a$ 1, $\forall$ 제거

7. $u = a$ 5, 6, $\leftrightarrow$ 제거

8. $Lue \rightarrow u = a$ 5-7, $\rightarrow$ 도입

9. $(\forall x)(Lxe \rightarrow x = a)$ 5-8, $\forall$ 도입

10. $Lae \, \& \, (\forall x)(Lxe \rightarrow x = a)$ 4, 9, & 도입

이제 동일성에 관한 추론 규칙들을 사용해야 하는 논증을 살펴보자.

그 과의 어떤 학생은 여학생이다. 영준은 그 과의 모든 여학생을 사랑한다. 영준은 기껏해야 그 과의 한 학생을 사랑한다. 그러므로 영준이 사랑하는 그과의 모든 학생은 여학생이다.

위 논증의 증명은 다음과 같다. 〔Sx : x는 그 과의 학생이다. Fx : x는 여학생이다. Lxy : x는 y를 사랑한다. o : 영준.〕

1. $(\exists x)(Sx \& Fx)$

2. $(\forall x)((Sx \& Fx) \rightarrow Lox)$

3. $(\forall x)(\forall y)((Sx \& Lox \& Sy \& Loy) \rightarrow x = y)$ // $(\forall x)((Sx \& Lox) \rightarrow Fx)$

4. $\boxed{u}$	Su & Lou	가정
5.	Sd & Fd	1, ∃ 제거
6.	(Sd & Fd) → Lod	2, ∀ 제거
7.	Lod	5, 6, → 제거
8.	$(\forall y)((Su \& Lou \& Sy \& Loy) \rightarrow u = y)$	3, ∀ 제거
9.	(Su & Lou & Sd & Lod) → u = d	8, ∀ 제거
10.	Sd	5, & 제거
11.	Sd & Lod	10, 7, & 도입
12.	Su & Lou & Sd & Lod	4, 11, & 도입
13.	u = d	9, 12, → 제거
14.	Fd	5, & 제거
15.	Fu	13, 14, = 제거
16.	(Su & Lou) → Fu	4-15, → 도입
17. $(\forall x)((Sx \& Lox) \rightarrow Fx)$		4-16, ∀ 도입

한 가지 논증을 더 증명해 보자.

기용과 남중을 제외한 어떤 남자도 그 모임에 참석하지 않았다. 그 모임에 참석했던 사람들 중 오직 남자들만이 담배를 피웠다. 기용은 담배를 피우지 않았다. 그러므로 그 모임에 참석했던 사람들 중 기껏해야 한 사람만이 담배를 피웠다.

〔g : 기용. n : 남중. Mx : x는 남자이다. Ax : x는 그 모임에 참석했다. Sx : x는 담배를 피웠다.〕

1. $(\forall x)((Mx \ \& \ x \neq g \ \& \ x \neq n) \rightarrow \sim Ax)$

2. $(\forall x)((Ax \ \& \ Sx) \rightarrow Mx)$

3. $\sim Sg \quad // \ (\forall x)(\forall y)((Ax \ \& \ Sx \ \& \ Ay \ \& \ Sy) \rightarrow x = y)$

4.	u	w	Au & Su & Aw & Sw	가정
5.			$(Mu \ \& \ u \neq g \ \& \ u \neq n) \rightarrow \sim Au$	1, $\forall$ 제거
6.			Au	4, & 제거
7.			$\sim(Mu \ \& \ u \neq g \ \& \ u \neq n)$	5, 6, 후건 부정
8.			$\sim Mu \lor \sim(u \neq g \ \& \ u \neq n)$	7, 드 모르간의 규칙
9.			$(Au \ \& \ Su) \rightarrow Mu$	2, $\forall$ 제거
10.			Au & Su	4, & 제거
11.			Mu	9, 10, $\rightarrow$ 제거
12.			$\sim(u \neq g \ \& \ u \neq n)$	8, 11, $\lor$ 제거
13.			$u = g \lor u = n$	12, 드모르간의 규칙, $\sim$ 제거
14.			$u = g$	가정
15.			Su	4, & 제거
16.			Sg	14, 15, = 제거
17.			$\sim Sg$	3, 반복
18.			$u \neq g$	14-17, $\sim$ 도입
19.			$u = n$	13, 18, $\lor$ 제거
20.			$(Mw \ \& \ w \neq g \ \& \ w \neq n) \rightarrow \sim Aw$	1, $\forall$ 제거
21			Aw	4, & 제거
22.			$\sim(Mw \ \& \ w \neq g \ \& \ w \neq n)$	20, 21, 후건 부정
23.			$\sim Mw \lor \sim(w \neq g \ \& \ w \neq n)$	22, 드 모르간의 규칙
24.			$(Aw \ \& \ Sw) \rightarrow Mw$	2, $\forall$ 제거
25.			Aw & Sw	4, & 제거

26.	Mw	24, 25, → 제거
27.	~(w ≠ g & w ≠ n)	23, 26, ∨ 제거
28.	w = g ∨ w = n	27, 드모르간의 규칙, ~ 제거
29.	w = g	가정
30.	Sw	4, & 제거
31.	Sg	29, 30, = 제거
32.	~Sg	3, 반복
33.	w ≠ g	29-32, ~ 도입
34.	w = n	28, 33, ∨ 제거
35.	u = w	19, 34, = 제거
36.	(Au & Su & Aw & Sw) → u = w	4-35, → 도입
37.	(∀y)((Au & Su & Ay & Sy) → u = y)	4-36, ∀ 도입
38.	(∀x)(∀y)((Ax & Sx & Ay & Sy) → x = y)	4-37, ∀ 도입

연습문제 C 다음 논증들을 증명하시오.

(1) $(\forall x)(x \neq a \rightarrow Lxe)$ & ~Lae // $(\forall x)(x \neq a \leftrightarrow Lxe)$

(2) $(\forall x)(x \neq a \leftrightarrow Lxe)$ // $(\forall x)(x \neq a \rightarrow Lxe)$ & ~Lae

(3) $(\forall x)(\sim Gx \rightarrow x \neq c)$ // Gc

(4) Pe // $\sim(\exists x)\sim(x = e \rightarrow Px)$

(5) $\sim(\forall x)(\sim Px \lor x \neq g)$ // Pg

(6) $(\forall x)(x = a \rightarrow Px)$

   $(\forall x)(Px \rightarrow Pg)$ // Pg

(7) $f = g$ // $(\forall x)(f = x \leftrightarrow g = x)$

(8) $(\exists x)(\forall y)(x = y)$ // $(\exists x)Hx \rightarrow (\forall x)Hx$

(9) $\sim(\exists x)(\forall y)\sim Rxy$

   $\sim(\exists x)Rxx$ // $\sim(\forall x)(\forall y)(x = y)$

(10) $(\exists x)Kx$

   $\sim(\exists x)(\exists y)(Kx \& Ky \& x \neq y)$ // $(\exists x)(Kx \& \sim(\exists y)(Ky \& x \neq y))$

(11) $\sim(\forall x)(\exists y)(x \neq y)$ // $(\exists x)Kx \rightarrow (\forall x)Kx$

(12) $(\forall x)(Px \rightarrow (\exists y)(Py \& Lxy))$

   $(\forall x)(Px \rightarrow \sim Lxx)$

   $(\exists x)Px$ // $(\exists x)(\exists y)(Px \& Py \& x \neq y)$

(13) $(\exists y)(\forall x)(Kx \leftrightarrow x = y)$ // $(\forall x)(Kx \rightarrow Mx) \leftrightarrow (\exists x)(Kx \& Mx)$

(14) 오직 수연과 길수만이 그 금고의 비밀번호를 안다. 그 금고의 비밀번호를 아는 어떤 사람이 그 금고 속의 서류를 훔쳤다. 그러므로 수연 또는 길수가 그 서류를 훔쳤다.

   〔Px : x는 사람이다. Kx : x는 그 금고의 비밀번호를 안다. Sx : x는 그 금고 속의 서류를 훔쳤다. s : 수연. g : 길수.〕

13-2. 확정 기술어구

확정 기술어구definite description는 '현재의 한국 대통령', '지구의 중력 중심', '현재의 영국 여왕', '햄릿의 저자'와 같은 표현을 가리킨다. 확정 기술어구는 단지 하나의 대상을 지칭한다는 점에서는 이름과 같지만, 이름과 달리 오직 하나의 대상만이 만족시키는 조건을 기술함으로써 하나의 대상을 지칭한다. 예컨대 '셰익스피어'라는 이름은 직접적으로 그 이름의 의미인 한 개인, 즉 셰익스피어를 지칭한다. 그러나 '현재의 한국 대통령'이라는 확정 기술어구는 2007년에는 노무현 씨가 이 조건을 유일하게 만족시키기 때문에, 2007년에는 노무현 씨를 지칭하지만, 2019년에는 문재인 씨가 이 조건을 유일하게 만족시키기 때문에 문재인 씨를 지칭한다. 뿐만 아니라 어떤 확정 기술어구는 존재하는 어떤 대상을 지칭하지 않을 수 있다.

다음의 예를 보자.

(1) 현재의 프랑스 왕은 대머리이다.

위의 문장은 확실히 유의미하다. 우리는 위의 문장이 무엇을 뜻하는지 이해할 수 있다. 적어도 이 문장은 예컨대 '아스밖구려스'와 같은 무의미한 문장과는 다르다. 그렇지만 프랑스는 현재 공화국이기 때문에 현재의 프랑스 왕은 존재하지 않는다. 그렇다면 위와 같은 문장을 어떻게 이해해야 하는가?

오스트리아 철학자 알렉시우스 마이농Alexius Meinong의 이론에 따르면, 모든 단칭 명사singular term는 한 대상을 지칭하며, 따라서 단칭 명사인 확정 기술어구 '현재의 프랑스 왕'도 한 대상을 지칭한다. 그러나 앞서 언급한 것처럼 현재의 프랑스 왕은 존재하지 않는다. 이 문제를 해결하기 위해, 마이농은 대상을 두 가지 범주, 즉 존재being를 갖는 대상과 존재를 갖지 않는 대상으로 분류한다. 따라서 마이농의 이론에 의하면, '현재의 프랑스 왕'이란 확정 기술어구는 대상을 지칭하지만, 그 대상은 존재를 소유하지 않는다. 그렇지만 이러한 이론은 다소 이상한 이론이다. 존재를 소유하지 않는 대상의 존재론적 위상은 과연 무엇이란 말인가? 이러한 이론은 실재에 대한 건전한 상식에 어긋나는 듯 보인다. 따라서 이 같은 문제를 해결하기 위해 영국 철학자 버트런드 러셀은 새로운 이론을 제시한다. 그의 이론에 따르면 확정 기술어구는 그 자체로 의미를 지니는 것이 아니라, 단지 문장의 한 구성 요소로서만 의미를 지닌다. 그리고 확정 기술어구를 포함하는 문장은 그 확정 기술어구가 나타나지 않는 동등한 문장들로 분석될 수 있다. 예컨대 다음 문장을 고려해 보자.

(2) 《햄릿》의 저자는 영국 사람이다. (The author of Hamlet is English.)

이 문장에는 '《햄릿》의 저자'the author of Hamlet라는 확정 기술어구가 포함되어 있다. 러셀에 의하면, 이 문장은 논리적으로 다음과 같은 문장들로 분석될 수 있다.

(3) 적어도 한 명이 《햄릿》을 썼다. $(\exists x)Hx$
(4) 기껏해야 한 명이 《햄릿》을 썼다. $(\forall x)(\forall y)((Hx \mathbin{\&} Hy) \to x = y)$
(5) 《햄릿》을 쓴 사람이 누구든 그 사람은 영국 사람이다. $(\forall x)(Hx \to Ex)$
〔 Hx : x는 《햄릿》을 썼다. Ex : x는 영국 사람이다. 〕

(3)과 (4)의 연언은 '정확히 한 명이 《햄릿》을 썼다'를 뜻한다. 따라서 이 것과 (5)를 결합하면, 《햄릿》의 유일한 저자가 영국 사람임을 뜻한다. 즉

(2)와 논리적으로 같은 의미이다. 또한 (3), (4), (5)의 연언은 다음 문장과 논리적으로 동치이다.

（6) $(\exists x)(Hx \& (\forall y)(Hy \rightarrow x = y) \& Ex)$

즉 (6)은 (2)와 논리적으로 동치이다. 그런데 여기서 주목할 점은 '《햄릿》의 저자'라는 확정 기술어구는 (6)에서 더 이상 나타나지 않는다는 점이다. 이와 같이 확정 기술어구를 포함한 문장을 더 이상 그 기술어구를 포함치 않는 논리적으로 동등한 문장으로 변환시키는 러셀의 이론을 '러셀의 기술 이론'Russell's theory of descriptions이라고 부른다.

이제 (3), (4), (5)의 연언이 (6)과 논리적 동치임을 증명해 보자.

증명 : (3) & (4) & (5) → (6)

1. $(\exists x)Hx \& (\forall x)(\forall y)((Hx \& Hy) \rightarrow x = y) \& (\forall x)(Hx \rightarrow Ex)$

      // $(\exists x)(Hx \& (\forall y)(Hy \rightarrow x = y) \& Ex)$

2. $(\exists x)Hx$ 1, & 제거

3. $(\forall x)(\forall y)((Hx \& Hy) \rightarrow x = y)$ 1, & 제거

4. Ha 2, ∃ 제거

5. $(\forall y)((Ha \& Hy) \rightarrow a = y)$ 3, ∀ 제거

6. u | Hu 가정

7. | $(Ha \& Hu) \rightarrow a = u$ 5, ∀ 제거

8. | $Ha \& Hu$ 4, 6, & 도입

9. | $a = u$ 7, 8, → 제거

10. | $Hu \rightarrow a = u$ 6-9, → 도입

11. $(\forall y)(Hy \rightarrow a = y)$ 6-10, $\forall$ 도입

12. $Ha \,\&\, (\forall y)(Hy \rightarrow a = y)$ 4, 11, & 도입

13. $(\forall x)(Hx \rightarrow Ex)$ 1, & 제거

14. $Ha \rightarrow Ea$ 13, $\forall$ 제거

15. Ea 4, 14, $\rightarrow$ 제거

16. $Ha \,\&\, (\forall y)(Hy \rightarrow a = y) \,\&\, Ea$ 12, 15, & 도입

17. $(\exists x)(Hx \,\&\, (\forall y)(Hy \rightarrow x = y) \,\&\, Ex)$ 16, ∃ 도입

증명 : (6) $\rightarrow$ (3) & (4) & (5)

$(\exists x)(Hx \,\&\, (\forall y)(Hy \rightarrow x = y) \,\&\, Ex)$

     // $(\exists x)Hx \,\&\, (\forall x)(\forall y)((Hx \,\&\, Hy) \rightarrow x = y) \,\&\, (\forall x)(Hx \rightarrow Ex)$

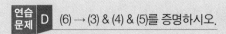

연습 문제 D (6) → (3) & (4) & (5)를 증명하시오.

이제 앞서 언급했던 문장 (1)을 다시 고려해 보자.

     (1) 현재의 프랑스 왕은 대머리이다.

러셀의 기술 이론에 의거하여 이 문장을 분석하면 다음과 같다.

     (1) 적어도 한 명의 프랑스 왕이 있다.

     (2) 기껏해야 한 명의 프랑스 왕이 있다.

     (3) 그 프랑스 왕은 대머리이다.

그리고 이것을 기호화하면 다음과 같다.

$(\exists x)(Kx \,\&\, (\forall y)(Ky \rightarrow x = y) \,\&\, Bx).$

〔Kx : x는 현재의 프랑스 왕이다. Bx : x는 대머리이다.〕

그리고 현재 프랑스 왕인 사람이 없기 때문에 이 문장은 거짓이다.

이제 확정 기술어구를 포함한 문장들을 기호화하는 연습을 해보자.

이브를 사랑하는 유일한 사람은 금발이다.

$(\exists x)(Px \,\&\, Lxe \,\&\, (\forall y)((Py \,\&\, Lye) \rightarrow x = y) \,\&\, Bx).$

〔Px : x는 사람이다. Bx : x는 금발이다.〕

이브의 유일한 아들은 아담보다 영리하다.

$(\exists x)(Sxe \,\&\, (\forall y)(Sye \rightarrow x = y) \,\&\, Cxa)$

〔Sxy : x는 y의 아들이다. Cxy : x는 y보다 영리하다. e : 이브. a : 아담.〕

확정 기술어구가 부정문에 사용되었을 때는 주의가 필요하다. 다음 문장을 살펴보자.

현재의 프랑스 왕은 대머리가 아니다.

이 문장은 두 가지로 해석할 수 있다.

(a) $(\exists x)(Kx \,\&\, (\forall y)(Ky \rightarrow x = y) \,\&\, \sim Bx)$

(b) ~($\exists$x)(Kx & ($\forall$y)(Ky $\rightarrow$ x = y) & Bx)

첫 번째 해석에 따르면, 현재의 프랑스 왕이 한 명 있고, 그 사람은 대머리가 아니다. 따라서 (a)는 거짓이다. 두 번째 해석에 따르면, '현재의 프랑스 왕이 있고, 그 사람이 대머리이다'라는 것은 거짓이라는 주장이다. 따라서 (b)는 참이다.

이제 확정 기술어구가 포함된 논증의 예를 살펴보자.

아담의 유일한 친구는 이브이다. 이브는 수잔이 아니다. 수잔은 미국인이다. 그러므로 아담의 친구가 아닌 미국인이 있다.

〔Fxy: x는 y의 친구이다. Ax: x는 미국인이다. a: 아담. e: 이브. s: 수잔.〕

증명

1. Fea & ($\forall$x)(Fxa $\rightarrow$ x = e)

2. e $\neq$ s

3. As   // ($\exists$x)(Ax & ~Fxa)

4. Fea   1, & 제거

5. ($\forall$x)(Fxa $\rightarrow$ x = e)   1, & 제거

6. Fsa $\rightarrow$ s = e   5, $\forall$ 제거

7. | s = e   가정

8. | s = s   = 도입

9. | e = s   7, 8, = 제거

10. | e $\neq$ s   2, 반복

11. s $\neq$ e   7-10, ~ 도입

12. ~Fsa	6, 11, 후건 부정
13. As & ~Fsa	3, 12, & 도입
14. (∃x)(Ax & ~Fxa)	13, ∃ 도입

연습문제 E **다음 문장들을 기호화하시오.**

(1) 이브의 유일한 아들은 금발이다.
(2) 길수는 복동의 유일한 아버지이다.
(3) 아담은 이브의 유일한 아들을 사랑한다.
(4) 길수의 친할아버지는 논리학자이다.
(5) 길수의 유일한 아들은 혜영의 유일한 아들이다.

연습문제 F **다음 논증들의 타당성을 증명하시오.**

(1) 길수는 투자를 했던 유일한 사람이다. 남중은 돈을 잃은 사람이다. 투자를
했지만 돈을 잃지 않은 사람이 있다. 따라서 남중과 길수는 동일하지 않다.
〔Px : x는 사람이다. Ix : x는 투자를 했다. Lx : x는 돈을 잃었다. g : 길수. n :
남중.〕

(2) 정확히 한 명의 학생이 논리학 과목에서 낙제를 했고, 길수가 바로 그 학생
이다. 논리학 수업에서 낙제한 모든 사람은 비논리적이다. 그러므로 길수는
비논리적이다.
〔Fx : x는 논리학 과목에서 낙제를 했다. Ix : x는 비논리적이다. g : 길수.〕

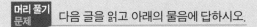

영업부의 박 부장은 사장으로부터 월요일부터 목요일까지 매일 남녀 각 한 명씩 두 사람을 회사 홍보 이벤트의 도우미로 차출해 보낼 것을 지시받았다. 영업부에는 현재 남자 사원 4명(길수, 철수, 영수, 치수)과 여자 사원 4명(영숙, 옥숙, 지숙, 말숙)이 근무하고 있으며, 다음과 같은 제약 사항이 있다고 하자.

ㄱ. 매일 다른 사람을 보내야 한다.

ㄴ. 치수는 철수 이전에 파견되어야 한다.

ㄷ. 옥숙은 수요일에 파견 보낼 수 없다.

ㄹ. 철수와 영숙은 사이가 안 좋아 같이 파견 보낼 수 없다.

ㅁ. 영숙은 지숙과 말숙 이후에 보내야 한다.

ㅂ. 치수는 영수보다 앞서 파견되어야 한다.

ㅅ. 옥숙은 지숙 이후에 파견되어야 한다.

ㅇ. 길수는 철수를 파견한 바로 다음날 보내야 한다.

I. 영수와 옥숙이 사이가 안 좋아 같이 파견 보낼 수 없다면, 목요일에 파견 보내야 하는 남녀 사원은 각각 누구인가?

　(1) 길수-영숙　(2) 영수-영숙　(3) 치수-옥숙　(4) 길수-옥숙　(5) 영수-말숙

II. 영수를 철수보다 앞서 파견해야 한다면, 수요일에 파견 보내야 하는 남녀 사원은 각각 누구인가?

　(1) 길수-영숙　(2) 영수-말숙　(3) 영수-영숙　(4) 철수-말숙　(5) 치수-영숙

14

재구성을 통한
논증의 이해

Core
logic

Logical Inference and   Proof Techniques

많은 경우 논증은 전제들의 일부 또는 결론이 생략된 채로 제시된다. 이 장에서 그러한 논증을 어떻게 다룰 것인가에 대해 살펴보자.

14-1. 생략된 전제를 보충하여 주어진 논증을 재구성하기

다음과 같은 논증이 제시되었다고 가정해 보자.

> 한 사람의 목숨을 빼앗는 것은 명백히 살인이다.
> 따라서 태아를 인위적으로 유산시키는 것도 명백히 살인이다.

위의 논증이 가정하고 있는 암묵적 전제implicit premise는 태아도 사람이라는 것이다. 또한 태아를 인위적으로 유산시키는 것은 태아의 목숨을 빼앗는 것과 같다. 따라서 위 논증은 다음과 같이 재구성될 수 있다.

> 한 사람의 목숨을 빼앗는 것은 살인이다.
> 태아는 사람이다. (암묵적 전제)
> 따라서 태아의 목숨을 빼앗는 것은 살인이다.

그리고 우리는 이 논증을 다음과 같이 증명할 수 있다. 〔Px : x는 사람이다. Dxy : x는 y의 목숨을 빼앗다. Mxy : x는 y를 살해한다. Fx : x는 태아이다.〕

1. $(\forall x)(\forall y)((Px \;\&\; Py \;\&\; Dxy) \rightarrow Mxy)$

2. $(\forall x)(Fx \rightarrow Px)$ // $(\forall x)(\forall y)((Px \;\&\; Fy \;\&\; Dxy) \rightarrow Mxy)$

3.	u v	$Pu \;\&\; Fv \;\&\; Duv$	가정
4.		$(\forall y)((Pu \;\&\; Py \;\&\; Duy) \rightarrow Muy)$	1, $\forall$ 제거
5.		$(Pu \;\&\; Pv \;\&\; Duv) \rightarrow Muv$	4, $\forall$ 제거
6.		$Fv \rightarrow Pv$	2, $\forall$ 제거
7.		$Fv \;\&\; Duv$	3, & 제거
8.		Fv	7, & 제거
9.		Pv	6, 8, $\rightarrow$ 제거
10.		Pu	3, & 제거
11.		Duv	7, & 제거
12.		$Pu \;\&\; Pv$	9, 10, & 도입
13.		$Pu \;\&\; Pv \;\&\; Duv$	11, 12, & 도입
14.		Muv	5, 13, $\rightarrow$ 제거
15.		$(Pu \;\&\; Fv \;\&\; Duv) \rightarrow Muv$	3-14, $\rightarrow$ 도입
16.		$(\forall y)((Pu \;\&\; Fy \;\&\; Duy) \rightarrow Muy)$	3-15, $\forall$ 도입
17.		$(\forall x)(\forall y)((Px \;\&\; Fy \;\&\; Dxy) \rightarrow Mxy)$	3-16, $\forall$ 도입

따라서 위의 논증은 타당하다. 그렇지만 과연 이 논증이 가정하고 있는 암묵적 전제가 참인지 아닌지에 대해선 논란의 여지가 있을 수 있다. 다시 말해 이 논증의 건전성에 대해선 논란의 여지가 있을 수 있다.

한 가지 예를 더 살펴보자. 다음의 같은 논증이 제시되었다고 가정해
보자.

> 아무도 부모가 되어서는 안 된다. 부모가 된다는 것은 자신의 자식을 잘
> 키우겠다고 서약하는 것인데, 어느 누구도 자신의 자식을 잘 키울 수 있
> 을지에 대해 자신 있게 예측할 수 없기 때문이다.

이 논증에 대한 한 가지 재구성은 다음과 같다.

(1) 한 사람이 부모가 되어야 한다면, 그는 자신의 자식을 잘 키우겠다고
    서약할 수 있어야 한다.
(2) 한 사람이 자신의 자식을 잘 키우겠다고 서약할 수 있어야 한다면, 그
    는 자신의 자식을 잘 키울 수 있을지에 대해 자신 있게 예측할 수 있
    어야 한다. (암묵적 전제)
(3) 어느 누구도 자신의 자식을 잘 키울 수 있을지에 대해 자신 있게 예
    측할 수 없다.
(4) 그러므로 아무도 부모가 되어서는 안 된다.

그리고 이 논증에 대한 증명은 다음과 같다. 〔Px : x는 부모가 되어야 한
다. Cx : x는 자신의 자식을 잘 키우겠다고 서약할 수 있어야 한다. Fx : x
는 자신의 자식을 잘 키울 수 있을지에 대해 자신 있게 예측할 수 있어야
한다.〕

1. $(\forall x)(Px \rightarrow Cx)$

2. $(\forall x)(Cx \rightarrow Fx)$

3. $\sim(\exists x)Fx$ // $(\forall x)\sim Px$

4.	u	Pu		가정
5.		$Pu \rightarrow Cu$		1, $\forall$ 제거
6.		Cu		4, 5, $\rightarrow$ 제거
7.		$Cu \rightarrow Fu$		2, $\forall$ 제거
8.		Fu		6, 7, $\rightarrow$ 제거
9.		$(\exists x)Fx$		8, $\exists$ 도입
10.		$\sim(\exists x)Fx$		3, 반복
11.		$\sim Pu$		4-10, $\sim$도입
12.	$(\forall x)\sim Px$			4-11, $\forall$ 도입

따라서 위의 논증도 위에서 언급된 암묵적 전제를 보충해 주면 타당하다. 또한 앞서의 논증과 마찬가지로 이 논증의 암묵적 전제가 참인지 여부에 대해선 논란의 여지가 있을 수 있다. 과연 자신의 자식을 별 탈 없이 잘 키울 수 있을지에 대해 자신 있게 예측할 수 있어야 부모가 될 수 있는지는 그다지 분명치 않다. 단지 자신의 자식을 잘 키우겠다는 진실한 마음이 있고, 부모가 되고자 할 당시 자신의 자식을 잘못 키울 것이라고 생각할 아무런 이유가 없다면 그것으로 충분할 수도 있기 때문이다.

14-2. 생략된 결론을 보충하여 논증을 재구성하기

다음의 논증을 살펴보자.

성매매 방지 및 피해자 보호 등에 관한 법률이 입법취지에 부합한 실효성이 있다면, 성매매 산업의 규모는 당연히 축소되어야 한다. 그렇지만 성매매 산업의 전체 매출 규모는 줄기는커녕 오히려 늘고 있다.

이 논증을 재구성하면 다음과 같다.

(1) 성매매 방지 및 피해자 보호 등에 관한 법률이 실효성이 있다면, 성매매 산업의 규모는 축소되어야 한다.
(2) 성매매 산업의 규모는 축소되지 않고 있다.
(3) 그러므로 성매매 방지 및 피해자 보호 등에 관한 법률은 실효성이 없다. (암묵적 결론).

위의 논증에서는 결론이 생략되어 있다. 그리고 이 암묵적 결론은 위의 두 전제들로부터 후건 부정에 의해 도출될 수 있다.

14-3. 생략된 전제와 결론을 모두 보충하여 논증을 재구성하기

이제 다음 논증을 고려해 보자.

네 주장은 터무니없어. 성별에 입각해 여성을 차별하는 것이 잘못된 것이라면, 마찬가지로 성별에 입각해 남성을 차별하는 것도 잘못된 것이야.

위의 논증에서 단지 조건문 하나만이 명시적으로 제시되어 있다. 즉 이 논증에는 명시적으로 결론이 제시되어 있지 않고, 또한 모든 전제가 명시적으로 제시되어 있지도 않다. 따라서 위의 논증을 타당한 것으로 만들려면, 암묵적 전제와 암묵적 결론을 둘 다 다음과 같이 보충해 주어야 한다.

(1) 성별에 입각해 여성을 차별하는 것은 잘못된 것이다. (암묵적 전제)
(2) 성별에 입각해 여성을 차별하는 것이 잘못된 것이라면, 성별에 입각해 남성을 차별하는 것도 잘못된 것이다. (명시적 전제)
(3) 그러므로 성별에 입각해 남성을 차별하는 것은 잘못된 것이다. (암묵적 결론)

이 논증의 결론은 두 전제들로부터 → 제거 규칙에 의해 도출되므로 타당하다.

위의 논의를 통해서 알 수 있듯이, 논증을 제시하는 사람은 맥락상 명백한 전제나 결론을 명시적으로 언급하지 않을 수 있다. 이런 경우엔 생략된 전제 또는 결론을 보충한 후 논증을 평가해야 한다.

연습문제 A 다음 논증들을 생략된 전제 또는 결론을 보충하여 재구성하시오.

(1) 모든 양서류는 냉혈동물이다. 그러므로 두꺼비는 냉혈동물이다.

(2) 길수가 결혼을 결심했다면, 그는 신혼집을 구할 돈이 있을 것이다. 그리고 그럴 돈이 있다면 빚을 갚을 능력이 있을 것이다. 그러나 그는 빚을 갚을 능력이 없다.

(3) 나는 여자 친구에게 생일 선물을 사주거나 또는 논리학 교재를 구입해야 한

다. 부모님이 이 돈을 내 공부를 위해 주신 것이라면, 나는 여자 친구에게 생일 선물을 사줘서는 안 된다. 그러므로 나는 논리학 교재를 구입해야 한다.

(4) 길수가 이번에 승진할 것 같다. 김 과장은 매력적인 스카우트 제의를 받았다. 그렇다면 김 과장은 다른 회사로 옮길 것이고, 따라서 길수 또는 남중이 그 자리로 승진할 것이다.

(5) 궁극적인 선善은 결코 단순한 우연에 의존해선 안 된다. 즉 궁극적인 선은 항구적인 것으로서 쉽게 변할 수 있는 것이어서는 결코 안 된다. 따라서 행복은 사람들이 살면서 우연히 맞닥뜨리게 되는 우연한 사실에 의존해선 안 된다.

14-4. 복잡한 단락 속의 논증을 재구성하기

복잡한 단락 속에 나타나는 논증은 많은 경우 재구성을 필요로 한다. 이때 논증을 재구성하는 한 가지 유용한 방법은 다음과 같다.

(1) 먼저 결론을 찾아낸다.
(2) 그다음 결론을 옹호하는 것처럼 보이는 진술들을 찾아낸다.
(3) 그다음 논증을 타당하게 만들기 위해 필요한 생략된 전제들을 보충한다.

한 가지 예를 보자. 다음은 신의 존재에 관한 중세철학자 토마스 아퀴나스의 논증이다.

인식을 결여하고 있는 자연 대상들도 합목적적으로 움직인다. 이러한 사실은 자연 대상들이 항상 최선의 결과가 산출되도록 움직인다는 점에서 명백히 알 수 있다. 따라서 자연 대상들이 단지 우연이 아니라 어떤 계획에 의해 움직인다는 것은 분명하다. 그런데 화살이 과녁을 향해 움직이는 것은 궁수에 의한 것이듯, 인식을 결여하고 있는 대상들이 합목적적으로 움직인다면, 이것은 인식과 지성을 갖고 있는 대상에 의해 그렇게 되는 것임에 틀림없다. 그러므로 모든 자연 대상들을 그들의 목적을 향해 움직이도록 인도하는 어떤 지성적 존재자가 있어야 하며, 이것이 바로 신이다.

위 논증에 대한 한 가지 재구성은 다음과 같다.

(1) 어느 자연 대상도 지성적 존재자가 아니다.
(2) 자연 대상들은 어떤 목적을 향해 움직인다.
(3) 비지성적인 것이 어떤 목적을 향해 움직인다면, 이것은 어떤 지성적 존재자에 의해 인도되는 것이다.
(4) ∴ 자연 대상들이 어떤 목적을 향해 움직이도록 인도하는 어떤 지성적 존재자가 있다.
(5) 그 인도자가 신이다.

위의 논증에서 아퀴나스가 주장하고자 하는 결론은 결론 지시어 '그러므로' 다음에 나오는 문장이다. 즉 자연 대상들이 어떤 목적을 향해 움직이도록 인도하는 어떤 지성적 존재자가 있다는 것이다. 그리고 이 결론을 옹호하기 위해 아퀴나스가 호소하는 주 전제는 논증의 네 번째 문장, 즉 '그런데' 다음에 나오는 문장이다. 다시 말해 비지성적인 것이 어떤 목적을 향해 움직인다면, 그것은 어떤 지성적 존재자에 의해 인도되는 것이라는 주장이다. 따라서 결론을 도출하기 위해 필요한 전제는 자연 대상들은 지성적 존재자들이 아니지만, 어떤 목적을 향해 움직인다는 것이다. 이 전제는 논증의 첫 문장에 명시적으로 제시되어 있다.

위의 논증은 타당하다. 이를 증명하면 다음과 같다. 〔Nx : x는 자연 대상이다. Gx : x는 어떤 목적을 향해 움직인다. Lxy : x는 y에 의해 인도된다. Ix : x는 지성적 존재자이다.〕

1.	$(\forall x)(Nx \rightarrow \sim Ix)$	
2.	$(\forall x)(Nx \rightarrow Gx)$	
3.	$(\forall x)((\sim Ix \,\&\, Gx) \rightarrow (\exists y)(Iy \,\&\, Lxy)) \,//\, (\forall x)(Nx \rightarrow (\exists y)(Iy \,\&\, Lxy \,\&\, \sim Ny))$	
4.	$\boxed{u}$ $\quad$ Nu	가정
5.	$Nu \rightarrow \sim Iu$	1, $\forall$ 제거
6.	$Nu \rightarrow Gu$	2, $\forall$ 제거
7.	$\sim Iu$	4, 5, $\rightarrow$ 제거
8.	Gu	4, 6, $\rightarrow$ 제거
9.	$\sim Iu \,\&\, Gu$	7, 8, & 도입
10.	$(\sim Iu \,\&\, Gu) \rightarrow (\exists y)(Iy \,\&\, Luy)$	3, $\forall$ 제거
11.	$(\exists y)(Iy \,\&\, Luy)$	9, 10, $\rightarrow$ 제거
12.	$Ib \,\&\, Lub$	11, $\exists$ 제거
13.	$Nb \rightarrow \sim Ib$	1, $\forall$ 제거
14.	Ib	12, & 제거
15.	$\sim Nb$	13, 14, 후건 부정
16.	$Ib \,\&\, Lub \,\&\, \sim Nb$	12, 15, & 도입
17.	$(\exists y)(Iy \,\&\, Luy \,\&\, \sim Ny)$	16, $\exists$ 도입
18.	$Nu \rightarrow (\exists y)(Iy \,\&\, Luy \,\&\, \sim Ny)$	4-17, $\rightarrow$ 도입
19.	$(\forall x)(Nx \rightarrow (\exists y)(Iy \,\&\, Lxy \,\&\, \sim Ny))$	4-18, $\forall$ 도입

앞에서 논증을 재구성하는 방법을 간단히 살펴보았다. 이제 논증을 평가하고 비판하는 방법에 대해 간단히 살펴보자. 논증을 평가할 때 우리는 두 가지 질문을 제기해야 한다.

(a) 결론은 전제들로부터 도출되는가? 즉 주어진 논증은 타당한가?
(b) 전제들은 참으로 받아들일 만한 것인가?

첫 번째 질문에 대한 대답이 '아니오'라면, 즉 주어진 논증이 부당하다면, 우리는 주어진 논증의 결론을 받아들일 필요가 없다. 그러나 첫 번째 질문에 대한 대답이 '예'이면, 즉 주어진 논증이 타당하면, 우리는 두 번째 질문을 제기해야 한다. 전제들 중 의심스러운 전제가 있으면, 왜 그 전제를 참으로 받아들이는 것이 부적절한지를 지적함으로써 주어진 논증을 비판할 수 있다. 그렇지만 모든 전제들이 설득력이 있다면, 논증의 결론을 받아들여야 한다.

위의 논증을 다시 살펴보자. 앞서 살펴본 것처럼, 위의 논증의 전제 (1), (2), (3)으로부터 결론 (4)가 타당하게 도출된다. 따라서 이 논증은 위에서 언급한 첫 번째 질문을 통과한다. 그러므로 위 논증을 비판하고자 한다면, 이 논증의 전제들에 의문을 제시해야 한다. 우선, 화살과 궁수의 비유가 적절하다면, 전제 (3)은 설득력이 있다. 또한 인식을 결여하고 있는 자연 대상들은 지성적 존재자라고 보기 어렵다. 따라서 (1)도 나름대로 설득력 있는 전제이다. 그렇다면 전제 (2)는 어떠한가? 과연 자연 대상들은 어떤 목적을 향해 움직이는가? 자연 대상들이 순수하게 인과법칙의 지배를 받는다면 이 전제는 의심스러운 전제이다. 이 논증의 또 다른 약점은 결론 (4)의 주장이 아퀴나스가 원하는 결론을 확립하기에 다소 약한 주장이라는 것이다. 이를 이해하기 위하여 세 번째 전제인 '$(\forall x)((\sim Ix \, \& \, Gx) \rightarrow$

(∃y)(Iy & Lxy))'를 살펴보자. 즉 비지성적인 것이 어떤 목적을 향해 움직인다면, 그것은 어떤 지성적 존재자에 의해 인도되는 것이라는 주장이다. 그런데 이 주장은 자연 대상들을 각각의 목적으로 인도하는 지성적 존재자가 있음을 인정하는 주장이지, 결코 각각의 자연 대상들을 공통적으로 인도하는 동일한 지성적 존재자가 있다는 주장이 아니다. 다시 말해 이 논증의 세 전제들을 받아들인다고 해도, 이 논증이 보여 주는 것은 각 자연 대상에 대해 그것을 인도하는 지성적 존재자가 있다는 것이지, 모든 자연 대상들을 인도하는 동일한 신이 있다는 것이 아니다. 즉 결론 (4)가 성립한다고 해서 반드시 최종 결론 (5)가 성립하는 것은 아니다.

이제 한 가지 논증을 더 살펴보자.

> 죽음은 우리에게 그야말로 무無다. 선과 악은 감각과 관련되어 있다. 즉 전자는 쾌락과 관련되어 있고, 후자는 고통과 관련되어 있다. 하지만 죽음은 감각이 결여된 상태이다. 따라서 우리는 비록 영원히 살 수는 없지만, 죽음이 무無임을 잘 깨우치고, 그 결과 영원한 삶에 대한 부질없는 갈망을 버린다면, 사는 동안 삶을 잘 즐길 수 있다. 왜냐하면 죽음이 전혀 두려워해야 할 것이 아님을 깨우친 사람에게 삶은 결코 혹독한 것이 아니기 때문이다. 사람들은 막연히 죽음이 고통스러울 것이라고 예단하고 죽음을 두려워한다. 그러나 이것은 공허한 고통에 대한 헛된 예단에 불과하다. 사람들이 최악이라고 생각하는 죽음은 실제로는 단지 무無에 지나지 않기 때문이다. 죽음은 우리가 살아 있는 동안 우리와 함께 있지 않고, 이것이 우리에게 닥쳤을 때는 우리는 더 이상 존재하지 않는다. 따라서 죽음은 산 사람에게도 죽은 사람에게도 아무 상관없는 것이다.

위의 논증에 대한 한 가지 재구성은 다음과 같다.

(1) 우리는 우리가 경험할 수 없는 것을 두려워할 이유가 없다.

(2) 우리는 죽음을 경험할 수 없다. 왜냐하면 우리는 살아 있을 때도 죽음
을 경험할 수 없고, 죽어 있을 때도 죽음을 경험할 수 없기 때문이다.

(3) ∴ 우리는 죽음을 두려워할 이유가 없다.

그리고 이 논증의 증명은 다음과 같다. 〔Ex : 우리는 x를 경험할 수 있
다. Fx : 우리는 x를 두려워할 이유가 있다. d : 죽음.〕

1. $(\forall x)(\sim Ex \rightarrow \sim Fx)$

2. $\sim Ed$ // $\sim Fd$

3. $\sim Ed \rightarrow \sim Fd$ 1, $\forall$ 제거

4. $\sim Fd$ 2, 3, $\rightarrow$ 제거

위의 논증은 기원전 4세기 무렵 쾌락주의를 주장한 그리스 철학자 에피
쿠로스Epicurus의 논증이다. 이 논증은 타당하므로, 이 논증의 두 전제들이
나름대로 설득력이 있다고 받아들이는 사람에게는 호소력 있는 논증이다.
특히 전제 (2)는 꽤 설득력 있는 주장이다. 따라서 이 논증을 비판하는 한
방법은 전제 (1)에 대해 의문을 제기하는 것이다. 즉 경험할 수는 없지만
두려워할 수 있는 사례가 있다면, 이 전제의 설득력은 많이 약화될 것이다.
예컨대 중병에 걸려 곧 죽게 된 어떤 엄마는 비록 자신이 죽은 후 경험할 수
는 없지만, 아직 코흘리개에 불과한 어린 자식이 부모의 보살핌이 없이 앞
으로 겪을 고통과 슬픔에 대해 두려워할 수 있다.

다음 논증들을 평가하시오. 재구성이 필요하면 재구성을 하고, 비판할 점이 있으면 비판하시오.

(1) 성인영화를 엄격하게 규제해야 한다. 왜냐하면 사람들을 성적으로 자극하는 모든 활동은 엄격히 규제될 필요가 있기 때문이다.

(2) 한국은 진정한 민주공화국이 아니다. 국민 개개인의 의사가 국정에 동등하게 국정에 반영될 수 있어야 진정한 민주공화국이기 때문이다.

(3) 쾌락이 바람직한 것임을 보여 주는 중요한 한 가지 이유는 다음과 같다. 어떤 대상이 가시적可視的임을 보여 주는 확실한 증거는 사람들이 그것을 실제로 보는 것이다. 그리고 어떤 소리가 가청적可聽的임을 보여 주는 확실한 증거는 사람들이 실제로 그 소리를 듣는다는 것이다. 마찬가지로 어떤 것이 바람직함을 보여 주는 확실한 증거는 사람들이 실제로 그것을 원한다는 것이다.

(4) 자연 대상들은 자연세계 속에서 생겨난 것이고, 따라서 존재할 수도 존재하지 않을 수도 있었던 우연적인 대상들이다. 이런 우연적인 대상들은 영원히 존재할 수 없다. 따라서 과거의 시간을 계속 거슬러 올라가면, 시간은 영원하므로 이런 우연적인 대상이 존재하지 않았던 때가 반드시 있을 것이다. 그런데 모든 것들이 우연적인 것이라면, 전혀 아무것도 없었던 때가 있었을 것이다. 그리고 아무것도 없었던 때가 있었다면, 무無에서 유有가 나올 수 없으므로 어떤 것이 생겨나는 것이 불가능했을 것이다. 그리고 그랬다면 지금 우주에는 아무것도 없어야 한다. 그러나 현재 우주에는 수많은 대상들이 있다. 따라서 모든 것이 우연적인 것일 수 없다. 즉 필연적인 존재자가 있어야 한다. 이 필연적 존재자가 바로 신神이다.

(5) 행복은 고결하고 덕 있는 삶에 의해 획득되는 것인가? 아니면 단지 우연에 의해서 얻어질 수 있는 것인가? 행복은 궁극적인 선善이다. 궁극적인 선은 단지 우연적인 것에 결코 의존해서는 안 된다. 자연의 질서에 근거한 것들은 본성상 좋은 것이다. 마찬가지로 합리성에 근거한 것들은 본성상 좋은 것이어야 한다. 그런데 가장 고귀하고 숭고한 궁극적인 선이 단지 우연적인 것에 의존한다면, 세상은 매우 부조리하고 결함이 많은 곳이 되고 말 것이다. 고결하고 덕 있는 삶에 대한 최상의 보상은 행복이다. 소나 말과 같은 동물들이 행복할 수 없는 것은 이들이 고결한 행위를 할 수 없기 때문이다. 따라서 궁극적인 선은 우연이 아니라 고결한 행위에 의해 성취되어야 한다.

(6) 각자의 행복은 각자에게 최고선最高善이다. 따라서 우리는 각자의 행복을 추구해야 한다. 그렇다면 왜 우리는 도덕적이어야 하는가? 도덕적이 되는 것이 합리적인 것이기 위해서는 도덕과 행복이 조화될 수 있어야 한다. 즉 선한 행동은 그에 걸맞은 보답을 받고, 악한 행동은 그에 걸맞은 처벌을 받아야 한다. 그런데 행복과 도덕 사이에 그와 같은 연관관계가 현세에는 성립하지 않는 듯 보인다. 실제로 비도덕적인 행위를 많이 했음에도 죽을 때까지 큰 행복을 누리고 살았던 사람들의 예를 발견하는 일은 그다지 어려운 일이 아니다. 또한 현세의 행복의 관점에서만 본다면, 비록 비도덕적인 행위일지라도 이것이 자신의 행복을 극대화시켜 주는 것이고, 또한 적당히 타인의 눈을 속이거나 비난을 피할 수 있는 경우라면, 서슴지 않고 행하는 것이 합리적인 결정처럼 보인다. 따라서 현세에는 행복과 도덕이 조화로운 관계에 있지 않다. 따라서 도덕적이 되는 것이 합리적인 것이기 위해서는, 현세에서 행한 행위들에 대해서 정당한 도덕적 심판이 내려지는 것이 가능하도록 내세가 있어야 하며, 또한 이를 주관하는 신이 반드시 있어야 한다.

15

비형식적 오류

Logical Inference and   Proof Techniques

이 마지막 장에서 우리는 옳지 않은 논증임에도 불구하고 설득력 있는 것처럼 보이는 논리적 오류들을 다룰 것이다. 우리가 이러한 오류들을 배우는 이유는 이러한 그릇된 논증을 받아들이는 잘못을 피하고, 또한 이러한 논증을 제시하는 사람들에게 왜 그들의 논증이 오류인지에 대해 설명할 수 있는 능력을 갖추기 위해서이다.

우리는 이미 두 개의 오류를 접했다. 하나는 '후건 긍정의 오류'이고, 다른 하나는 '전건 부정의 오류'이다. 이 두 오류들은 '형식적 오류'formal falla-cies라고 불리는데, 왜냐하면 이것들이 오류임을 이것들의 형식을 통해 알 수 있기 때문이다. 우리가 이 장에서 공부할 오류들은 논증 형식을 통해서 오류임을 알 수 있는 경우가 아니기 때문에 '비형식적 오류'informal fallacies 라고 불린다.

15-1. 연역 논증의 비형식적 오류들

(가) 거짓 딜레마 또는 잘못된 이분법

거짓 딜레마false dilemma의 오류는 논증을 제시하는 사람이 사실상 다른 대안이 있음에도 양자택일an either-or choice을 제시하는 경우 발생한다. 다음 논증을 살펴보자.

> 네가 열심히 공부한다면, 우등으로 졸업할 것이다. 그러나 네가 공부를 전혀 하지 않는다면, 너는 졸업을 하지 못할 것이다. 너는 열심히 공부하거나 또는 전혀 공부를 하지 않을 것이다. 그러므로 너는 우등으로 졸업하거나 또는 졸업을 하지 못할 것이다.

위의 논증은 경우에 의한 논증의 한 사례이므로 형식적으로 타당한 논증이다. 따라서 모든 전제들이 참이라면, 결론 또한 참이어야 한다. 그런데 위의 논증의 세 번째 전제 '너는 열심히 공부하거나 또는 전혀 공부를 하지 않을 것이다'는 거짓 딜레마이다. 우리는 열심히 공부하거나 또는 전혀 공부를 하지 않거나 양자택일만을 갖고 있는 것이 아니다. 왜냐하면 열심히는 아니지만 졸업에 충분할 정도만큼 공부를 할 수도 있기 때문이다. 이와 같이 거짓 딜레마에 의존하는 논증에 대해 거짓 딜레마의 오류를 범한다고 말한다. 또 한 가지 예를 살펴보자.

> 우리는 결코 좋은 정치가를 가질 수 없다. 야심적인 정치가들은 개인의 야심을 위해 국민의 이익을 희생시키고, 야심적이지 않은 정치가들은 무능하기 때문이다.

위의 논증을 재구성하면 다음과 같다.

(1) 모든 정치가는 야심적이거나 또는 야심적이지 않다.
(2) 한 정치가가 야심적이라면, 그는 자신의 야심을 위해 국민의 이익을

희생시킨다.

(3) 한 정치가가 자신의 야심을 위해 국민의 이익을 희생시키다면, 그는 좋은 정치가가 아니다.

(4) 한 정치가가 야심적이지 않다면, 그는 무능하다.

(5) 한 정치가가 무능하다면, 그는 좋은 정치가가 아니다.

(6) 그러므로 모든 정치가는 좋은 정치가가 아니다.

위의 논증은 타당하다. 그러나 위의 논증의 전제 (4)는 거짓 딜레마이다. (4)에 따르면 정치가는 야심적이거나 또는 무능하다. 그러나 유능하지만 사심이 없는 정치가가 존재하지 못할 이유는 없다. 이처럼 위의 논증은 잘못된 이분법에 의존하는 논증이므로 거짓 딜레마의 오류를 범한다.

거짓 딜레마의 또 다른 예는 다음과 같다.

우리가 재정균형을 강제하는 법령을 통과시키지 않는다면, 우리나라는 재정 적자로 인해 망하게 될 것이다. 재정적자로 인해 우리나라가 망하도록 내버려 둬서는 안 된다는 것은 명백하다. 그러므로 재정균형을 강제하는 법령을 통과시켜야 한다.

위의 논증의 첫 번째 전제는 '우리는 재정균형을 강제하는 법령을 통과시키거나 또는 재정적자가 우리나라를 망치도록 내버려 두거나 둘 중의 하나이다'라는 거짓 딜레마이다. 재정균형을 강제하는 법령을 통과시키지 않는다고 해서 반드시 우리나라가 망한다고 볼 이유가 전혀 없기 때문이다. 예컨대 우리는 재정적자를 연차적으로 조금씩 줄여나갈 수도 있고, 우리나라 경제에 무리가 없는 범위 내에서 다소의 재정적자를 유지할 수도 있기 때문이다.

(나) 미끄러운 경사면의 오류

미끄러운 경사면slippery slope의 오류는 어떤 주어진 주장을 충분한 증거 없이 다음과 같이 비판할 경우 발생한다. 그 주장을 받아들이면, 연쇄논법에 의해 부조리한 결론에 이르게 되기 때문에 그 주장은 옳지 않다. 즉 이 논증의 형식은 다음과 같다.

> A_1이 성립하면 A_2가 성립한다. A_2가 성립하면 A_3이 성립한다. … A_{n-1}이 성립하면 A_n이 성립한다. A_n은 부조리하다. 그러므로 A_1은 옳지 않다.

위의 논증에서 주장하는 연쇄추론이 성립한다고 볼 좋은 이유가 있으면, 위의 논증은 좋은 논증이지만, 반면 그러한 연쇄추론이 성립한다고 볼 좋은 이유가 없으면, 미끄러운 경사면의 오류를 범한다. 한 가지 예를 살펴보자.

> 직원들이 간단한 음료를 마시면서 쉴 수 있는 휴게실을 마련해 달라고 요구하였다. 이 요구는 거부되어야 한다. 직원들에게 휴게실을 마련해 주고 나면, 그들은 건강관리를 위해 필요하다며 헬스센터를 마련해 달라고 요구할 것이고, 이것을 들어 주면, 결국 수영장과 콘도 이용권을 요구할 것이다. 이런 요구를 다 들어주다가는 이 회사는 결국 도산하고 말 것이다.

이 논증은 미끄러운 경사면의 오류를 범한다. 왜냐하면 직원들에게 휴게실을 마련해 주면, 그들이 반드시 헬스센터, 수영장, 콘도 이용권 등을 요구할 것이라고 볼 좋은 이유가 없기 때문이다. 이제 다음의 예를 살펴보자.

> 도박 중독자도 처음에는 재미로 가볍게 노름을 하는 사람과 크게 다르지 않다. 처음에는 친구들과 술내기 포커를 치거나 또는 명절 때 친지들과 재미로 화투를 치는 것으로 시작한다. 그러다 도박판에서의 긴장과 돈을 딸 때 느끼는 행복감을 잊을 수가 없어 점차 도박을 하는 횟수가 많아지고, 또 도박의 판돈이 점차 늘어간다. 나중에는 도박을 계속하기 위해 여기저기서 돈을 빌리고, 결국은 회사의 공금에도 손을 대게 된다. 따라서 아무 문제가 없어 보이는 가벼운 도박의 시작이 결국 인생을 파멸로 이끄는 것이다.

이 논증도 미끄러운 경사면의 오류를 범한다. 왜냐하면 어떤 사람이 가볍게 노름을 한다고 해서, 반드시 위와 같이 자기 인생을 파멸로 이끄는 도박 중독자가 된다고 볼 이유가 없기 때문이다. 이제 끝으로 한 가지 예를 더 살펴보자.

> 모든 종류의 음란물을 결코 허용해서는 안 된다. 우리가 포르노 잡지나 영화 등을 허용한다면, 우리 사회의 성윤리가 더욱 문란해지고, 성범죄가 증가할 것이다. 그리고 성윤리가 문란해지고 성범죄가 증가하면, 우리 사회의 도덕성이 전반적으로 악화될 것이고, 모든 종류의 범죄들이 결국 증가하게 될 것이다. 최종적으로는 법과 질서가 완전히 파괴되고, 그 결과 종국적으로 우리 사회는 완전히 파멸하고 말 것이다.

이 논증도 역시 미끄러운 경사면의 오류를 범한다. 왜냐하면 어느 정도의 성적 노출을 허용한다고 해서 반드시 우리 사회 질서가 완전히 파괴될 것이라고 볼 좋은 이유는 없기 때문이다.

(다) 허수아비 공격의 오류

허수아비 공격straw man의 오류는 상대방의 주장을 약화된 형태로 왜곡시키고 그 왜곡된 주장을 공격한 다음, 그 왜곡된 주장에 대한 공격이 성공적이므로 상대방의 주장이 논박되었다고 주장할 경우에 발생한다. 이 경우 논증을 제시하는 사람은 공격하고자 하는 진짜 대상 대신에 허수아비를 세우고 그 허수아비를 무너뜨린 후 그가 공격하고자 하는 진짜 대상을 물리쳤다고 주장하는 셈이다. 다음의 예를 살펴보자.

> 최 의원은 저소득층에 대한 정부보조금을 증가시켜야 한다고 주장한다. 민주국가의 국회의원이 사회주의를 옹호한다는 것은 정말로 개탄할 일이다. 사회주의는 사회발전을 촉진하는 개인의 이니셔티브를 약화시키고, 정부를 비효율적이고 방만하게 만든다. 이 점은 동유럽에서 시도된 사회주의 실험이 모두 비참하게 실패했다는 점에서 명백하다. 따라서 사회주의 정책은 결코 채택되어서는 안 된다.

이 논증을 제시하는 사람은 '저소득층에 대한 정부보조금을 증가시켜야 한다'는 최 의원의 주장을 비판하고자 한다. 그런데 그는 최 의원의 주장을 사회주의를 옹호하는 것으로 왜곡한다. 그다음 동유럽에서 시도된 사회주의 실험이 실패했음을 강조한다. 그런데 사회 전체의 안정을 위해 저소득층에 대해 어느 정도의 사회적 지원을 해야 한다는 주장이 반드시 사회주의를 옹호하는 것은 아니다. 따라서 위 논증은 허수아비 공격의 오류를 범한다고 볼 수 있다. 이제 다음 논증을 살펴보자.

전경련은 정부가 기업경영에 대해 지나치게 간섭하지 말라고 주장한다. 명백히 전경련의 입장은 정부의 역할을 부인하는 것이다. 정부가 없다면 국방은 누가 담당할 것이며, 사회질서를 유지하기 위해 치안과 법 집행은 누가 할 것인가! 우리는 이러한 정부의 역할을 포기할 수 없으며, 따라서 전경련의 주장은 터무니없는 것이다.

이 논증 역시 허수아비 공격의 오류를 범한다. 왜냐하면 기업경영에 대한 지나친 통제에 대한 비판은 정부를 없애자는 주장과는 다르기 때문이다. 따라서 정부를 없애자는 주장이 터무니없는 주장이라 해서 지나친 간섭을 말라는 전경련의 주장이 곧바로 잘못된 주장임을 보여 주는 것은 아니다. 끝으로 한 가지 예를 더 살펴보자.

혜영의 주장은 터무니없는 주장이다. 사형 제도를 폐지하자는 것은 흉악범들이 교도소에서 죗값을 제대로 치르지 않고 적당히 복역하고 나와 다시 살인을 저지르도록 허용하자는 주장과 다를 것이 없다.

사형 제도에 반대하는 것과 흉악범들이 다시 범죄를 저지르도록 허용하자는 것과는 전혀 별개이다. 사형 제도를 폐지하더라도 흉악범들에게 예컨대 종신형을 구형할 수 있기 때문에 그들이 다시 사회에 나와 또 다른 범죄를 저지르게 된다고 볼 이유는 없다. 따라서 위의 논증 역시 허수아비 공격의 오류를 범한다.

(라) 주의를 딴 데로 돌리는 오류

주의를 딴 데로 돌리는red herring 오류는 논증을 제시하는 사람이 논의 주제를 다른 주제로 변경하여 상대방의 주의를 딴 데로 돌리려고 할 때 발생한다. 상대방의 주의를 성공적으로 딴 데로 돌리기 위해서, 논증을 제시하는 사람은 상대방이 눈치 채지 못하도록 논의 주제를 자연스럽게 변경시켜야 하며, 그렇게 하기 위해서는 상대방의 주의를 자연스럽게 빼앗을 수 있는 흥미로운 화젯거리나 원래 주제와 미묘하게 연결된 주제로 변경시켜야 한다. 이 오류는 상대방의 관심을 딴 데로 돌린다는 점에서는 허수아비 공격의 오류와 유사하다. 그러나 양자의 차이는 허수아비 공격의 오류의 경우는 논증을 전개하는 사람이 상대방의 논증을 왜곡하고, 이 왜곡된 논증을 공격하는 데 반하여, 주의를 딴 데로 돌리는 오류의 경우는 단지 상대방의 주의를 딴 데로 돌리려고만 할 때 발생한다는 점이다. 따라서 논증을 제시하는 사람이 원래 논증을 왜곡시키고 그 왜곡된 논증을 반박하고자 하는가 아니면 단지 주제를 바꾸기만 하는가에 따라서 양자를 구별할 수 있다. 이제 다음 논증을 살펴보자.

> 동성애자들은 그들을 사회적 차별로부터 보호해 줄 수 있는 법령이 제정될 필요가 있다고 주장한다. 그러나 우리는 동성애가 유전적인 요인에서 비롯된다는 점이 아직 밝혀지지 않았음에 주목할 필요가 있다. 물론 동성애가 생물학적 원인을 갖고 있음을 시사해 주는 몇몇 연구들이 있음을 부인할 수는 없지만, 아직 이 연구들은 매우 제한적이고, 결코 결정적이라고 말할 단계가 아니다. 따라서 가장 현명한 선택은 이 문제에 대해 결론을 유보하는 것이다.

원래 주제는 동성애자들에 대한 사회적 차별과 이에 대한 법적인 보호이다. 그러나 위의 논증에서 논증을 제시하는 사람은 주제를 동성애가 생물학적 원인을 갖는지의 문제로 변경시키고, 이에 대한 결론을 내린다. 이 변경된 주제는 원래 주제와는 직접적으로 관련이 없다. 한 가지 예를 더 살펴보자.

> 환경론자들은 끊임없이 핵 발전의 위험성에 대해 떠들어 댄다. 그러나 전기는 어떤 방법으로 생산되는지에 상관없이 위험한 것이다. 매년 수많은 사람들이 감전에 의해 목숨을 잃고 있다. 이런 비극적 사건들이 대부분 부주의에서 비롯되는 것이라면, 이런 비극적 사건들을 피하기 위해 우리는 좀 더 조심을 해야 한다.

원래 논의 주제는 핵 발전의 위험성이다. 그러나 위에서 논증을 제시하는 사람은 이 주제를 감전사의 위험성으로 바꾸고, 이에 대한 결론을 내린다. 그리고 이 경우에도 변경된 주제는 원래 주제와 직접적으로 관련이 없다.

(마) 애매어 사용의 오류

애매어 사용equivocation의 오류는 논증에 나타나는 한 표현이 전제들에서 각각 다른 의미로 사용될 때 발생한다. 다음의 예를 살펴보자.

> 어떤 사람이 6시에 그 연회장에 도착했다. 그리고 어떤 사람이 9시에 그 연회장을 떠났다. 그러므로 어떤 사람은 그 연회장에 세 시간 동안 머물렀다.

위의 논증에서 첫 번째 전제와 두 번째 전제에 '어떤 사람'이란 같은 표현이 나타나는데, 이 표현이 동일인을 지칭한다고 볼 이유가 없다. 따라서 위의 논증은 '어떤 사람'이란 표현을 애매하게 사용하고 있다. 그런데 위의 논증의 타당성은 바로 이런 애매한 표현이 동일인을 지칭한다는 잘못된 가정에 의존하므로, 위의 논증은 애매어 사용의 오류를 범한다. 이제 다음 논증을 살펴보자.

> 내가 키우는 애완용 고슴도치는 매우 큰 고슴도치이다. 고슴도치는 동물이다. 따라서 나는 매우 큰 동물을 키우고 있는 셈이다.

위의 논증에서 '매우 큰'이라는 표현이 전제와 결론에 나타난다. 고슴도치는 코끼리, 사자, 호랑이 등등의 많은 동물들과 비교할 때 상대적으로 매우 작은 동물이다. 따라서 내가 키우는 고슴도치가 고슴도치 치고는 매우 큰 것이라 해도, 이것으로부터 내 고슴도치가 매우 큰 동물이라는 결론은 도출되지 않는다. 따라서 이 논증은 '매우 큰'이란 표현에 관해 애매어 사용의 오류를 범한다. 이제 한 가지 논증을 더 살펴보자.

> 김 박사는 요사이 신기술 개발에 정말 미쳐 있다. 그는 벌써 몇 달째 집에도 가지 않고 연구실에만 틀어박혀 있다. 그런데 미친 사람은 정신 치료를 받아야 한다. 그러므로 김 박사는 정신 치료를 받아야 한다.

위의 논증의 첫 번째 전제에서 '미친 사람'은 대략적으로 '자신이 원하는 어떤 것을 이루기 위해 많은 지엽적인 것들을 포기하고 혼신의 힘을 다해 최선을 다하는 사람'이란 의미로 사용되고 있다. 반면에 정신 치료를 받아야 하는 '미친 사람'은 '옳고 그름에 관한 정상적 판단을 할 수 없는 사람'이란 뜻이다. 따라서 위의 논증 역시 '미친'이란 표현에 관해 애매어 사용의 오류를 범한다.

(바) 선결문제 가정의 오류

선결문제 가정begging the question의 오류는 논증을 통해 확립하고자 하는 결론에 의존하는 전제를 사용하거나, 사용된 전제가 결론만큼 비슷한 이유에서 의심스러울 경우 발생한다. 논증을 제시하는 목적은 결론을 더 믿을 만한 것으로 만들기 위해서이다. 이 목적을 달성하기 위해서는 결론보다 더 믿을 만한 전제를 사용해야 한다. 사용된 전제가 단지 결론을 다른 형태로 표현한 것에 불과하거나 또는 비슷한 이유에서 결론만큼 의심스러운 주장이라면, 그 논증은 결론을 확립하고자 하는 목적을 달성할 수 없다.

그런데 사용된 전제가 확립하고자 하는 결론과 같은 주장이고, 또한 거의 동일한 용어로 표현되면, 아무도 그 논증을 받아들이지 않을 것이다. 즉 'A. 그러므로 A.'와 같은 논증은 어느 누구도 설득할 수 없다. 그러나 동일한 주장이 아주 다른 용어로 표현될 경우 주의를 기울이지 않으면 자칫 오류에 빠질 수 있다. 예컨대 다음 논증을 살펴보자.

> 모든 사람이 자신의 생각을 자유롭게 표현할 수 있도록 허용해야 한다. 왜냐하면 그렇지 않으면 표현의 자유가 침해되기 때문이다.

이 논증의 전제는 '표현의 자유가 침해되어서는 안 된다'는 것이다. 그런데 결론은 이 전제를 다르게 표현한 것에 지나지 않는다. '표현의 자유가 침해되어서는 안 된다'는 것과 '표현의 자유가 잘 행사되어야 한다'는 것은 크게 다를 바가 없는 주장이다. 따라서 이 논증은 'A. 그러므로 A.'의

형식이기 때문에 타당하기는 하지만, 결론을 받아들이기 위한 좋은 이유를 제시하지 않기 때문에 선결문제 가정의 오류를 범한다고 볼 수 있다. 이제 다음 논증을 살펴보자.

> 코란에 의하면 알라는 마호메트에게 직접 말을 걸었다. 코란은 알라의 말씀을 기록한 것이다. 따라서 코란에 기록된 것은 모두 참이다. 그러므로 알라는 존재한다.

이 논증은 '알라는 존재한다'는 결론을 확립하기 위해 '코란은 알라의 말씀을 기록한 것이다'라는 전제를 이용하고 있다. 결론을 의심하는 사람에게는 이 전제도 마찬가지로 의심스럽다. 그러므로 이 논증은 결론을 받아들여야 할 좋은 이유를 제시하지 않는다. 따라서 이 논증 또한 선결문제 가정의 오류를 범한다.

이제 한 가지 예를 더 살펴보기로 하자.

> 수학자들은 매우 머리가 좋은 사람들이다. 왜냐하면 그들이 머리가 좋지 않았더라면 수학자가 되지 못했을 것이기 때문이다.

이 논증도 선결문제 가정의 오류를 범한다. 왜냐하면 이 논증의 전제는 '수학자들은 매우 머리가 좋은 사람들이다'라는 결론을 단지 달리 표현한 것에 지나지 않기 때문이다.

(1) 좌파인 김 의원은 우리나라가 미제 패트리어트 미사일을 구매해서는 안 된다
고 주장한다. 나는 그의 견해에 결사반대한다. 우리나라를 북한의 미사일 공
격에 무방비 상태로 방치하자는 그런 무책임한 주장을 도저히 용납할 수 없다.

(2) 나는 빈부 격차를 줄이기 위해 부자들에게 더 많은 세금을 거둬 가난한 사
람들에게 재분배해서는 안 된다고 생각한다. 각자가 노력해서 벌어들인 재
산은 정당하게 그의 것이고, 그 어느 누구도 남의 재산에 대해 권리를 주장
해서는 안 되기 때문이다.

(3) 나와 결혼해 주시오. 그렇지 않으면 당신은 평생 후회할 것이오.

(4) 길수는 논리학이 인간의 삶에 있어서 가장 중요한 것은 아니라고 주장한다.
명백히 길수는 비합리주의를 옹호한다. 인류가 현재와 같은 문명을 건설하
기 위해 수백만 년이 걸렸는데 길수의 주장은 이 모든 것을 물거품으로 돌
리고자 하는 것과 무엇이 다른가!

(5) 정부는 의약품에 대해 가격통제를 해야 한다. 그렇지 않으면 제약회사들이
계속 약값을 올릴 것이고, 그들의 이득은 엄청나게 증가할 것이다. 우리는
그러한 부당이득을 결코 용납해서는 안 된다.

(6) 우리는 학생들이 원하는 대로 아무 과목이나 수강할 수 있도록 대학 커리큘
럼을 결코 다양화해서는 안 된다. 커리큘럼을 다양화하다 보면, 학생들은
학점 취득이 용이하고, 듣기 편한 강의를 들으려 할 것이고, 그러다 보면 정

작 들어야 할 수준 높고 어려운 과목들은 폐강되고, 단지 학생들의 인기에만 영합하는 내용 없는 과목들이 대학 교육을 차지하고 말 것이다.

(7) 야당이 제한 없이 정부 여당을 비판하고 공격할 수 있도록 허용하는 것은 종국적으로 국가이익에 부합할 것이다. 왜냐하면 야당이 그러한 자유를 누릴 수 있을 때 국가 이익이 보장되기 때문이다.

(8) 오늘날 우리 사회에서 알코올 중독의 문제가 점차 심각해지고 있다. 그러나 대부분의 알코올 중독자들은 자발적으로 그렇게 된 것이 아니다. 많은 중독자들은 유전적으로 그런 경향성을 타고 난 사람들이거나, 견디기 어려운 심리적 고통을 피하기 위해 알코올에 빠져 들게 된 불쌍한 사람들이다. 따라서 알코올 중독자들은 비난이나 단죄의 대상이 아니라 애정과 동정의 대상이 되어야 한다.

(9) 당신의 회사를 효율적으로 운영할 수 있는 유일한 방법은 직원들이 공포심을 갖도록 하는 것이다. 직원들을 친절히 대하면, 그들은 당신을 우습게보고 적당히 시간이나 때우면서 놀고먹으려 들 것이다. 그러나 당신이 직원들을 엄하게 다루면, 그들은 당신을 위해 최선을 다해 일할 것이다.

(10) 나는 도박을 합법화하는 데 찬성한다. 도박의 합법화에 대해 반대하는 사람들이 있는데, 이들은 모든 유흥을 죄악이라고 생각하는 고지식한 사람들이다.

(11) 내 남자친구는 정말 천사다. 천사는 지상과 하늘을 매개하는 영적 존재이다. 따라서 내 남자친구는 영적 존재이다.

(12) 우리는 국방부를 완전히 해체하던가 아니면 매년 수조 원의 돈을 쓸모없는 국방비로 날려 버려야 한다. 우리나라는 그처럼 천문학적 액수의 돈을 낭비할 여력이 있는 나라가 결코 아니다. 그러므로 우리는 불가피하게 국방부를 해체해야 한다.

(13) 김 의원은 북한에 대한 인도적 지원을 계속해야 한다고 주장한다. 북한의 핵무기 개발을 옹호하는 김 의원의 이러한 주장은 그의 사상을 의심스럽게 한다. 한반도의 핵 위기를 방조하고 공산주의에 동조하는 주장은 결코 자유 민주주의를 표방하는 대한민국 국회에서 용인되어서는 안 된다.

(14) 민족 자결주의는 옳다. 그 이유는 각 민족은 정치적 운명을 스스로 결정할 권리가 있으며, 다른 민족의 간섭을 받아서는 안 되기 때문이다.

(15) 철수는 더 이상 희망이 없는 환자들이 견디기 힘든 고통을 겪을 때 삶의 존엄성을 유지하기 위해 안락사를 선택할 권리를 가져야 하며, 의사들은 환자가 충분히 온전한 정신에서 이러한 결정을 내릴 경우 이에 동의해야 한다고 주장한다. 그러나 단지 환자의 삶의 가치가 더 이상 유지되기 어렵다고 해서 의사에게 한 사람의 생명을 종식시킬 수 있는 권리를 준다는 것은 말도 안 된다. 어느 누구도 다른 사람의 삶을 종식시킬 수 있는 권리를 결코 가질 수 없다. 그리고 이것은 의사의 경우에도 마찬가지다.

(16) 국민에 의한 정부가 최선의 정부이기 때문에 민주주의는 가장 좋은 정부 형태이다.

(17) 철수는 매우 좋은 용병이다. 용병도 사람이다. 따라서 철수는 매우 좋은 사람이다.

(18) 우수한 컴퓨터 기술자인 기용의 봉급을 올려 주어야 한다. 왜냐하면 그는 보다 많은 봉급을 받을 자격이 충분하기 때문이다.

(19) 현재 우리나라 정부는 어려운 결정을 내려야 할 상황에 놓여 있다. 세금을 줄여 국민의 구매력을 증가시키고 이를 통해 침체된 경제를 활성화시키던 가 아니면 의료, 교육 등 증가하는 국민의 복지수요를 충족시키기 위해 복지예산을 증액해야 한다. 그러나 이 모두를 동시에 충족시킬 수 없다. 따라서 복지예산은 결코 증액해선 안 된다.

(20) 국제사회는 북한이 핵을 포기하도록 가혹한 경제제재를 하거나 아니면 무력을 사용해야 한다.

(21) 예수 그리스도는 너의 이웃을 네 자신처럼 사랑하라고 말씀하셨다. 그래서 나도 옆집에 사는 여대생을 사랑한다. 내가 그녀에게 눈을 뗄 수가 없는 것은 바로 이런 이유에서이다.

(22) 내 남편은 나를 사랑한다고 말한다. 그의 말은 진실임에 틀림없다. 왜냐하면 내 남편이 그가 사랑하는 사람에게 거짓말을 할 리가 없기 때문이다.

(23) 최근 한 시민단체는 인도적 견지에서 수해를 입은 북한 주민을 돕기 위해 정부가 대북 식량지원을 재개할 것을 강력하게 촉구했다. 그러나 이것은 명백히 용공행위이다. 수없이 많은 북한 주민들을 억압하고 굶주림에 죽게 한 김정일 정권을 이롭게 하는 행위는 민주주의를 파괴하고 공산주의를 용인하는 이적 행위와 다를 바 없다.

(24) 한 기자가 경제부총리에게 묻는다. "경제부총리님, 최근 청년 실업이 계

속 증가하고 있는데, 이 점에 대해 어떻게 생각하시는지요?" 이에 대해 경제부총리가 답한다. "우리는 항상 긍정적이고 진취적인 태도를 가져야 합니다. 부정적인 태도는 상황을 악화시킬 뿐입니다. 제가 경제부총리에 취임한 이후, 어려운 대내외 여건 속에서도 3%대의 높은 경제성장률을 유지하고 있으며, 수출은 사상 최고가 행진을 계속하고 있습니다."

(25) 보졸레 누보는 매우 좋은 포도주이다. 왜냐하면 이 와인은 세련된 미각을 가진 많은 사람들로부터 호평을 받고 있기 때문이다. 그리고 세련된 미각을 가진 많은 사람들이 보졸레 누보를 호평하는 이유는 이 와인이 매우 좋은 포도주이기 때문이다.

(사) 위협에 호소하는 오류

위협에 호소하는 오류appeal to force는 상대방에게 위협이나 협박을 하여 자신의 주장을 받아들이도록 강요할 때 발생하는 오류이다. 다음의 예를 살펴보자.

> 비서가 사장에게 : 사장님, 저는 내년에 월급을 올려 받을 자격이 있습니다. 제가 사모님과 얼마나 친한지 아시지요. 그리고 사모님이 사장님과 미모의 김 모 여인과의 관계에 대해 알게 되길 원치 않으시죠.

여기서 비서의 위협은 사장으로 하여금 결론을 받아들이게 하는 동기를 제시하지만, 그렇다고 결론을 참이게 하는 근거를 제시하는 것은 아니다. 비서의 협박은 사장이 비서에게 월급을 올려줄 것인가를 결정하는 데 있어서 큰 힘을 발휘할 수 있지만, 그렇다고 결론을 옳게 만들어 주는 것은 아니다. 이와 같은 논증을 위협에 호소하는 논증이라고 부른다. 이제 다음의 예를 살펴보자.

> 나는 여러분 중의 일부가 박길수 씨를 새로운 영업부장에 임명하는 것에 반대한다는 것을 잘 압니다. 그러나 여러분들이 사려 깊게 생각해 보면 박길수 씨가 그 자리에 적임자라는 것을 알게 될 것입니다. 박길수 씨가 그 자리에 임명이 되지 않으면, 여러분의 영업부에 심각한 정리해고가 단행될 수도 있기 때문입니다.

위의 논증에서 논증을 제시하는 사람은 영업부의 사람들을 위협함으로써 박길수 씨가 영업부장 자리의 적임자라는 결론을 받아들일 것을 강요하고 있다. 따라서 이 논증 역시 위협에 호소하는 논증이다. 한 가지 예를 더 살펴보자.

> **외교관 A** 우리의 내정 문제에 대한 귀국의 간섭은 묵과할 수 없는 부당한 내정간섭입니다.
>
> **외교관 B** 우리나라에서 귀국에 대한 수출금지를 고려하는 상황에서, 귀하의 생각은 매우 현명하지 못한 생각입니다.

위의 예에서 외교관 B는 상대방의 주장을 반박하기 위해 수출금지라는 위협을 사용하고 있다. 따라서 외교관 B의 논증 역시 위협에 호소하는 논증이다.

(아) 연민에 호소하는 오류

연민에 호소하는 오류appeal to pity는 상대방이 자신의 주장을 받아들이게 하기 위해 연민에 호소하는 경우 발생하는 오류이다. 다음의 두 예를 살펴보자.

> 사장님, 제 남편은 월급을 올려 받을 자격이 있습니다. 저희 가족은 지금의 월급으로는 저희 아이들을 제대로 먹일 수 없습니다. 더군다나 저희 막내는 지금 수술을 받지 못하면 평생 걷지 못할 겁니다.

> 네 엄마와 나는 오로지 너를 훌륭한 기독교인으로 키우겠다는 일념으로 평생을 바쳐 왔다. 그런데 배은망덕하게 네가 이제 와서 기독교 신앙을 내팽개친다면, 이게 우리 마음에 얼마나 큰 못을 박는 행위인지 너는 정녕 모른단 말이냐!

첫 번째 논증에서 논증을 제시하는 사람은 자신의 남편이 월급을 올려 받을 자격이 있다는 결론을 사장이 받아들이도록 하기 위해 연민과 동정에 호소한다. 이때 사장이 논증을 제시한 사람에 대한 연민에 이끌려 그녀의 남편이 월급을 올려 받을 자격이 있다는 결론을 옳다고 받아들인다면, 그 사장은 연민에 호소하는 오류에 걸려든 것이다. 동정심에 이끌려 월급을 올려 줄 수는 있지만, 그렇다고 위와 같은 논증의 결론이 옳게 되는 것은 아니다. 두 번째 논증이 연민에 호소하는 오류인 이유도 유사하다.

(자) (부적절한) 권위에 호소하는 오류

(부적절한) 권위에 호소하는 오류appeal to illicit authority는 자신의 주장을 정당화하기 위해 동원된 권위가 그 주장에 관련하여 부적절할 경우 발생한다. 다음의 예를 살펴보자.

> 요즘 젊은 세대의 윤리의식이 쇠퇴하고 있다. 왜냐하면 대다수의 의사들이 그렇게 믿고 있기 때문이다.

여기서 논증을 제시하는 사람은 부적절한 권위에 호소하고 있다. 의사들은 도덕적 문제에 관해 특별한 권위를 갖지 않기 때문에, 위의 논증은 결론을 받아들이기에 충분한 근거를 제시하지 않는다. 이제 한 가지 예를 더 살펴보자.

> 인기 연예인 ○○ 씨에 의하면 △△증권은 고객이 정말 믿고 투자할 수 있는 좋은 증권회사이다. 그러므로 아마도 우리의 돈을 △△증권에 맡기는 것이 좋을 것 같다.

이 논증에서 인기 연예인은 증권회사의 신뢰성에 대해 적절한 권위자가 아니다. 더욱이 그가 거액의 출연료를 받고 TV광고에서 어떤 증권회사를 홍보하기 위해 투자를 권유하는 것이라면, 그의 말을 신뢰할 좋은 이유가 없다.

(차) 사람에 대한 오류

사람에 대한 오류argument against the person는 크게 두 가지로 구분된다. 첫 번째 유형은 인신공격의 오류ad hominem abusive이다. 이 오류는 어떤 견해를 논박하는 대신에 단지 그 견해를 주장하는 사람이 나쁜 사람이기 때문에 받아들이면 안 된다고 주장하는 경우이다. 다음의 예를 살펴보자.

> 클린턴 미국 대통령이 제안했던 의료보험 개혁은 일고의 가치도 없다. 그는 거짓말쟁이일 뿐만 아니라 모니카 르윈스키와의 추잡한 섹스 스캔들에 연루됐던 인물이기도 하다.

위의 논증을 제시하는 사람은 클린턴 대통령의 의료보험 개혁에 대한 주장을 직접적으로 비판하지 않고, 대신 클린턴 대통령을 인신공격하고 있다. 비록 클린턴 미국 대통령이 실제로 거짓말을 한 적이 있고, 또한 섹스 스캔들에 연루됐던 적이 있다고 하더라도, 그 사실 자체가 클린턴 대통령의 제안이 잘못된 것임을 보여 주는 것은 아니다. 한 가지 예를 더 살펴보자.

> 우리의 전 시장은 매춘을 합법화하는 데 찬성을 했다. 그러나 그는 뇌물 수수로 공직에서 쫓겨난 타락한 시장이었다. 따라서 매춘을 합법화한다는 것은 말도 안 된다.

위의 논증은 매춘을 합법화해야 한다고 주장한 사람이 타락한 시장이었다는 이유로 그의 주장이 무조건 잘못이라고 주장하고 있다. 이 경우 역시 한 사람의 견해를 비판하는 대신에 그 사람 자신을 인신공격하는 경우이다.

사람에 대한 오류의 두 번째 유형은 정황적 오류ad hominem circumstantial 이다. 이 오류는 반대자의 견해가 그의 특별한 상황에 의해서 강요된 것이 므로 옳지 않다고 주장하는 경우이다. 다음의 예를 살펴보자.

국토교통부 장관 X씨는 경부고속철도에 대한 예산을 삭감해서는 안 된 다고 주장한다. 그러나 그의 가족은 경부고속철도 건설 사업에 참여하고 있는 모 건설회사의 대주주이다. 따라서 X 장관이 예산 삭감에 반대하는 것은 당연하다. 그러므로 우리는 그의 주장을 받아들여서는 안 된다.

위의 논증에 의하면 국토교통부 장관 X씨의 주장이 옳지 않은 이유는 그가 개인적 상황 때문에 그렇게 주장할 수밖에 없다는 것이다. 물론 X 장 관이 그의 주장이 관철될 때 막대한 개인적 이익을 보게 된다면, 그의 주 장을 받아들이기 전에 좀 더 면밀하게 따져봐야 할 필요는 있을 것이다. 그 러나 비록 어떤 사람의 주장이 개인적 이해관계에 의해 유발되었다고 할 지라도 그의 주장은 여전히 옳을 수 있다. 따라서 위의 논증은 X 장관의 주 장을 받아들여서는 안 되는 충분한 근거를 제시해 주지 못한다. 이제 한 가지 예를 더 살펴보자.

대학교수들은 대학원생 육성을 위해 좀 더 많은 정부 예산이 배정되어야 한다고 주장한다. 그러나 이러한 주장은 설득력이 없다. 대학교수들은 대학원생들이 유지되어야 먹고 살 수 있는 사람들이다.

위의 논증을 주장하는 사람은 대학원생 육성을 위해 좀 더 많은 정부 예 산이 대학에 배정되면, 대학교수들이 이득을 보기 때문에, 위와 같은 주장 을 신뢰해서는 안 된다고 주장한다. 그러나 앞서 언급했던 것처럼 어떤 사람이 그의 견해 또는 입장으로부터 이득을 얻는다는 사실 자체가 그의 견해가 잘못된 견해라는 것을 보여 주는 것은 결코 아니다.

(카) 피장파장의 오류

피장파장의 오류Tu quoque는 상대방의 주장을 상대방도 같은 처지임을 지적함으로써 반박하려 하는 경우에 발생한다. 다음의 예를 살펴보자.

> 의사 선생님, 제가 건강을 위해 담배를 끊어야 한다고요? 그렇지만 의사 선생님 자신도 담배를 못 끊고 있지 않습니까.

상대방이 담배를 못 끊고 있다는 사실과 내가 담배를 끊어야 한다는 것은 별개의 문제이다. 한 가지 예를 더 살펴보자.

> 옆에 있는 염색 공장에서 우리 공장이 이 도시를 가로지르는 강을 가장 심하게 오염시킨다고 고발을 했다. 그런데 이것은 참으로 부당한 일이다. 그 공장에서 배출하는 폐수도 만만치 않기 때문이다.

옆에 있는 공장이 폐수를 배출한다는 것이 사실이라고 해서, 위의 논증을 제시하는 사람의 공장이 폐수를 배출한다는 주장이 잘못된 주장이라는 결론은 도출되지 않는다.

다음 논증들이 오류를 범하는지 아닌지를 평가하고, 오류를 범하고
있다면 그 오류가 무엇인지 밝히시오.

(1) 경리부에 새로 생긴 일자리는 최길수 씨에게 주어야 한다. 최길수 씨는 먹
이고 입혀야 할 자식이 자그마치 여섯이나 되고, 그의 아내는 곧 백내장 수
술을 받지 않으면 실명하게 된다고 한다.

(2) 박 씨는 그가 추천하는 땅에 투자하면 큰돈을 번다고 네게 말하지만, 그의
말을 절대 믿어서는 안 된다. 네가 그 땅을 살 때 그는 엄청난 거래 성사비
를 받게 되어 있다.

(3) 나더러 술을 끊으라고 말하는데, 허구한 날 술독에 빠져 있는 사람은 바로
너다.

(4) 중국에서 온 사람이 한국의 부정부패에 대해 불평한다는 것은 웃긴 일이다.
중국은 한국보다 더 부패한 나라이다.

(5) 박길수 의원은 현 정권이 제안한 모든 정책에 대해 비판적이다. 아마도 박
길수 의원이 경영하는 회사에 대해 국세청 특별 세무조사를 실시할 수 있
음을 강조하여 그가 국정에 대해 잘못된 생각을 갖고 있음을 일깨워 줄 필
요가 있을 것이다.

(6) 뭐 때문에 우리가 재소자들의 법적 권리를 보호하기 위해 애써야 한다는 말
인가? 그들이 감옥에 간 것은 그들 스스로 법을 무시할 것을 선택했기 때문
이다.

(7) 선생님, 제가 기말 시험을 치르지 못한 것은 회사에 취직이 되었기 때문입니다. 저희 집안 사정으로 저는 하루라도 빨리 취업을 해야 했습니다. 이번에 졸업을 하지 못하면 저의 취업은 취소가 됩니다. 요사이 얼마나 취업난이 심한지 잘 아시지요. 제발 취업이 취소되지 않도록 적절한 학점을 주시기 바랍니다.

(8) 피카소가 20세기를 대표하는 미술가임에 틀림이 없다. 세계적 명성을 지닌 저명한 물리학자인 리차드 파인만이 그렇게 주장했다.

(9) 프란시스 베이컨의 철학은 신뢰하기 어렵다. 왜냐하면 그는 부정직한 일로 대법관의 자리에서 쫓겨난 인물이었기 때문이다.

(10) 최근 노무현 대통령은 꼬인 정국을 해결하기 위해 여야 정치협상을 한나라당에 제안했다. 이 제안은 일고의 가치도 없다. 야당의 반대로 인해 산적한 정치 현안을 전혀 처리하지 못하고 있는 현재의 난국에서 벗어나기 위한 꼼수에 불과하다.

(11) 길수는 서울 경찰청의 올해의 우수 경찰상을 받아야 한다. 그의 아내는 오랜 투병생활 끝에 최근 암으로 세상을 떴고, 그는 노모를 포함해 여섯 식구를 먹여 살려야 한다. 게다가 최근에 그의 어린 딸이 교통사고를 당해 많은 치료비가 든다고 한다.

(12) 뭐, 내가 정직하지 못하다고? 그런 너는 중간고사에서 부정행위를 했잖아.

(13) 존경하는 재판관님, 증인 김혜영은 그녀와 피고가 금은방에 강도사건이

발생했을 때 영화를 같이 봤다고 증언했습니다. 그러나 본 검사는 김혜영과 피고가 연인 사이임을 입증했습니다. 또한 그 강도 사건이 발생했을 때, 증인 김혜영을 청량리 현대백화점에서 봤다는 목격자가 있음을 입증했습니다. 그러므로 검찰은 증인 김혜영이 제시한 피고의 알리바이가 성립되지 않음을 주장합니다.

(14) 최근 고유가 문제에 대처하기 위해 정부에서는 시민들에게 출퇴근 시 가급적 대중교통을 이용할 것을 적극 홍보하고 있다. 그러나 정작 자신들은 승용차로 출퇴근하는 정부 부처 고위관료들의 이러한 요구를 어떻게 진지하게 받아들일 수 있나?

(15) 우리 아빠는 운전 중에 핸드폰을 사용해선 안 된다고 주장하신다. 그렇지만 이것은 말도 안 된다. 늘 운전 중에 통화하는 것은 우리 아빠 자신이다.

(16) 한미 FTA 저지 범국민운동본부에 의하면 한미 FTA가 체결되면 한국 경제가 미국의 다국적 기업에 예속하게 되어 국가경제가 도탄에 빠지게 된다고 한다. 따라서 우리는 한미 FTA를 무슨 일이 있더라도 저지해야 한다.

(17) 최 의원은 최근 국회 대정부 질의에서 건설경기를 부양하기 위한 정부지출을 늘릴 것을 강력히 요구했다. 그러나 그의 주장은 일고의 가치도 없다. 왜냐하면 그의 장인은 국내건설도급순위에서 십 위권에 드는 굴지의 건설회사 최고경영자이기 때문이다.

15-2. 두 가지 유형의 귀납 논증과 귀납적 오류

이 절에서는 우리는 귀납 논증과 흔히 범하기 쉬운 몇 가지 귀납적 오류에 대해 살펴 볼 것이다. 앞서 제2장에서 언급했던 것처럼, 귀납 논증은 전제의 참이 결론의 참을 보증한다고 주장하지 않고, 대신에 전제의 참이 결론의 참을 믿을 만한 좋은 이유를 제시한다고 주장한다. 이러한 귀납 논증은 크게 두 가지 종류로 구분될 수 있다. 하나는 구체적인 주장에서 일반적인 주장으로 추론하는 경우이고, 다른 하나는 그 반대의 경우이다.

(가) 두 가지 유형의 귀납 논증

(1) 구체적인 주장에서 일반적인 주장에로의 귀납 논증particular-to-general
   inductive arguments

가장 흔한 종류의 귀납 논증은 구체적인 관찰에 관련된 전제로부터 보다 일반적인 결론으로의 추론이다. 다음의 두 예를 보자.

> (a) 지금까지 관찰된 모든 까마귀들은 검다. 그러므로 모든 까마귀들은 검다.
> (b) 5,000명을 표본으로 한 연구에 의하면, 68%의 유권자들이 헌법 개정에 반대했다. 그러므로 약 68%의 유권자들이 헌법 개정에 반대한다.

위의 두 논증 모두 결론이 전제보다 더 일반적인 주장이다. 이와 같은 논증을 '귀납적 일반화'inductive generalization라고 한다. 귀납적 일반화에는 두 가지 유형이 있다. 첫 번째 유형은 (a)의 경우처럼 결론이 주어 집합의 모든 원소들에 관한 경우이다. 논증 (a)는 관찰된 사실을 전제로 하여 아직 관찰되지 않은 까마귀들을 포함한 모든 까마귀들에 관한 결론을 이끌어 낸다. 이런 경우를 '보편적 귀납적 일반화'universal inductive generalization라고 부른다. 두 번째 유형은 (b)의 경우처럼 결론이 주어 집합의 모든 원소들이 아니라, 일부 원소들에 관한 경우이다. 논증 (b)에서 결론은 모든 유권자들이 아니라 68%의 유권자들이 헌법 개정에 반대한다는 주장이다. 이런 경우를 '통계적 귀납적 일반화'statistical inductive generalization라고 부른다.

(2) 일반적인 주장에서 구체적인 주장에로의 귀납 논증general-to-particular
inductive arguments

> 큰 수술을 받은 대다수의 90세 이상의 노인들은 다소 심한 수술 후유증을 겪는다. 영자 할머니는 93세이고, 얼마 전 위암 수술을 받았다. 그러므로 아마도 영자 할머니는 수술 후유증을 겪을 것이다.

이 논증에서 첫 번째 전제는 통계적인 일반화이다. 그리고 결론은 한 개인의 특수한 경우이다. 이런 논증을 '통계적 삼단논법'statistical syllogism이라고 부른다. 이것은 앞서 언급한 통계적 일반화와 반대 방향으로 이루어지는 논증이다. 즉 집단 전체에 대한 통계적 정보로부터 그 집단의 일부에 대한 결론을 도출하 하는 경우이다.

(나) 귀납적 오류

(1) 성급한 일반화의 오류
성급한 일반화hasty generalization의 오류는 귀납적 일반화가 너무 적은 표본들 또는 비전형적인 경우들을 근거로 할 때 발생한다. 우선 귀납적 일반화가 너무 적은 수의 표본들에 근거한 예를 살펴보자.

> 김 씨의 현대 소나타는 구입한지 일 년도 채 안되어서 얼터네이터가 고장이 났다. 박씨의 현대 그랜저는 6개월 만에 트랜스미션에서 문제가 발생했다. 요사이 현대에서 만드는 자동차들은 형편없는 차들이라는 것이 명백하다.

이 논증의 결론은 단지 두 가지 사례에 근거하고 있다. 현대에서 생산하는 엄청난 수의 자동차들을 감안할 때, 위의 두 사례는 결론을 옹호하기에 불충분하다. 따라서 위의 논증은 성급한 일반화의 예라고 볼 수 있다.

> X시의 시장은 불교에 대해 편견이 있음이 틀림없다. 그가 시장에 취임한 직후 중요 보직에 세 사람을 임명했는데 그들 모두 교회에 나가는 사람들이었다.

> 오늘 일간신문에 의하면, 몇 사람의 인기 연예인들이 상습적으로 대마초를 피워 오다 대마 관리법에 의해 구속되었다. 요사이 인기 연예인들은 마약에 상습적으로 손대고 있음이 틀림없다.

위의 두 예들도 첫 번째 예와 마찬가지로 결론이 너무 적은 사례들로부터 도출된 성급한 일반화의 경우들이다. 이제 귀납적 일반화가 비전형적인 사례에 의존된 예를 살펴보자.

> 어제 밤 김 씨는 산기가 있는 그의 아내를 병원에 급히 데리고 가기 위해

빨간 신호등을 여러 차례 무시하고 운전하였다. 그러므로 우리는 우리가 필요할 때는 언제든지 신호등을 무시할 수 있다.

위의 일반화는 특수한 경우에 의거하고 있다. 때때로 신호등을 무시하는 것이 용납될 수 있는 특수한 경우가 있을 수 있다. 그런 특수한 경우가 있다고 해서 똑같은 것이 모든 경우들에 용납되어야 한다는 결론은 도출되지 않는다. 다음의 예도 유사한 경우이다.

참을 수 없는 고통을 느끼는 말기 환자들은 모르핀 주사를 맞는 것이 허용된다. 따라서 모든 사람은 원하면 모르핀 주사를 맞을 수 있다.

그렇지만 귀납적 일반화가 적은 사례들에 의거했다고 반드시 성급한 일반화의 오류를 범하는 것은 아니다. 다음의 예를 보자.

10밀리그램의 화학 물질 X를 네 마리의 실험용 쥐에 주사했다. 그리고 2분 안에 네 마리 쥐 모두 경련을 일으키며 죽었다. 아마도 이 정도 양의 화학 물질 X는 보통의 쥐에게 치사량인 것 같다.

위의 귀납적 일반화는 단지 네 마리의 쥐의 사례에 의거하고 있지만, 네 마리 쥐 모두가 2분 안에 경련을 일으키며 죽었다는 사실은 화학 물질 X를 투여함과 쥐들의 죽음 사이에 모종의 인과관계가 성립함을 시사한다. 그러한 인과관계가 성립한다면, 이것은 다른 쥐들에게도 적용될 것이다.

두 사건들 사이에 적극적인 상관관계가 성립한다는 사실은 양자 사이에 인과관계가 성립한다는 좋은 증거일 수 있다. 따라서 위의 예처럼 두 사건들 사이의 상관관계로부터 인과관계를 추론하는 논증은 때때로 합리적인 논증일 수 있다. 그러나 상관관계 자체가 인과관계를 결정적으로 보여 주는 것은 아니다. 따라서 두 사건들 사이의 상관관계만을 근거로 해서 양자 사이의 인과관계를 추론할 경우 오류가 발생할 수 있다.

(2) 편향된 통계의 오류

귀납적 일반화를 위해 선택된 표본은 집단을 대표할 수 있는 표본이어야 한다. 표본이 대표성을 갖기 위해서는 충분한 다양성을 갖고 있어야 하며, 또한 표본의 크기가 충분해야 한다. 충분치 못한 크기의 표본으로부터 결론을 이끌어 내면 앞서 언급한 성급한 일반화의 오류를 범하게 된다. 반면 충분한 다양성을 갖지 못한 표본으로부터 결론을 이끌어낸 경우는 '편향된 통계biased statistics의 오류'라고 부른다. 다음 예를 고려해 보자.

> 1936년 미국의 잡지사인 리터러리 다이제스트는 그 해 대통령 선거에서 프랭크 루즈벨트가 이길지 아니면 알프레드 런던이 이길지를 예측하기 위해 여론조사용 투표용지를 천만 장이나 발송했다. 이때 투표용지가 발송된 사람들은 전화번호부, 잡지 구독자, 그리고 자동차 소유자 명부에서 임의로 선택된 사람들이었다. 투표에 참여한 150만 표에 의하면 런던이 큰 표차로 승리하는 것으로 예측되었다. 그러나 결과는 이와 달리 루즈벨트가 런던에 대해 62% 대 38%의 압도적 차이로 승리하였다.

150만 표는 여론조사의 관점에서 결코 적은 표본이 아니다. 그런데 왜 예측이 빗나간 것일까? 문제는 1936년 미국의 상황에서 전화나 자동차를 소유한 사람은 주로 고소득자였기 때문이다. 다시 말해 선택된 표본은 유권자의 다양성을 반영하지 못한 편향된 표본biased sample이었다. 또 한 가지 예를 살펴보자.

최근 개최된 동성애자 인권캠프에서 동성결혼 허용 여부에 대해 여론조사를 실시했다. 여론조사에 참여한 90% 이상의 사람들이 동성결혼을 허용해야 한다고 응답했다. 최근 대다수의 사람들은 동성결혼이 허용되길 바라는 것 같다.

위의 여론조사는 동성애자 인권캠프에 참여한 사람들을 표본으로 한 조사이다. 동성애자 인권캠프에 참여한 사람들은 동성애에 대해 긍정적인 태도를 갖고 있을 개연성이 높다. 따라서 위의 표본조사는 대표성을 가질 수 없는 편향된 표본에 기반을 둔 조사라고 볼 수 있다.

(3) 거짓 원인의 오류

거짓 원인false cause의 오류는 결론이 존재하지 않거나 사소한 인과관계에 근거하여 도출된 경우 발생하는 오류이다.

(a) 우연한 동시 발생과 시간적 연속은 인과관계를 확립시키지 않는다.

대통령의 TV 연설이 끝난 직후 홍성 부근에서 진도 6 이상의 심한 지진이 발생했다. 그곳에 사는 사람들의 안전을 위해서 대통령은 더 이상의 TV 연설을 해서는 안 될 것이다.

김 목사가 우리 교회에 목사로 부임한 이후 6개월 동안 우리 교회 신도들 중 다섯 명이나 사망하였다. 신도들의 생명을 위해 김 목사를 쫓아내는 수밖에는 도리가 없다.

지난 다섯 달 동안 우리 응원단이 빨간색 티셔츠를 입고 응원할 때 마다 우리팀이 졌다. 따라서 더 이상의 패배를 피하기 위해서 응원단이 더 이상 빨간색 티셔츠를 입지 못하도록 해야 한다.

한 사건이 다른 사건에 앞서서 발생했다고 해서, 한 사건이 다른 사건의 원인이 되는 것은 아니다. 따라서 위 논증들은 거짓 원인의 오류를 범한다.

⒝ 원인으로 간주된 것이 진짜 원인이 아닌 경우들

성공적인 기업의 이사들은 2억 원 이상의 연봉을 받는다. 따라서 박길수 이사를 성공적인 이사가 되게 하는 최선의 방법은 그의 연봉을 적어도 2억 원 이상으로 올리는 것이다.

이 경우 기업 이사들로서 성공했기 때문에 많은 연봉을 받는 것이지, 그 반대는 아니다. 따라서 위의 논증은 원인과 결과를 혼동하고 있다.

오늘날 과거보다 더 많은 수의 법률이 제정되어 있다. 그리고 과거보다 더 많은 범죄들이 발생하고 있다. 따라서 범죄 발생률을 줄이려면, 우리는 법률들의 수를 줄일 필요가 있다.

오늘날 과거보다 더 많은 범죄가 발생하는 것은 더 많은 수의 법률들이 제정되었기 때문이 아니라, 다른 원인 때문일 수 있다. 예컨대 수단과 방법을 가리지 않고 권력과 돈을 추구하는 현재의 사회 상황이나 또는 극심한 빈부 격차가 보다 많은 범죄를 유발시키는 원인일 수 있다. 또한 계속 새로운 법률들을 제정해야 하는 이유는 신종 범죄들이 발생하기 때문이지 그 반대는 아니다.

암으로 병원에 입원한 대다수의 노인들은 결국 암으로 죽고 만다. 따라서 암을 치료하고 싶은 노인들은 결사적으로 입원을 거부해야 한다.

암으로 병원에 입원한 대다수의 노인들이 결국 암을 이겨내지 못하고 죽는 것은 암이 치명적인 질병이며, 또한 노인들이 암을 이겨내기에는 이미 체력이 쇠약한 상태에 있기 때문이지 병원에 입원했기 때문이 아니다.

(c) 지나치게 원인을 단순화시키는 오류

이 오류는 어떤 사건이 복잡한 여러 원인들을 갖고 있음에도 그중 단지 하나가 그 사건의 유일한 원인인 것으로 주장될 때 발생한다.

요사이 교육의 질이 점차 떨어지고 있다. 요사이 교사들이 그들의 임무를 충실히 수행하고 있지 않음이 분명하다.

교육의 질이 떨어지는 데는 복합적 요인들이 작용한다. 예컨대 가정 내의 규율의 상실, 지나친 TV 시청과 컴퓨터 게임, 학교 교육에 대한 부적절한 투자, 등등. 따라서 교사들의 강의 능력 부족은 교육의 질이 떨어지는 상황에 대한 부분적 원인일 수는 있으나, 유일한 원인은 아니다.

오늘날 우리는 과거 세대보다 평균수명이 크게 늘어났다. 따라서 우리는 우리의 건강을 위해 노력하는 수많은 의사들의 노고에 진정으로 감사해야 한다.

의사들의 노력은 우리의 평균수명이 늘어난 이유를 구성하는 많은 원인들 중의 하나에 불과하다. 예컨대 과거에 비해 현재의 우리는 더 균형된 영양을 섭취하고, 건강에 더 신경을 쓰며, 또한 여러 가지 재해를 보다 효과적으로 막고 있다.

(d) 명확한 인과관계를 밝히기 어려운 경우

> 로널드 레이건이 8년간 미국 대통령으로 재임하는 동안 구 소련을 포함한 동유럽 공산국가에 대해 강경 노선을 견지했다. 그리고 그가 퇴임한 이후 얼마 되지 않아 공산주의는 동유럽에서 사라지게 되었다. 따라서 레이건의 정책이 효과적이었음이 분명하다.

레이건의 강경 노선과 동유럽에서의 공산주의의 몰락 사이의 인과관계를 밝히는 것은 쉬운 일이 아니다. 따라서 위와 같은 논증을 결정적으로 반박하는 것은 어려운 일이다. 그렇지만 마찬가지로 무엇이 원인이고 무엇이 결과이며, 이러한 사건들이 어떤 방식으로 인과적으로 연결되어 있는지를 알기 어렵기 때문에, 이러한 것들에 대한 추가적인 논증이 제시되지 않는 한 위와 같은 논증은 설득력을 갖기 어렵다.

15-3. 유비 논증

끝으로 귀납 논증의 한 유형인 유비 논증에 대해 살펴보자. 유비 논증의 기본 구조는 다음과 같다.

X와 Y는 많은 점에서 유사하다. 즉 X와 Y는 a, b, c 등의 속성을 공유

한다. X는 추가로 z라는 속성을 갖고 있다. 그러므로 Y도 z라는 속성을 갖고 있을 것이다.

X와 Y가 많은 점에서 유사하면, 이들이 그 밖의 다른 점에도 유사할 개연성이 높다. 그렇지만 양자는 동일한 것이 아니기 때문에 X가 z라는 속성을 갖고 있다고 해서 반드시 Y도 z라는 속성을 갖고 있을 필요는 없다. 따라서 유비 논증은 귀납 논증의 일종이다. 예컨대 다음 두 예를 고려해 보자.

전선을 통한 전기의 흐름은 도관을 통한 물의 흐름과 유사하다. 지름이 큰 도관은 지름이 작은 도관에 비해 많은 양의 물을 전달할 수 있다. 따라서 큰 지름의 전선은 작은 지름의 전선보다 많은 양의 전기를 전달할 수 있을 것이다.

영수의 집엔 TV, 냉장고, 전자레인지, 그리고 홈 씨어터 시스템이 있다. 철수의 집에도 TV, 냉장고, 전자레인지가 있다. 따라서 아마도 철수의 집에도 홈씨어터 시스템이 있을 것이다.

첫 번째 논증은 좋은 유비 논증이다. 왜냐하면 도관의 지름과 물 흐름의 양 그리고 전선의 지름과 전기 흐름의 양 사이에 적절한 유비관계가 성립하기 때문이다. 이처럼 유비 논증은 첫 번째 전제에서 지적된 X와 Y의 유사성, 즉 양자의 공유 속성 a, b, c 등과 두 번째 전제에서 지적된 속성 z 사이에 적절한 관련성이 있으면, 좋은 유비 논증이 될 수 있다. 반면에 두 번째 논증은 좋은 유비 논증이 아니다. 어느 집이나 흔히 TV, 냉장고, 전자레인지는 있다. 이런 물품은 대개의 가정에서 생필품이기 때문이다. 그러나 이러한 생필품이 있는 것과 홈 씨어터 시스템이 있는 것 사이에는 적절한 상관관계가 없다. 따라서 영수의 집에 홈 씨어터가 있다고 해서 철수의 집에도 있을 것이라고 추론할 아무런 근거가 없다. 이처럼 결론을 옹호하기 위한 적절한 유비가 성립하지 않을 때 이것을 '약한 유비weak analogy의 오류'를 범한다고 말한다.

이제 좀 더 실제적인 유비 논증의 예를 한 가지 살펴보자. 다음은 자신에게 사형을 선도한 아테네 법정의 결정을 왜 존중해야 하는지에 대한 소크라테스의 논증이다.

> 부모 없이 나는 세상에 존재할 수 없었다. 내가 세상에 태어나게 된 것은 내 아버지와 어머니가 아테네에서 결혼하여 나를 낳았기 때문이다. 내 부모는 또한 나를 먹여 주고, 재워 주고, 키워 주고 교육시켜 주셨다. 따라서 나는 부모와 동등한 권리를 갖지 않는다. 부모가 나를 싫어한다고 해서, 나 또한 부모를 싫어할 권리를 갖게 되는 것이 아니다. 부모가 나를 때린다 해서 나 또한 부모를 때릴 권리를 갖는 것도 아니다. 아테네는 내가 태어나고, 자라고, 교육을 받은 곳이다. 내가 지금껏 윤택한 삶을 살 수 있도록 해 준 부모와 같은 곳이다. 따라서 아테네가 내게 나쁜 결정을 내렸다고 해서, 내가 아테네에 대해 보복할 권리를 갖게 되는 것이 아니다. 나는 내 부모와 선조를 진정으로 존중하는 만큼 마찬가지로 내 조국을 진정으로 존중해야 한다. 부모의 어떤 지시가 내 맘에 들지 않는다고 거부하는 것은 불경스러운 일이다. 마찬가지로 조국의 어떤 지시가 내게 불리하다고 해서 거부하는 것은 이에 못지않게 불경스러운 일이다.

대략적으로 위 논증을 다음과 같이 재구성할 수 있다.

(1) 자신의 사회는 자신의 부모와 같다.

(2) 자신의 부모에 해를 가해서는 안 된다.

(3) ∴ 자신의 사회에 해를 가해서는 안 된다.

앞서 언급했던 것처럼, 주어진 유비 논증이 얼마나 설득력 있는 논증인지는 주장된 유비관계가 얼마나 적절한지에 달려 있다. 따라서 위에서 제시된 소크라테스의 논증의 적절성은 부모와 사회 사이에서 적절한 유비관계가 성립하는지에 달려 있다. 아테네 법정의 판결을 따르고자 하는 소크라테스의 결정과 관련하여 부모와 사회 사이에 적절한 유비관계가 성립한다고 생각하는 사람에게 소크라테스의 논증은 설득력이 있을 것이고, 그렇지 않다고 생각하는 사람에게는 설득력이 없을 것이다. 따라서 위와 같은 유비 논증을 비판하고자 한다면, 적절한 유비관계가 성립하지 않음을 주장해야 한다. 즉 부모와 사회 사이에 적절한 유비관계가 성립하지 않음을 지적해야 한다. 예컨대 부모는 적어도 정상적인 경우 자신의 아들에게 독을 마시도록 강요하지 않을 것이란 점을 지적할 수 있다.

연습문제 C 다음 논증들이 오류를 범하는지 아닌지를 평가하고, 오류를 범하고 있다면, 그 오류가 무엇인지 밝히시오.

(1) 이 주 전에 옆집에 강도가 들었는데, 그 용의자는 10대 후반의 남자였다. 그리고 어제 남대문 시장에서 한 10대 후반의 남자가 한 중년 여성의 핸드백을 날치기 하였다. 요사이 10대 후반 남자들은 우범자들과 다름없다.

(2) 내가 자동차를 세차할 때마다 곧이어 비가 왔다. 따라서 나의 세차 행위가 구름 속의 수분을 응결시키는 것이 틀림없다.

(3) 아무도 김 씨가 차를 운전하는 것을 본 사람이 없다. 그렇지만 김 씨는 차를 소유하고 있다. 항상 그의 아내가 그 차를 운전한다. 그러므로 아마도 김 씨는 운전을 하지 않는 것 같다.

(4) 대통령 중심제하에서의 대통령은 군주제하에서의 왕과 같다. 과거 시대에 왕은 많은 궁녀를 거느릴 수 있었다. 마찬가지로 현대의 대통령도 안가에서 자신의 성적 취향을 충족할 수 있도록 허용되어야 한다.

(5) 병원에 입원하는 것과 사망하는 것 사이에는 유의미한 상관관계가 있다. 그러므로 병원은 사망의 중요한 인과적 요인들 중의 하나이다.

(6) 김갑수 씨를 우리 부서의 새로운 매니저로 임명하는 것은 좋은 생각이 아닌 듯하다. 지난 15년 간 김갑수 씨는 총 다섯 개의 사업을 경영했는데, 모두 다 그의 무능한 리더십의 결과로서 파산하였다.

(7) 지난 주말에 럼주 열 잔과 콜라 한 잔을 마셨는데, 다음날 아침 머리가 아팠다. 그리고 월요일에 버본 위스키 아홉 잔과 콜라 한 잔을 마셨는데, 다음날 아침 역시 머리가 아팠다. 따라서 더 이상 머리가 아프지 않기 위해서 앞으로 콜라를 마시지 말아야 한다.

(8) 어제 내가 먹은 중국 식당의 음식은 정말 맛이 없었다. 난 이제 다시는 중국 음식을 먹지 않을 것이다.

(9) 일월에 박 여사는 비타민을 복용하기 시작했다. 그리고 사월에 박 여사는 암으로 세상을 떠났다. 비타민이 건강에 매우 해로운 것임이 분명하다.

(10) 내가 신촌역 근방에 있는 도넛가게에서 도넛을 사 먹은 후 식중독에 걸렸을 때, 나는 현기증을 느꼈고, 또한 밤새 구토에 시달렸다. 따라서 현기증이 구토를 일으켰음에 틀림없다.

(11) 남편은 배의 선장과 같은 존재다. 폭풍후가 몰아치는 상황에서는 무조건 선장의 명령에 복종해야 위기에서 벗어날 수 있다. 따라서 집안에 위기가 닥쳤을 때는 무조건 남편의 말에 복종해야 한다.

(12) 변호사 X는 최근 그가 승소한 사건의 이익금 대부분을 고객으로부터 부당하게 가로챘다. 그리고 변호사 Y는 최근 대규모 토지 사기 사건에 연루됐다. 그리고 최근 변호사 Z는 비싼 수임료를 받고 그의 형사사건 의뢰인의 해외 도주를 도왔다. 결론은 분명하다. 요사이 변호사들은 돈이면 무슨 짓이든 하는 사기꾼들에 불과하다.

(13) 오늘 아침 보도에 의하면, 미리 유언장을 작성하는 사람들이 그렇지 않은 사람들보다 일반적으로 더 오래 산다고 한다. 따라서 나도 미리 유언장을 작성해야겠다.

(14) 내가 지금까지 사용해 온 만년필은 모두 동일한 제품이었으며, 그것들은 모두 필기감이 좋았다. 이번에 새로 산 만년필도 동일한 제품이다. 따라서 이 만년필 역시 필기감이 좋을 것이다.

(15) 나는 나의 프로코렉스 자전거를 지난 오 년 간 한 번도 수리한 적이 없다. 내 친구 영철도 프로코렉스 자전거를 갖고 있는데, 그의 자전거도 지금껏 수리 없이 잘 달린다. 프로코렉스 자전거는 최고의 자전거 브랜드임에 틀림없다.

(16) 어제 밤 친구들과 밤늦게까지 술집에서 술을 마시다 깜빡 잊고 쇼핑 가방을 그냥 두고 귀가했다. 다음 날 쇼핑 가방을 찾으러 어제 갔던 술집에 들러 쇼핑 가방을 찾으니 보지 못했다고 한다. 요즘 술집 주인들은 도둑과 다를 바 없다.

(17) KBS 클래식 FM 청취자들을 상대로 한 여론조사 결과, 응답자들의 85%가 힙합보다는 클래식 음악을 선호한다는 것이 밝혀졌다. 따라서 음악방송 청취자들의 85% 정도는 힙합보다는 클래식 음악을 선호한다.

(18) 일 년 전에 X사 벽걸이 시계를 샀는데, 몇 달 만에 분침이 떨어져 버렸다. 그래서 다른 것으로 교체했는데, 그것도 오래지 않아 시간이 조금씩 늦게 갔다. 너무 화가 치밀어 가장 친한 친구에게 하소연을 했더니, 놀랍게도 그 친구가 샀던 X사 벽걸이 시계도 구입한 지 얼마 되지 않아 고장이 났었다고 한다. X사 벽걸이 시계들은 전혀 신뢰할 수 없는 불량품들임에 틀림없다.

(19) 친구는 자동차의 스페어타이어와 같은 존재다. 스페어타이어는 평상시에는 그다지 중요하지 않지만, 바퀴가 펑크가 난 위급한 상황에서는 꼭 필요한 존재이다. 따라서 친구는 평상시에는 그다지 중요하지 않다.

부록

삼단논법

Logical Inference and Proof Techniques

삼단논법

술어 논리가 고안된 이후 더 이상 삼단논법에 의존할 필요성은 없어졌다. 하지만 삼단논법은 지난 이천 년 간 사용되어 온 논리이므로, 이에 대한 어느 정도의 이해는 필요하다. 따라서 앞서 제4장에서 간단히 소개했던 삼단논법에 대해 좀 더 자세히 살펴보자.

앞서 제4장에서 언급했던 것처럼, 정언 진술은 주어에 의해 지시되는 집합의 전부 또는 일부가 술어에 의해 지칭되는 집합에 의해 포함 또는 배제되었음을 주장하는 진술이다. 그리고 정언 진술에는 다음의 네 가지 종류가 있다.

(A) 진술 : 모든 F들은 G이다. $(\forall x)(Fx \rightarrow Gx)$

(E) 진술 : 어느 F도 G가 아니다. $(\forall x)(Fx \rightarrow \sim Gx)$

(I) 진술 : 어떤 F들은 G이다. $(\exists x)(Fx \& Gx)$

(O) 진술 : 어떤 F들은 G가 아니다. $(\exists x)(Fx \& \sim Gx)$

(가) 환위법, 환질법, 부분 환질환위법, 그리고 전체 환질환위법

전통 논리의 규칙인 환위법the law of conversion에 의하면 정언 진술의 유형의 변화 없이 진술에 나타나는 명사의 위치만을 바꾸어 새로운 진술을 다음과 같이 추론할 수 있다.

(1) $I(F, G) \Rightarrow I(G, F)$ $(\exists x)(Fx \, \& \, Gx) \Rightarrow (\exists x)(Gx \, \& \, Fx)$

    (예) 어떤 여성들은 국회의원이다.
    ∴ 어떤 국회의원들은 여성이다.

(2) $E(F, G) \Rightarrow E(G, F)$ $(\forall x)(Fx \rightarrow \sim Gx) \Rightarrow (\forall x)(Gx \rightarrow \sim Fx)$

    (예) 모든 파충류들은 포유류가 아니다.
    ∴ 모든 포유류들은 파충류가 아니다.

환질법the law of obversion은 정언 진술의 형태를 바꾸어 새로운 진술을 추론하는 규칙으로 다음과 같다. 두 번째 명사가 긍정에서 부정으로 바뀐다는 점에 주목하라.

(3) $A(F, G) \Rightarrow E(F, \sim G)$ $(\forall x)(Fx \rightarrow Gx) \Rightarrow (\forall x)(Fx \rightarrow \sim\sim Gx)$

    (예) 모든 뱀들은 파충류이다.
    ∴ 어느 뱀도 비파충류가 아니다.

(4) $E(F, G) \Rightarrow A(F, \sim G)$ $(\forall x)(Fx \rightarrow \sim Gx) \Rightarrow (\forall x)(Fx \rightarrow \sim Gx)$

    (예) 어느 뱀도 포유류가 아니다.

∴ 모든 뱀들은 비포유류이다.

(5) I(F, G) ⇒ O(F, ~G)   (∃x)(Fx & Gx) ⇒ (∃x)(Fx & ~~Gx)

(예) 어떤 동물들은 개이다.
∴ 어떤 동물들은 비개가 아니다.

(6) O(F, G) ⇒ I(F, ~G)   (∃x)(Fx & ~Gx) ⇒ (∃x)(Fx & ~Gx)

(예) 어떤 동물들은 개가 아니다.
∴ 어떤 동물들은 비개이다.

부분 환질환위법the law of partial contraposition은 주어진 진술을 환질하고, 이렇게 얻어진 진술을 다시 환위하여 새로운 진술을 추론하는 규칙으로 다음과 같다.

(7) A(F, G) ⇒ E(F, ~G) ⇒ E(~G, F)
(∀x)(Fx → Gx) ⇒ (∀x)(Fx → ~~Gx) ⇒ (∀x)(~Gx → ~Fx)

(예) 모든 뱀들은 파충류이다.
∴ 어느 뱀도 비파충류가 아니다. (환질)
∴ 어느 비파충류도 뱀이 아니다. (환위)

(8) O(F, G) ⇒ I(F, ~G) ⇒ I(~G, F)
(∃x)(Fx & ~Gx) ⇒ (∃x)(Fx & ~Gx) ⇒ (∃x)(~Gx & Fx)

(예) 어떤 동물들은 호랑이가 아니다.

∴ 어떤 동물들은 비호랑이이다. (환질)

∴ 어떤 비호랑이들은 동물이다. (환위)

끝으로 전체 환질환위법the law of full contraposition은 주어진 진술을 환질하고, 이렇게 얻어진 진술을 환위하고, 그다음 그렇게 얻어진 진술을 또다시 환질하여 새로운 진술을 이끌어 내는 추론 규칙이다.

(9) A(F, G) ⇒ E(F, ~G) ⇒ E(~G, F) ⇒ A(~G, ~F)

$(\forall x)(Fx \rightarrow Gx) \Rightarrow (\forall x)(Fx \rightarrow \sim\sim Gx) \Rightarrow$

$(\forall x)(\sim Gx \rightarrow \sim Fx) \Rightarrow (\forall x)(\sim Gx \rightarrow \sim Fx)$

(예) 모든 뱀들은 파충류이다.

∴ 어느 뱀도 비파충류가 아니다. (환질)

∴ 어느 비파충류도 뱀이 아니다. (환위)

∴ 모든 비파충류들은 비뱀이다. (환질)

(10) O(F, G) ⇒ I(F, ~G) ⇒ I(~G, F) ⇒ O(~G, ~F)

$(\exists x)(Fx \& \sim Gx) \Rightarrow (\exists x)(Fx \& \sim Gx) \Rightarrow$

$(\exists x)(\sim Gx \& Fx) \Rightarrow (\exists x)(\sim Gx \& \sim\sim Fx)$

(예) 어떤 동물들은 호랑이가 아니다.

∴ 어떤 동물들은 비호랑이이다. (환질)

∴ 어떤 비호랑이들은 동물이다. (환위)

∴ 어떤 비호랑이들은 비동물이 아니다. (환질)

(나) 정언 삼단논법

정언 삼단논법categorical syllogism은 정확히 세 개의 명사를 포함하고 있는 세 개의 정언 진술들로 구성된 연역 논증을 말한다. 정언 삼단논법의 한 예는 다음과 같다.

> 모든 포유류들은 동물이다.
> 모든 개들은 포유류이다.
> 그러므로 모든 개들은 동물이다.

위와 같은 삼단논법 논증에서 결론의 술어 개념을 '대개념'major term, 결론의 주어 개념을 '소개념'minor term, 그리고 전제에만 나오는 제3의 개념을 '중개념'middle term이라고 부른다. 그리고 대개념을 포함한 전제를 '대전제'major premise라 하고, 소개념을 포함한 전제를 '소전제'minor premise라고 부른다. 따라서 위의 논증에서 대개념은 '동물', 소개념은 '개', 그리고 중개념은 '포유류'이다. 그리고 첫 번째 전제는 대전제, 두 번째 전제는 소전제이다. 또한 삼단논법의 형식은 중개념의 위치에 따라 네 가지로 나누어진다. 여기서 S는 소개념, P는 대개념, 그리고 M은 중개념을 나타낸다.

M-P	P-M	M-P	P-M
S-M	S-M	M-S	M-S
$\therefore$ S-P	$\therefore$ S-P	$\therefore$ S-P	$\therefore$ S-P
(제1격)	(제2격)	(제3격)	(제4격)

제1격의 대전제는 (A), (E), (I), (O) 진술들 중 어느 것이든지 될 수 있다. 그리고 소전제와 결론도 마찬가지다. 따라서 제1격만 하더라도 삼단

논법의 형식의 종류가 4×4×4 즉 64가지가 된다. 그리고 4개의 격이 있으므로 삼단논법의 형식은 모두 64×4 즉 256가지나 된다. 그리고 이 중 정당한 논법 형식은 24가지이다.

제1격	제2격	제3격	제4격
AAA	EAE	IAI	AEE
EAE	AEE	AII	IAI
AII	EIO	OAO	EIO
EIO	AOO	EIO	AEO
AAI	EAO	AAI	EAO
EAO	AEO	EAO	AAI

이 중 AAA식의 한 사례를 고려해 보자. 아래 논증은 제1격의 AAA식이므로 타당하다.

> 모든 M들은 P이다.
> 모든 S들은 M이다.
> ∴ 모든 S들은 P이다.

주연distribution이란 개념은 A, E, I, O 명제에서 주어 개념이나 술어 개념이 그 대상의 전부를 지칭하는지 여부를 구별하기 위해서 사용하는 개념이다. 그 대상의 전부를 지칭하도록 사용된 개념을 '주연된 개념'이라고 하며, 그 대상의 일부분만을 지칭하도록 사용된 개념을 '부주연된 개념'이라고 한다. 예컨대 '모든 예술인들은 비현실주의자이다'에서 주어 개념 '예술인'은 예술인들의 전부를 지칭하기 때문에 주연된 개념이다. 그러나 술어 개념 '비현실주의자'는 비현실주의자들의 전부를 지칭하지는 않으므로 부주연된 개념이다.

(다) 삼단논법의 법칙과 오류

법칙 1 중개념이 적어도 한 번은 주연되어야 한다.(중개념 부주연의 오류 : the fallacy of undistributed middle)

모든 P들은 M이다.
모든 S들은 M이다.
∴ 모든 S들은 P이다.

(예) 모든 자유주의자들은 인도주의자이다.
모든 민주주의자들은 인도주의자이다.
∴ 모든 민주주의자들은 자유주의자이다.

위 논증에서 중개념 '인도주의자'는 두 전제 모두에서 부주연되어 있다. 왜 이런 논증이 부당한지 술어 논리를 통해 살펴보자. 〔Dx : x는 민주주의자이다. Hx : x는 인도주의자이다. Lx : x는 자유주의자이다.〕

$(\forall x)(Lx \rightarrow Hx)$

$(\forall x)(Dx \rightarrow Hx)$ // $(\forall x)(Dx \rightarrow Lx)$

이제 다음의 모형세계를 고려해 보자.

$D = \{a, e\}$. $I(D) = \{e\}$. $I(H) = \{a, e\}$. $I(L) = \{a\}$.

이 세계에서 유일하게 아담만이 자유주의자이고, 아담은 또한 인도주의자이므로, 대전제는 참이다. 그리고 여기서 술어 개념 '인도주의자'는 인도주의자들의 집합 전체를 지칭하지 않고 단지 아담만이 관련되어 있으므로 부주연되어 있다. 그리고 이 세계에서 이브만이 민주주의자이고, 이브는 또한 인도주의자이므로, 소전제도 참이다. 그리고 여기서 술어 개념 '인도주의자'는 인도주의자들의 집합 전체를 지칭하지 않고 단지 이브만이 관련되어 있으므로 부주연되어 있다. 그러나 이 경우 결론은 거짓이다. 왜냐하면 이 세계에서 이브는 민주주의자이긴 하지만 자유주의자는 아니기 때문이다.

법칙 2 전제에서 주연되지 않은 개념은 결론에서 주연될 수 없다. (대개념 부당 주연의 오류와 소개념 부당 주연의 오류)

(1) 대개념 부당 주연의 오류 the fallacy of illicit major

모든 M들은 P이다.
어느 S도 M이 아니다.
∴ 어느 S도 P가 아니다.

(예) 모든 공산주의자들은 사회주의자이다.
어느 자본주의자도 공산주의자가 아니다.
∴ 어느 자본주의자도 사회주의자가 아니다.

위의 논증에서 대개념 '사회주의자'는 대전제에서는 주연되어 있지 않으나, 결론에서는 주연되어 있다. 왜 이런 논증이 부당한지 술어 논리를 통해 살펴보자. 〔Cx : x는 공산주의자이다. Sx : x는 사회주의자이다. Fx :

x는 자본주의자이다.〕

$(\forall x)(Cx \rightarrow Sx)$

$(\forall x)(Fx \rightarrow \sim Cx)$　//　$(\forall x)(Fx \rightarrow \sim Sx)$

이제 다음의 모형세계를 고려해 보자.

$D = \{a, e\}.\ I(C) = \{a\}.\ I(F) = \{e\}.\ I(S) = \{a, e\}.$

이 세계에서 유일하게 아담만이 공산주의자이고, 아담은 또한 사회주의자이므로, 대전제는 참이다. 그리고 여기서 대개념 '사회주의자'는 사회주의자의 집합 전체를 지칭하지 않고 단지 아담만이 관련되어 있으므로 부주연되어 있다. 그리고 이 세계에서 이브만이 자본주의자이고, 이브는 공산주의자가 아니므로, 소전제도 참이다. 그러나 이 경우 결론은 거짓이다. 왜냐하면 이 세계에서 이브는 자본주의자이면서 동시에 사회주의자이기 때문이다. 여기서 대개념은 결론에서 (E) 진술의 술어 개념이므로 주연되어 있음을 주목하라.

(1) 소개념 부당 주연의 오류 the fallacy of illicit minor

모든 M들은 P이다.
모든 M들은 S이다.
∴ 모든 S들은 P이다.

(예) 모든 정치인들은 민중의 소리에 민감하다.

모든 정치인들은 권력을 좋아한다.

∴ 권력을 좋아하는 모든 사람들은 민중의 소리에 민감하다.

위의 논증에서 소개념 '권력을 좋아하는 사람'은 소전제에서는 부주연되어 있으나, 결론에서는 주연되어 있다. 왜 이런 논증이 부당한지 술어논리를 통해 살펴보자. 〔Px : x는 정치인이다. Sx : x는 민중의 소리에 민감하다. Lx : x는 권력을 좋아한다.〕

$(\forall x)(Px \rightarrow Sx)$

$(\forall x)(Px \rightarrow Lx)$ // $(\forall x)(Lx \rightarrow Sx)$

이제 다음의 모형세계를 고려해 보자.

$D = \{a, e\}. I(P) = \{a\}. I(S) = \{a\}. I(L) = \{a, e\}.$

이 세계에서 유일하게 아담만이 정치인이고, 아담은 또한 민중의 소리에 민감하므로 대전제는 참이다. 그리고 이 세계에서 아담은 또한 권력을 좋아하므로, 소전제도 참이다. 또한 소개념 '권력을 좋아하는 사람'은 소전제에서 부주연되어 있다. 그러나 이 경우 결론은 거짓이다. 왜냐하면 이 세계에서 이브는 권력을 좋아하지만 민중의 소리에 민감하지는 않기 때문이다. 여기서 소개념은 결론에서 (A) 진술의 주어 개념이기 때문에 주연되어 있음을 주목하라.

법칙 3 두 전제들이 모두 부정 명제일 수 없다. (부정 전제의 오류)

어느 P도 M이 아니다.

어느 S도 M이 아니다.

∴ 어느 S도 P가 아니다.

(예) 어느 여자도 남자가 아니다.

어느 여대생도 남자가 아니다.

∴ 어느 여대생도 여자가 아니다.

왜 이런 논증이 부당한지 술어 논리를 통해 살펴보자. 〔Fx : x는 여자이다. Ux : x는 여대생이다. Mx : x는 남자이다.〕

$$(\forall x)(Fx \rightarrow \sim Mx)$$

$$(\forall x)(Ux \rightarrow \sim Mx) \; // \; (\forall x)(Ux \rightarrow \sim Fx)$$

이제 다음의 모형세계를 고려해 보자.

$$D = \{a, e\}. \; I(F) = \{e\}. \; I(U) = \{e\}. \; I(M) = \{a\}.$$

이 세계에서 유일하게 이브만이 여자이고, 이브는 남자가 아니므로, 대전제는 참이다. 또한 이 세계에서 유일하게 이브만이 여대생이고, 이브는 남자가 아니므로, 소전제도 또한 참이다. 그러나 이브는 여대생이면서 여자이기 때문에 결론은 거짓이다.

법칙 4 두 전제들 중 하나가 부정 명제이면 결론은 긍정 명제일 수 없다. (긍정 결론의 오류)

어느 P도 M이 아니다.

어떤 M들은 S이다.

∴ 어떤 S들은 P이다.

(예) 어느 한국인도 미국인이 아니다.

어떤 미국인들은 흑인이다.

∴ 어떤 흑인들은 한국인이다.

왜 이런 논증이 부당한지 술어 논리를 통해 살펴보자. 〔Kx : x는 한국인이다. Ax : x는 미국인이다. Bx : x는 흑인이다.〕

$(\forall x)(Kx \rightarrow \sim Ax)$

$(\exists x)(Ax \,\&\, Bx)$ // $(\exists x)(Bx \,\&\, Kx)$

이제 다음의 모형세계를 고려해 보자.

$D = \{a, e\}.\ I(K) = \{a\}.\ I(A) = \{e\}.\ I(B) = \{e\}.$

이 세계에서 유일하게 아담만이 한국인이고, 아담은 미국인이 아니므로, 대전제는 참이다. 또한 이 세계에서 이브는 미국인이면서 흑인이기 때문에, 소전제도 또한 참이다. 그러나 이 세계에서 흑인이면서 한국인인 사람은 없다. 따라서 결론은 거짓이다.

(라) 전통 논리의 주요 문제점

전통 논리의 가장 큰 문제점은 극히 제한된 논증들의 타당성만을 다룰 수 있다는 점이다. 예컨대 전통 논리는 다중 양화 문장에 관한 추론을 다루기 어렵다. 또 한 가지 문제점은 논증을 다루는 방식이 다소 부자연스럽다는 점이다. 다음의 예를 살펴보자.

> 모든 사람들은 유한하다.
> 모든 한국인들은 사람이다.
> ∴ 모든 한국인들은 유한하다.

위의 논증은 삼단논법이다. 따라서 세 개의 집합을 가리키는 세 개의 명사가 있어야 한다. '사람', '한국인'이 두 개의 명사이고, 나머지 하나는 '유한한 것'이다. 따라서 전통 논리의 방식대로 삼단논법을 다루기 위해서는 '유한하다'와 같은 술어를 유한한 것들의 집합을 가리키는 명사로 취급해야 한다. 그렇지만 '유한하다'와 같은 표현은 제9장에서 언급했던 것처럼 'x는 유한하다'와 같은 술어로 다루는 것이 보다 적절하다.

연습문제 해답

찾아보기

Logical Inference and Proof Techniques

Core
logic

1장

〈연습 문제〉

(1) 논증임. 전제 지시어는 '왜냐하면'이다.

(2) 논증 아님. 신문 보도이다.

(3) 논증임. 결론 지시어는 '따라서'이다.

(4) 논증 아님. 이론에 대한 설명이다.

(5) 논증임. 결론 지시어는 '그러므로'이다.

(6) 논증임. 전제 지시어는 '때문에'이다.

(7) 논증 아님. 나이 든 사람이 왜 새로운 생각에 대해 덜 수용적이 되는가에 대한 설명이다.

(8) 논증 아님. 블랙홀에 대한 설명이다.

(9) 논증임. 결론 지시어 '따라서'이다.

2장

〈연습 문제 A〉

(1) 연역 논증

(2) 귀납 논증

(3) 연역 논증

(4) 귀납 논증

(5) 연역 논증

〈연습 문제 B〉

(1) 거짓

(2) 참

(3) 참

(4) 거짓

(5) 거짓

(6) 참

3장

〈연습 문제 A〉

(A ∨ B) & ~(A & B)의 진리표

A B	A ∨ B	A & B	~(A & B)	(A ∨ B) & ~(A & B)
T T	T	T	F	F
T F	T	F	T	T
F T	T	F	T	T
F F	F	F	T	F

〈연습 문제 B〉

(1) T

(2) F

(3) U

(4) U

〈연습 문제 C〉

(1) A-선비, B-선비, C-사기꾼.

A는 선비이거나 사기꾼 둘 중의 하나이다. 먼저 A가 사기꾼이라고 가정해 보

자. 그러면 A의 진술은 참이므로, A는 사기꾼일 수 없다. 따라서 A는 선비여야만 한다. 그러면 B의 진술은 참이므로, B는 선비여야 한다. 이 경우 C의 진술은 거짓이므로, C는 사기꾼이다. 그리고 이들 중 한 명은 사기꾼이므로 A의 진술도 참이다. 따라서 'A-선비, B-선비, C-사기꾼'이 유일하게 가능한 경우이다.

(2) A-선비, B-선비.

우선 A는 사기꾼일 수 없다. 왜냐하면 A가 사기꾼일 경우 A의 진술은 참이 되는데, 사기꾼은 참말을 할 수 없기 때문이다. 따라서 A는 선비이다. A는 '나는 사기꾼이거나 또는 B는 선비이다'라고 말하는데, 첫 번째 선언지가 거짓이므로, 두 번째 선언지가 참이어야 한다. 따라서 B도 선비이다.

(3) A-사기꾼, B-사기꾼.

우선 A는 선비일 수 없다. A가 선비일 경우, A의 진술은 거짓이 되기 때문이다. 따라서 A는 사기꾼이고, A의 진술은 거짓이다. 그리고 A의 진술이 거짓이 되기 위해서는 B가 사기꾼이어야 한다.

(4) (A-선비, B-사기꾼, C-선비) 또는 (A-사기꾼, B-선비, C-사기꾼).

먼저 A가 선비라고 가정해 보자. 그러면 B의 진술은 거짓이므로, B는 사기꾼이다. 그리고 C의 진술은 참이므로, C는 선비이다. 그리고 이 경우 A의 진술은 참이므로, 'A-선비, B-사기꾼, C-선비'는 한 가능한 경우이다. 이제 A가 사기꾼이라고 가정해 보자. 그러면 B의 진술은 참이므로, B는 선비이고, 그리고 C의 진술은 거짓이므로, C는 사기꾼이다. 따라서 이 경우 역시 가능한 경우이다.

(5) A-선비, B-사기꾼, C-사기꾼.

우선 A는 사기꾼일 수 없다. 왜냐하면 이 경우 A의 진술은 참이 되기 때문이다. 그리고 B는 선비일 수 없다. 왜냐하면 B의 진술은 거짓이기 때문이다. 그리고 이 경우 C의 진술은 거짓이 되기 때문에 C 역시 사기꾼이다.

4장

〈연습 문제 A〉

(1) 반대 관계

(2) 소반대 관계

(3) 모순 관계

(4) 반대 관계

(5) 모순 관계

(6) 반대 관계

(7) 반대 관계

(8) 모순 관계

(9) 어느 것도 아님(함축 관계)

(10) 모순 관계

(11) 반대 관계

〈연습 문제 B〉

'정확히 10개의 행성이 있는 것은 아니다.'

〈연습 문제 C〉

(1) 부당하다.

(2) 타당하다.

(3) 타당하다.

(4) 부당하다.

(5) 부당하다.

(6) 부당하다.

(7) 부당하다.

〈연습 문제 D〉

(1) 비일관적이다. 주어진 두 문장들은 동시에 참일 수 없다.

(2) 비일관적이다.

(3) 일관적이다. 남중이 방관자일 경우 첫 번째 선언 문장도 참이고, 두 번째 선언 문장도 참이다.

(4) 비일관적이다.

(5) 비일관적이다. 첫 번째 문장과 두 번째 문장으로부터 우리는 '무역역조는 악화되지 않을 것이다'를 추론할 수 있다. 그리고 두 번째와 세 번째 문장으로부터 우리는 '무역역조는 악화될 것이다'를 추론할 수 있다.

5장

〈연습 문제 A〉

(1) 적형식이다.

(2) 적형식이 아니다.

(3) 적형식이다.

(4) 적형식이다.

(5) 적형식이다.

(6) 적형식이 아니다.

〈연습 문제 B〉

(1) ∨

(2) ~

(3) &

〈연습 문제 C〉

(1) ~(A ∨ B)

A B	A ∨ B	~(A ∨ B)
T T	T	F
T F	T	F
F T	T	F
F F	F	T

(2) ~A & ~B

A B	~A	~B	~A & ~B
T T	F	F	F
T F	F	T	F
F T	T	F	F
F F	T	T	T

(3) ~(A & B)

A B	A & B	~(A & B)
T T	T	F
T F	F	T
F T	F	T
F F	F	T

(4) ~A ∨ ~B

A B	~A	~B	~A ∨ ~B
T T	F	F	F
T F	F	T	T
F T	T	F	T
F F	T	T	T

(5) A ∨ (~B ∨ C)

A B C	~B	~B ∨ C	A ∨ (~B ∨ C)
T T T	F	T	T
T T F	F	F	T
T F T	T	T	T
T F F	T	T	T
F T T	F	T	T
F T F	F	F	F
F F T	T	T	T
F F F	T	T	T

(6) ~(A & (B ∨ ~C))

A B C	~C	B ∨ ~C	A & (B ∨ ~C)	~(A & (B ∨ ~C))
T T T	F	T	T	F
T T F	T	T	T	F
T F T	F	F	F	T
T F F	T	T	T	F
F T T	F	T	F	T
F T F	T	T	F	T
F F T	F	F	F	T
F F F	T	T	F	T

〈연습 문제 D〉

번역 길잡이 :

A : 아담은 금발이다. B : 이브는 금발이다. C : 아담은 이브를 사랑한다.

D : 이브는 아담을 사랑한다. E : 아담은 영리하다. F : 이브는 영리하다.

G : 이브는 부자이다. H : 남희석은 유머 감각이 뛰어나다.

I : 이휘재는 유머 감각이 뛰어나다. J : 기용은 공부를 열심히 한다.

K : 혜영은 공부를 열심히 한다. L : 기용은 진실을 말한다.

M : 남중은 진실을 말한다.

(1) A ∨ B

(2) (A ∨ C) & ~D

(3) ~F ∨ ~G

(4) (E & C) ∨ (~E & D)

(5) H & ~I

(6) (J & ~K) ∨ (K & ~J)

(7) (L & M) ∨ (~L & ~M)

〈연습 문제 E〉

(1) 논리적으로 거짓인 문장

(2) 우연적 문장

(3) 논리적으로 참인 문장

(4) 논리적으로 참인 문장

(5) 논리적으로 참인 문장

〈연습 문제 F〉

(1) 부당한 논증이다.

A : 애리조나 호는 일본의 진주만 공격 때 격침되었다.

B : 미주리 호는 일본의 진주만 공격 때 격침되었다.

~A ∨ ~B // ~(A ∨ B)

| | | | 전제 | | | 결론 |
A B	~A	~B	~A ∨ ~B	A ∨ B	~(A ∨ B)
T T	F	F	F	T	F
*T F	F	T	T	T	F
*F T	T	F	T	T	F
*F F	T	T	T	F	T

(2) 타당한 논증이다.

A : 길수는 충청도 사람이다.

B : 길수는 경기도 사람이다.

A ∨ B / ~B // A

| | 전제1 | 전제2 | 결론 |
A B	A ∨ B	~B	A
T T	T	F	T
*T F	T	T	T
F T	T	F	F
F F	F	T	F

(3) 타당한 논증이다.

A : 이브는 유산을 물려받았다.

B : 이브는 엄청난 액수의 복권에 당첨됐다.

A / ~(A & B)　//　~B

		전제1	전제2	결론
A	B	A	~(A & B)	~B
T	T	T	F	F
*T	F	T	T	T
F	T	F	T	F
F	F	F	T	T

(4) 부당한 논증이다.

A : 저녁에 손님이 왔다.

B : 더 많은 음식이 필요하다.

C : 시장을 보러가야 한다.

~A ∨ B / ~B ∨ C / ~A　//　~C

			전제3	전제1		전제2	결론
A	B	C	~A	~A ∨ B	~B	~B ∨ C	~C
T	T	T	F	T	F	T	F
T	T	F	F	T	F	F	T
T	F	T	F	F	T	T	F
T	F	F	F	F	T	T	T
*F	T	T	T	T	F	T	F
F	T	F	T	T	F	F	T
*F	F	T	T	T	T	T	F
*F	F	F	T	T	T	T	T

〈연습 문제 G〉

(1) 부당하다.

	전제1	전제2	결론
A B	A ∨ B	~B	~A
T T	T	F	F
*T F	T	T	F
F T	T	F	T
F F	F	T	T

(2) 타당하다.

	전제1	전제2			결론
A B C	A	B ∨ ~C	A & B	A & ~C	(A & B) ∨ (A & ~C)
*T T T	T	T T F	T T T	T F F	T T F
*T T F	T	T T T	T T T	T T T	T T T
T F T	T	F F F	T F F	T F F	F F F
*T F F	T	F T T	T F F	T T T	F T T
F T T	F	T T F	F F T	F F F	F F F
F T F	F	T T T	F F T	F F T	F F F
F F T	F	F F F	F F F	F F F	F F F
F F F	F	F T T	F F F	F F T	F F F

(3) 부당하다.

	전제1	전제2	결론
A B C	~A ∨ ~B	~C ∨ ~B	~C ∨ A
T T T	F F F	F F F	F T T
T T F	F F F	T T F	T T T
*T F T	F T T	F T T	F T T
*T F F	F T T	T T T	T T T
F T T	T T F	F F F	F F F
*F T F	T T F	T T F	T T F
*F F T	T T T	F T T	F F F
*F F F	T T T	T T T	T T F

(4) 타당하다.

	전제1	전제2	전제3	결론
A B C	~A ∨ ~C	C ∨ B	~B ∨ C	~A
T T T	F F F	T T T	F T T	F
T T F	F T T	F T T	F F F	F
T F T	F F F	T T F	T T T	F
T F F	F T T	F F F	T T F	F
*F T T	T T F	T T T	F T T	T
F T F	T T T	F T T	F F F	T
*F F T	T T F	T T F	T T T	T
F F F	T T T	F F F	T T F	T

(5) 타당하다.

	전제		결론
A B C	~A ∨ ~B	~(A & C)	B ∨ ~(A & C)
*T T T	F T T	F T	T T F
*T T F	F T T	T F	T T T
T F T	F F F	F T	F F F
T F F	F F F	T F	F T T
*F T T	T T T	T F	T T T
*F T F	T T T	T F	T T T
*F F T	T T F	T F	F T T
*F F F	T T F	T F	F T T

6장

(1) 둘 다 아님

(2) 필요조건

(3) 필요조건

(4) 필요조건

(5) 필요조건

(6) 참

(7) 필요조건

〈연습 문제 B〉

(1) 참

(2) 참

(3) 참

(4) 거짓

〈연습 문제 C〉

(1) $A \leftrightarrow B$

  〔A : 날씨가 추워진다. B : 비가 온다.〕

(2) $\sim(A \leftrightarrow B)$

  〔A : 날씨가 추워진다. B : 비가 온다.〕

(3) $B \rightarrow (C \leftrightarrow A)$

  〔A : 날씨가 추워진다. B : 비가 온다. C : 수은주가 떨어진다.〕

(4) $\sim D \leftrightarrow F$

  〔D : 그 계약에는 사기가 있다. F : 그 계약은 구속력을 갖는다.〕

(5) G ↔ H

　〔G : 이브는 푸른 눈을 갖고 있다. H : 아담은 이브를 사랑한다.〕

(6) (I & J) ↔ K

　〔I : 이브는 부유하다. J : 이브는 아름답다. K : 아담은 이브와 결혼한다.〕

(7) (L → M) & (~L → ~M)

　〔L : 남중은 상점에 갔다. M : 우리는 무언가 먹게 된다.〕

(8) ~(B & C) → ~A

　〔A : 영수는 순이에게 청혼을 할 것이다. B : 순이는 똑똑한 사람이다.

　C : 순이는 부지런한 사람이다.〕

(9) (A → (B & C)) & (D → (~C & ~E))

　〔A : 나는 그 일을 수행한다. B : 나는 출세를 한다. C : 나는 너의 사랑을 잃는다.

　D : 나는 이곳에 머문다. E : 나는 나의 꿈을 실현한다.〕

〈연습 문제 D〉

(1) 부당하다.

〔A : 김 씨는 시장으로 당선된다. B : 시청의 부정부패는 일소될 것이다.〕

		전제1	전제2	결론
A	B	A → B	~A	~B
T	T	T	F	F
T	F	F	F	T
*F	T	T	T	F
*F	F	T	T	T

(2) 부당하다.

〔A : 박 씨는 자격 정지 상태에 있다. B : 박 씨는 변호사 업무를 수행할 수 있다.〕

		전제1	전제2	결론
A	B	B→~A	~~A	B
T	T	F	T	T
*T	F	T	T	F
F	T	T	F	T
F	F	T	F	F

(3) 타당하다.

〔A: 남주는 여행 가이드가 될 것이다. B : 남주는 스튜어디스가 될 것이다. C : 남주는 여행을 자주 하게 될 것이다.〕

			전제1	전제2	전제3	결론
A	B	C	A∨B	A→C	B→C	C
*T	T	T	T	T	T	T
T	T	F	T	F	F	F
*T	F	T	T	T	T	T
T	F	F	T	F	T	F
*F	T	T	T	T	T	T
F	T	F	T	T	F	F
F	F	T	F	T	T	T
F	F	F	F	T	T	F

(4) 부당하다.

〔A : 영준은 외무고시에 합격한다. B : 영준은 직업 외교관이 될 것이다. C : 영준은 대사가 될 것이다.〕

			전제1	전제2	전제3	결론
A	B	C	A→B	~B→~C	~A∨~C	~B
T	T	T	T	T	F	F
*T	T	F	T	T	T	F
T	F	T	F	F	F	T
T	F	F	F	T	T	T
*F	T	T	T	T	T	F
*F	T	F	T	T	T	F
F	F	T	T	F	T	T
*F	F	F	T	T	T	T

(5) 타당하다.

〔A : 길수는 소설가이다. B : 길수는 시인이다. C : 길수는 출판인이다.〕

			전제1	전제2	전제3	결론
A	B	C	~A ∨ ~B	B ∨ C	~C ∨ B	~A
T	T	T	F	T	T	F
T	T	F	F	T	T	F
T	F	T	T	T	F	F
T	F	F	T	F	T	F
*F	T	T	T	T	T	T
*F	T	F	T	T	T	T
F	F	T	T	T	F	T
F	F	F	T	F	T	T

(6) 부당하다.

〔A : 시저는 정당하게 자신의 것이 아닌 권력을 찬탈했다. B : 시저는 비난을 받아 마땅하다. C : 시저는 합법적인 황제였다.〕

			전제1	전제2	전제3	결론
A	B	C	A → B	C ∨ A	C	~B
*T	T	T	T	T	T	F
T	T	F	T	T	F	F
T	F	T	F	T	T	T
T	F	F	F	T	F	T
*F	T	T	T	T	T	F
F	T	F	T	F	F	F
*F	F	T	T	T	T	T
F	F	F	T	F	F	T

(7) 타당하다.

A	B	C	전제1 A ∨ ~B	전제2 B	C ∨ ~B	전제3 A → (C ∨ ~B)	결론 C
*T	T	T	T	T	T	T	T
T	T	F	T	T	F	F	F
T	F	T	T	F	T	T	T
T	F	F	T	F	T	T	F
F	T	T	F	T	T	T	T
F	T	F	F	T	F	T	F
F	F	T	T	F	T	T	T
F	F	F	T	F	T	T	F

(8) 타당하다.

A	B	C	전제1 ~A ↔ B	전제2 A ∨ C	전제3 ~C	결론 ~B
T	T	T	F	T	F	F
T	T	F	F	T	T	F
T	F	T	T	T	F	T
*T	F	F	T	T	T	T
F	T	T	T	T	F	F
F	T	F	T	F	T	F
F	F	T	F	T	F	T
F	F	F	F	F	T	T

(9) 부당하다.

A	B	C	전제1 C → ~A	A & (C → ~A)	전제2 ~C → ~B	결론 B
T	T	T	F	F	T	T
T	T	F	T	T	F	T
T	F	T	F	F	T	F
*T	F	F	T	T	T	F
F	T	T	T	F	T	T
F	T	F	T	F	F	T
F	F	T	T	F	T	F
F	F	F	T	F	T	F

(1) 타당하다.

~A ∨ B / ~A → C / C → A // B

결론 'B'는 F이므로, 첫 번째 전제가 참이기 위해서는 '~A'는 T여야 한다. 그러면 세 번째 전제에서 후건 'A'는 F이다. 따라서 전건 'C'도 F여야 한다. 따라서 두 번째 전제의 전건 '~A'는 T이고 후건 'C'는 F이다. 따라서 두 번째 전제는 참이 될 수 없다.

(2) 부당하다.

A → ~B / B & C // ~A & ~B

'A'가 F, 'B'가 T, 그리고 'C'가 T인 경우, 전제들은 모두 참이고, 결론은 거짓이다.

(3) 부당하다.

A → (B & C) / (B ∨ C) → ~D / D ∨ ~A // A ↔ ~D

'A'가 F, 'B'가 F, 그리고 'C'가 F, 그리고 'D'가 F인 경우를 고려해 보자. 이 경우 첫 번째 전제는 전건이 F이므로 참이다. 두 번째 전제도 전건에서 'B'와 'C'가 둘 다 F이므로 조건문 전체는 참이다. 세 번째 전제는 두 번째 선언지 '~A'가 T이므로 참이다. 그러나 결론은 'A'가 F이고 '~D'가 T이므로 거짓이다.

(4) 타당하다.

A → ~B / C ↔ A / B ∨ A // C ↔ ~B

결론이 거짓인 경우는 두 가지이다.

   (a) 'C'가 T이고 '~B'가 F인 경우
   '~B'가 F이므로, 첫 번째 전제의 전건 'A'는 F여야 한다. 따라서 두 번째 전제에서 'C'는 T, 'A'는 F가 된다. 따라서 두 번째 전제는 참이 될 수 없다.

(b) 'C'가 F이고 '~B'가 T인 경우

세 번째 전제에서 첫 번째 선언지 'B'는 F이므로, 두 번째 선언지 'A'는 T여야 한다. 따라서 두 번째 전제에서 'C'는 F, 그리고 'A'는 T가 된다. 그러므로 두 번째 전제는 참이 될 수 없다.

(5) 타당하다.

A → B / ~A → ~B / B → C / C → B // A ↔ C

결론이 거짓인 경우는 두 가지이다.

(a) 'A'가 T이고 'C'가 F인 경우

'A'가 T이므로, 첫 번째 전제의 후건 'B'는 T여야 한다. 따라서 세 번째 전제의 전건 'B'는 T, 후건 'C'는 F가 된다. 그러므로 세 번째 전제는 참이 될 수 없다.

(b) 'A'가 F이고 'C'가 T인 경우

'~A'는 T이므로 두 번째 전제의 후건 '~B'는 T여야 한다. 따라서 네 번째 전제의 전건 'C'는 T, 후건 'B'는 F가 된다. 그러므로 네 번째 전제는 참이 될 수 없다.

(6) 부당하다.

A → (B → C) / B → (A → C) // (A ∨ B) → C

'A'가 T, 'B'가 F, 그리고 'C'가 F인 경우를 고려해 보자. 이 경우 첫 번째 전제는 전건 'A'가 T이고 후건 'B → C'가 T이므로 참이다. 두 번째 전제는 전건 'B'가 F 이므로 참이다. 그러나 결론은 'A ∨ B'가 T, 그리고 'C'가 F이므로 거짓이다.

(7) 부당하다.

A & B / B → C / A → ~(C & ~D) // ~D

'A'가 T, 'B'가 T, 그리고 'C'가 T, 그리고 'D'가 T인 경우, 전제들은 모두 참이지만, 결론은 거짓이다.

(8) 타당하다.

$(A \lor (B \lor C)) \to (D \to C) / E \to (B \lor (C \lor A))$ // $\sim C \to \sim(E \& D)$

결론이 거짓이기 위해서는 '$\sim C$'는 T, '$\sim(E \& D)$'는 F여야 한다. 따라서 'E'와 'D'는 모두 T여야 한다. 'D'가 T, 'C'가 F이므로 첫 번째 전제의 후건은 F이다. 따라서 전건 'A $\lor$ (B $\lor$ C)'는 F여야 한다. 그러므로 'A', 'B', 'C' 모두 F여야 한다. 따라서 두 번째 전제의 전건 'E'는 T, 그리고 후건 'B $\lor$ (C $\lor$ A)'는 F가 된다. 그러므로 두 번째 전제는 참이 될 수 없다.

(9) 부당하다.

$A \lor (C \& \sim D) / B \to (C \& \sim A) / \sim D \to \sim B$ // $A \leftrightarrow B$

'A'가 T, 'B'가 F, 그리고 'C'가 T, 그리고 'D'가 F인 경우를 고려해 보자. 이 경우 첫 번째 전제는 첫 번째 선언지 'A'가 T이므로 참이다. 두 번째 전제는 전건 'B'가 F이므로 참이다. 세 번째 전제는 전건 '$\sim D$'가 T, 후건 '$\sim B$'가 T이므로 참이다. 결론은 'A'가 T, 'B'가 F이므로 거짓이다.

(10) 타당하다.

$A \lor (B \& \sim C) / (A \lor B) \to (D \lor \sim C)$ // $\sim C \lor D$

결론이 거짓이기 위해서는 '$\sim C$'와 'D' 모두가 F여야 한다. 이 경우 두 번째 전제의 후건은 F이므로, 전건 'A $\lor$ B'도 F여야 한다. 즉 'A'와 'B' 모두가 F이다. 따라서 첫 번째 전제의 첫 번째 선언지 'A'도 F이고, 두 번째 선언지 'B $\&$ $\sim C$'도 F이다. 그러므로 첫 번째 전제는 참일 수 없다.

〈연습 문제 F〉

(1) 선비-선비-사기꾼

먼저 A가 사기꾼이라고 가정해 보자. 그러면 B의 진술은 전건이 거짓이므로 참이다. 따라서 B는 선비여야 한다. 또한 C의 진술은 참이므로 C도 선비여야 한다. 이 경우 정확히 두 사람이 선비이므로 A의 진술은 참이 된다. 그러나 사기꾼은 참을 말할 수 없으므로 이 경우는 불가능하다. 따라서 A는 선비여야 한다. 이 경우 C의 진술은 거짓이므로 C는 사기꾼이다. 그리고 B의 진술은 전건과 후건이 모두 참이므로 참이고, 따라서 B는 선비여야 한다.

(2) 선비-사기꾼-선비

A의 진술은 거짓일 수 없다. A가 사기꾼이 아니라면, 선비이고, 따라서 A, B, C 중 적어도 한 사람은 선비여야 하기 때문이다. 따라서 A는 선비이다. C의 진술은 참이므로, C도 선비이다. 그리고 B의 진술은 전건은 참, 후건은 거짓이므로 거짓이고, 따라서 B는 사기꾼이다.

(3) 사기꾼-선비-선비

우선 B는 사기꾼일 수 없다. 왜냐하면 B가 사기꾼인 경우 B의 진술은 참이 되기 때문이다. 따라서 B는 선비이고, 그의 진술의 두 번째 선언지는 참이어야 한다. 즉 C는 선비이다. 따라서 C의 진술이 참이므로, 선비가 아닌 사람이 있어야 한다. 그러므로 A가 사기꾼이어야 한다. A의 진술의 전건은 참이고, 후건은 거짓이므로, A의 진술은 거짓이다.

〈연습 문제 G〉

(1) 선비-사기꾼-보통사람

먼저 A의 진술은 참일 수밖에 없는 진술이므로, A는 사기꾼이 아니다. 따라서 A는 선비이거나 보통사람이다.

(a) A가 보통사람인 경우

이 경우 C는 선비이거나 또는 사기꾼이어야 한다. 그런데 C는 선비일 수 없다. 선비는 보통사람 보다 신분이 높기 때문에, C의 진술은 참이 될 수 없기 때문이다. 또한 C는 사기꾼일 수 없다. C가 사기꾼일 경우, 사기꾼은 보통사람 보다 신분이 높지 않기 때문에, C의 진술은 참이 되기 때문이다. 따라서 (a)는 불가능한 경우이다.

(b) A가 선비인 경우

이 경우 C는 사기꾼일 수 없다. C의 진술은 참이기 때문이다. 따라서 C는 보통사람이어야 한다. 그리고 A가 선비, C가 보통사람이므로 B는 사기꾼이다. B의 진술의 전건은 참이고, 후건은 거짓이므로, B의 진술은 거짓이다. 즉 사기꾼의 진술로서 문제가 없다.

(2) 사기꾼-선비-보통사람

먼저 A는 선비일 수 없다. A가 선비인 경우 A의 진술은 거짓이기 때문이다. 따라서 A는 사기꾼이거나 보통사람이다.

(a) A가 보통사람인 경우

C는 사기꾼일 수 없다. C가 사기꾼인 경우 C의 진술은 참이기 때문이다. 따라서 C는 선비여야 하고, B는 사기꾼이어야 한다. 그런데 B의 진술의 두 번째 선언지는 참이다. 따라서 B는 사기꾼일 수 없다. 그러므로 (a)는 불가능한 경우이다.

(b) A가 사기꾼인 경우

C는 선비일 수 없다. C가 선비인 경우 C는 사기꾼인 A와 결혼했으므로, C의 진술은 거짓이 되기 때문이다. 따라서 C는 보통사람이어야 하고, B는 선비

여야 한다. B의 진술은 첫 번째 선언지가 참이므로 참이다.

(3) 보통사람-사기꾼-선비

먼저 A는 선비일 수 없다. A가 선비인 경우, 가장 신분이 높기 때문에, A의 진술의 전건은 참, 후건은 거짓이 되기 때문이다. 또한 A는 사기꾼일 수 없다. A가 사기꾼인 경우 가장 신분이 낮기 때문에, A의 진술은 전건이 거짓이기 때문에 참이 되기 때문이다. 따라서 A는 보통사람이어야 한다. 그리고 B는 선비일 수 없다. B가 선비인 경우 B의 진술은 거짓이기 때문이다. 따라서 B는 사기꾼, C는 선비이다.

〈머리 풀기 문제〉

정답 (3).

먼저 철수는 왼손잡이이므로 (ㄴ)에 의해 아파트에 살지 않는다. 이제 철수가 가난하지 않다고 가정해 보자. 그러면 (ㄹ)에 의해 철수는 남구에서 아파트에 살고 있지 않은 사람이 아니다. 따라서 철수는 북구에서 산다. 따라서 (ㅁ)에 의해 철수는 의심이 많지 않다.

7장

〈연습 문제 A〉

(1) 〔A : 아담은 백만장자이다. B : 가난이 이브가 아담의 청혼을 거절한 이유이다. C : 매력이 없다는 것이 이브가 아담의 청혼을 거절한 이유이다.〕

1. A → ~B
2. B ∨ C
3. A // C

4. ~B   1, 3, → 제거

5. C   2, 4, ∨ 제거

(2) 〔A : 길수는 윤주를 사랑했다. B : 길수는 윤주에게 청혼을 하고 싶어 했다.
C : 길수는 윤주가 다른 남자와 결혼하기 전에 청혼을 했다.〕

1. A → B

2. B → C

3. ~C   // ~A

4. | A   가정

5. | B   1, 4, → 제거

6. | C   2, 5, → 제거

7. | ~C   3, 반복

8. ~A   4-7, ~ 도입

(3) 〔A : 아담은 충분한 조심을 했다. B : 이브는 충분한 조심을 했다. C : 그 사고
가 났다. D : 아담과 이브는 부자가 됐다.〕

1. (A ∨ B) → ~C

2. ~C → D

3. ~D   // ~A

4. | A   가정

5. | A ∨ B   4, ∨ 도입

6. | ~C   1, 5, → 제거

7. | D   2, 6, → 제거

8. | ~D   3, 반복

9. ~A   4-8, ~ 도입

(4) 〔A : 우리는 우리 자신의 인생을 스스로 결정해야 한다. B : 우리는 부모의 조언
을 따라야 한다. C : 우리는 부모 자신의 꿈을 실현하는 데 이용될 위험이 있다.〕

1. A ∨ B
2. B → C
3. ~C   // A
4. │ B   가정
5. │ C   2, 4, → 제거
6. │ ~C   3, 반복
7. ~B   4-6, ~ 도입
8. A   1, 7, ∨ 제거

(5) 〔A : 동물들은 단순히 기계에 불과하다. B : 동물들은 아픔을 느낀다. C : 동물들
은 영혼을 갖고 있다. D : 동물들은 불필요한 아픔을 겪지 않을 권리를 지닌다.
E : 인간들은 동물들에게 불필요한 아픔을 가하지 말아야 할 의무를 지닌다.〕

1. A ∨ B
2. (B ∨ C) → (D & E)
3. ~A   // D
4. B   1, 3, ∨ 제거
5. B ∨ C   4, ∨ 도입
6. D & E   2, 5, → 제거
7. D   6, & 제거

(6) 〔A : 경찰이 당신을 구금한다. B : 경찰이 당신이 묵비권을 행사할 권리가 있
음을 통보한다. C : 당신의 진술은 당신에게 불리하게 사용될 수 있다. D :

당신은 아무 말도 하지 않는 것이 좋다.〕

1. (A & B) → C
2. (B & C) → D // (A & B) → D
3. ┃ A & B   가정
4. ┃ C   1, 3, → 제거
5. ┃ B   3, & 제거
6. ┃ B & C   4, 5, & 도입
7. ┃ D   2, 6, → 제거
8. (A & B) → D   3-7, → 도입

(7) 〔A : 두뇌 현상은 심적 현상과 동일하다. B : 두뇌 현상은 공간적 위치를 갖는
다. C : 심적 현상은 공간적 위치를 갖는다. D : 생각에 공간적 위치를 부여하
는 것이 유의미해야 한다.〕

1. A → (B ↔ C)
2. B
3. C → D
4. ~D // ~A
5. ┃ A   가정
6. ┃ B ↔ C   1, 5, → 제거
7. ┃ B → C   6, ↔ 제거
8. ┃ C   2, 7, → 제거
9. ┃ D   3, 8, → 제거
10. ┃ ~D   4, 반복
11. ~A   5-10, ~ 도입

(8) 〔A : 혜영은 수업에 충실할 것이다. B : 혜영은 지나친 사교생활을 줄일 것이
다. C : 혜영의 성적이 오를 것이다. D : 혜영은 장학금을 받게 될 것이다.〕

1. $(A \& B) \rightarrow C$
2. $C \rightarrow D$
3. $B \& {\sim}D$ // ${\sim}A$

4.	A	가정
5.	B	3, & 제거
6.	A & B	4, 5, & 도입
7.	C	1, 6, → 제거
8.	D	2, 7, → 제거
9.	~D	3, & 제거
10.	~A	4-9, ~ 도입

(9) 〔A : 혜영은 법조계로 나간다. B : 혜영은 성공할 것이다. C : 혜영은 금융계로 나간다.〕

1. $A \rightarrow B$
2. $C \rightarrow B$
3. ${\sim}({\sim}A \& {\sim}C)$ // B

4.	~B	가정
5.	A	가정
6.	B	1, 5, → 제거
7.	~B	4, 반복
8.	~A	5-7, ~ 도입
9.	C	가정
10.	B	2, 9, → 제거
11.	~B	4, 반복
12.	~C	9-11, ~ 도입
13.	~A & ~C	8, 12, & 도입
14.	~(~A & ~C)	3, 반복
15.	~~B	4-14, ~ 도입
16.	B	15, ~ 제거

(10) 〔A : 사람들은 선하다. B : 사람들은 악하다. C : 법은 범죄를 예방하기 위해 필요하다. D : 법은 범죄를 예방할 것이다.〕

    1. A → ~C

    2. B → ~D

    3. A ∨ B   // ~C ∨ ~D

4.	~(~C ∨ ~D)	가정
5.	A	가정
6.	~C	1, 5, → 제거
7.	~C ∨ ~D	6, ∨ 도입
8.	~(~C ∨ ~D)	4, 반복
9.	~A	5-8, ~ 도입
10.	B	3, 9, ∨ 제거
11.	~D	2, 10, → 제거
12.	~C ∨ ~D	11, ∨ 도입
13.	~~(~C ∨ ~D)	4-12, ~ 도입
14.	~C ∨ ~D	13, ~ 제거

(11) 〔A : 길수는 밤새 공부한다. B : 길수는 그 파티에 갈 수 있다. C : 길수는 내일 논리학 시험을 망칠 것이다.〕

    1. A → ~B

    2. ~A → C

    3. A ∨ ~A   // ~B ∨ C

4.	~(~B ∨ C)	가정
5.	A	가정
6.	~B	1, 5, → 제거
7.	~B ∨ C	6, ∨ 도입
8.	~(~B ∨ C)	4, 반복

9.	~A	5-8, ~ 도입
10.	C	2, 9, → 제거
11.	~B ∨ C	10, ∨ 도입
12. ~~(~B ∨ C)		4-11, ~ 도입
13. ~B ∨ C		12, ~ 제거

(12) 〔A : 온실효과를 감소시켜야 한다. B : 우리는 원자력 발전을 선택해야 한다.

　　C : 우리는 재래식 발전을 선택해야 한다. D : 우리는 원자력 사고의 위험을

　　줄여야 한다.〕

1. A → B

2. D → C

3. ~B ∨ ~C // ~A ∨ ~D

4.	~(~A ∨ ~D)	가정
5.	A	가정
6.	B	1, 5, → 제거
7.	~C	3, 6, ∨ 제거
8.	D	가정
9.	C	2, 8, → 제거
10.	~C	7, 반복
11.	~D	8-10, ~ 도입
12.	~A ∨ ~D	11, ∨ 도입
13.	~(~A ∨ ~D)	4, 반복
14.	~A	5-13, ~ 도입
15.	~A ∨ ~D	14, ∨ 도입
16. ~~(~A ∨ ~D)		4-15, ~ 도입
17. ~A ∨ ~D		16, ~ 제거

〈연습 문제 B〉

(1)

1. A → B
2. A & C
3. (B & C) → D   // D
4. A   2 , & 제거
5. B   1, 4, → 제거
6. C   2 , & 제거
7. B & C   5 , 6, & 도입
8. D   3 , 7, → 제거

(2)

1. ~A ∨ B
2. ~B
3. A ∨ C   // ~B & C
4. ~A   1, 2, ∨ 제거
5. C   3, 4, ∨ 제거
6. ~B & C   2, 5, & 도입

(3)

1. D
2. (D ∨ A) → (B ∨ C)
3. ~B
4. (C ∨ ~F) → (G & H)   // G
5. D ∨ A   1, ∨ 도입
6. B ∨ C   2, 5, → 제거

7. C   3, 6, ∨ 제거

8. C ∨ ~F   7, ∨ 도입

9. G & H   4, 8, → 제거

10. G   9, & 제거

(4)

1. ~(A & G) ∨ C

2. ~C

3. (A & G) ∨ (~D ∨ F)

4. E → B

5. E ∨ D

6. ~F   // B

7. ~(A & G)   1, 2, ∨ 제거

8. ~D ∨ F   3, 7, ∨ 제거

9. ~D   6, 8, ∨ 제거

10. E   5, 9, ∨ 제거

11. B   4, 10, → 제거

(5)

1. B & D

2. (B ∨ F) → (A & G)

3. (G → E) & ~C   // ~C & E

4. B   1, & 제거

5. B ∨ F   4, ∨ 도입

6. A & G   2, 5, → 제거

7. G   6, & 제거

8. G → E   3, & 제거
9. E   7, 8, → 제거
10. ~C   3, & 제거
11. ~C & E   9, 10, & 도입

(6)

1. (B → D) & (C → E)
2. B ∨ C
3. (D ∨ E) → (A ∨ F)
4. ~A & ~C   // F & B
5. ~C   4, & 제거
6. B   2, 5, ∨ 제거
7. B → D   1, & 제거
8. D   6, 7, → 제거
9. D ∨ E   8, ∨ 도입
10. A ∨ F   3, 9, → 제거
11. ~A   4, & 제거
12. F   10, 11, ∨ 제거
13. F & B   6, 12, & 도입

(7)

1. (~A ∨ B) → (C → D)
2. (~F ∨ B) → (D → E)
3. ~A & ~F   // C → E
4. ~A   3, & 제거
5. ~A ∨ B   4, ∨ 도입
6. C → D   1, 5, → 제거
7. ~F   3, & 제거

8. ~F ∨ B   7, ∨ 도입

9. D → E   2, 8, → 제거

10. | C   가정

11. | D   6, 10, → 제거

12. | E   9, 11, → 제거

13. C → E   10-12, → 도입

(8)

1. ~(A → ~C)

2. (D → E) ∨ (A → ~C)

3. E → ~B   // D → ~B

4. D → E   1, 2, ∨ 제거

5. | D   가정

6. | E   4, 5, → 제거

7. | ~B   3, 6, → 제거

8. D → ~B   5-7, → 도입

(9)

1. ~A ∨ ~B

2. A ∨ (C → ~D)

3. ~~B

4. ~D → E   // C → E

5. | C   가정

6. | ~A   1, 3, ∨ 제거

7. | C → ~D   2, 6, ∨ 제거

8. | ~D   5, 7, → 제거

9. | E   4, 8, → 제거

10. C → E   5-9, → 도입

(10)

    1. A → ~B

    2. C ∨ A

    3. B // C

    4. | ~C   가정

    5. | A   2, 4, ∨ 제거

    6. | ~B   1, 5, → 제거

    7. | B   3, 반복

    8. ~~C   4-7, ~ 도입

    9. C   8, ~ 제거

(11)

    1. A ∨ (B & C)

    2. B → D

    3. ~D // A

    4. | ~A   가정

    5. | B & C   1, 4, ∨ 제거

    6. | B   5, & 제거

    7. | D   2, 6, → 제거

    8. | ~D   3, 반복

    9. ~~A   4-8, ~ 도입

    10. A   9, ~ 제거

(12)

1. $A \lor \sim(D \lor C)$

2. $\sim(A \lor \sim D) \lor B$ // B

3.	$\sim B$	가정
4.	$\sim(A \lor \sim D)$	2, 3, $\lor$ 제거
5.	A	가정
6.	$A \lor \sim D$	5, $\lor$ 도입
7.	$\sim(A \lor \sim D)$	4, 반복
8.	$\sim A$	5-7, $\sim$ 도입
9.	$\sim(D \lor C)$	1, 8, $\lor$ 제거
10.	D	가정
11.	$D \lor C$	10, $\lor$ 도입
12.	$\sim(D \lor C)$	9, 반복
13.	$\sim D$	10-12, $\sim$ 도입
14.	$A \lor \sim D$	13, $\lor$ 도입
15.	$\sim\sim B$	3-14, $\sim$ 도입
16.	B	15, $\sim$ 제거

〈머리 풀기 문제〉

정답 : (3)

경수가 부유하지 않다면, (ㄹ)에 의해 경수는 A 구역 또는 B 구역에 산다. 그리고 경수가 군인이 아니라면, (ㄱ)에 의해 경수는 B 구역에 살아야 한다. B 구역에 산다면 (ㄱ)에 의해 경수는 농민 또는 노동자이다. 경수가 농민이 아니라고 가정했으므로, 경수는 노동자이다.

8장

(1)

1. X ∨ Y
2. X → Z
3. Y → Z   // Z

4.	~Z	가정
5.	X	가정
6.	Z	2, 5, → 제거
7.	~Z	4, 반복
8.	~X	5-7, ~ 도입
9.	Y	1, 8, ∨ 제거
10.	Z	3, 9, → 제거
11. ~~Z		4-10, ~ 도입
12. Z		11, ~ 제거

(2)

1. X ∨ (Y ∨ Z)   // (X ∨ Y) ∨ Z

2.	X	가정
3.	X ∨ Y	2, ∨ 도입
4.	(X ∨ Y) ∨ Z	3, ∨ 도입
5.	Y ∨ Z	가정
6.	Y	가정
7.	X ∨ Y	6, ∨ 도입
8.	(X ∨ Y) ∨ Z	7, ∨ 도입
9.	Z	가정
10.	(X ∨ Y) ∨ Z	9, ∨ 도입
11.	(X ∨ Y) ∨ Z	5, 6-8, 9-10, 경우에 의한 논증
12. (X ∨ Y) ∨ Z		1, 2-4, 5-11, 경우에 의한 논증

반대 방향도 마찬가지 방식으로 증명할 수 있다.

(3)

    1. $(X \& Y) \lor (X \& Z)$ // $X \& (Y \lor Z)$

2.	X & Y	가정
3.	X	2, & 제거
4.	Y	2, & 제거
5.	Y ∨ Z	4, ∨ 도입
6.	X & (Y ∨ Z)	3, 5, & 도입
7.	X & Z	가정
8.	X	7, & 제거
9.	Z	7, & 제거
10.	Y ∨ Z	9, ∨ 도입
11.	X & (Y ∨ Z)	8, 10, & 도입
12.	X & (Y ∨ Z)	1, 2-6, 7-11, 경우에 의한 논증

(4)

    1. $(X \lor Y) \& (X \lor Z)$ // $X \lor (Y \& Z)$

2.	X ∨ Y	1, & 제거
3.	X ∨ Z	1, & 제거
4.	X	가정
5.	X ∨ (Y & Z)	4, ∨ 도입
6.	Y	가정
7.	X	가정
8.	X ∨ (Y & Z)	7, ∨ 도입
9.	Z	가정
10.	Y & Z	6, 9, & 도입
11.	X ∨ (Y & Z)	10, ∨ 도입
12.	X ∨ (Y & Z)	3, 7-8, 9-11, 경우에 의한 논증
13.	X ∨ (Y & Z)	2, 4-5, 6-12, 경우에 의한 논증

(5)

1. ~(X ∨ Y)   // ~X & ~Y
2. | X   가정
3. | X ∨ Y   2, ∨ 도입
4. | ~(X ∨ Y)   1, 반복
5. ~X   2-4, ~ 도입
6. | Y   가정
7. | X ∨ Y   6, ∨ 도입
8. | ~(X ∨ Y)   1, 반복
9. ~Y   6-8, ~ 도입
10. ~X & ~Y   5, 9, & 도입

(6)

1. ~(X & Y)   // ~X ∨ ~Y
2. | ~(~X ∨ ~Y)   가정
3. | | ~X   가정
4. | | ~X ∨ ~Y   3, ∨ 도입
5. | | ~(~X ∨ ~Y)   2, 반복
6. | ~~X   3-5, ~ 도입
7. | X   6, ~ 제거
8. | | ~Y   가정
9. | | ~X ∨ ~Y   8, ∨ 도입
10. | | ~(~X ∨ ~Y)   2, 반복
11. | ~~Y   8-10, ~ 도입
12. | Y   11, ~ 제거
13. | X & Y   7, 11, & 도입
14. | ~(X & Y)   1, 반복
15. ~~(~X ∨ ~Y)   2-14, ~ 도입
16. ~X ∨ ~Y   15, ~ 제거

396

(7)

    1. $X \rightarrow Y$　　// ~$X \vee Y$

2.	~(~$X \vee Y$)	가정
3.	~~X & ~Y	2, 드 모르간의 규칙
4.	~~X	3, & 제거
5.	X	4, ~ 제거
6.	Y	1, 5, $\rightarrow$ 제거
7.	~Y	3, & 제거
8.	~~(~$X \vee Y$)	2-7, ~ 도입
9.	~$X \vee Y$	8, ~ 제거

드 모르간의 규칙을 사용하지 않고 증명하기.

    1. $X \rightarrow Y$　　// ~$X \vee Y$

2.	~(~$X \vee Y$)	가정
3.	~X	가정
4.	~$X \vee Y$	3, $\vee$ 도입
5.	~(~$X \vee Y$)	2, 반복
6.	X	3-5, ~ 도입, ~ 제거
7.	Y	1, 6, $\rightarrow$ 제거
8.	~$X \vee Y$	7, $\vee$ 도입
9.	~$X \vee Y$	2-8, ~도입, ~제거

(8)

    1. X & ~Y　　// ~($X \rightarrow Y$)

2.	$X \rightarrow Y$	가정
3.	X	1, & 제거
4.	Y	2, 3, $\rightarrow$ 제거
5.	~Y	1, & 제거
6.	~($X \rightarrow Y$)	2-5, ~ 도입

〈연습 문제 B〉

(1) 〔A : 섬유 수입에 쿼터가 적용된다. B : 일자리는 준다. C : 국내 섬유 산업이 첨단화된다. D : 국내 섬유 산업이 붕괴된다.〕

1. ~(A → ~B) ∨ (C → ~D)
2. A → C
3. C → ~B   // A → ~D

4.	A	가정
5.	C	2, 4, → 제거
6.	~B	3, 5, → 제거
7.	A → ~B	6, 약화
8.	C → ~D	1, 7, ∨ 제거
9.	~D	5, 8, → 제거
10. A → ~D		4-9, → 도입

*단계 8에서 사용된 ∨ 제거규칙을 엄밀하게 적용하려면, 단계 7로부터 이중부정도입규칙에 의해 '~~(A → ~B)'를 추론하고, 이것과 단계 1로부터 'C → ~D'를 이끌어내야 한다. 그러나 '~X ∨ Y / X // Y' 형태의 추론을 ∨ 제거규칙의 한 가지 파생규칙으로 간주할 수 있다.

(2) 〔A : 한 인간의 심장은 한 시간 안에 그의 몸무게 보다 많은 피를 배출한다. B : 피가 단지 심장으로부터만 배출된다. C : 심장은 한 시간 안에 한 인간의 몸무게 보다 많은 피를 생산한다. D : 피는 순환한다. E : 피는 심장으로 다시 진입한다.〕

1. A
2. (A & B) → C
3. ~C
4. ~B → (D & E)   // ~C & D & E
5. ~(A & B)   2, 3, 후건 부정

6. ~A ∨ ~B   5, 드 모르간의 규칙

7. ~B   1, 6, ∨ 제거

8. D & E   4, 7, → 제거

9. ~C & D & E   3, 8, & 도입

(3) 〔A : 사형제도는 잔인한 형벌이다. B : 사회가 사형제도를 시행하는 것은 정 당화된다. C : 사형제도는 범죄발생률을 줄인다. D : 사형제도의 시행은 사회의 품위를 떨어뜨린다.〕

1. (~A & B) → C

2. A → D

3. ~(A & D)

4. ~C   //   ~B

5. | B   가정

6. | A   가정

7. | D   2, 6, → 제거

8. | A & D   6, 7, & 도입

9. | ~(A & D)   3, 반복

10. | ~A   6-9, ~ 도입

11. | ~A & B   5, 10, & 도입

12. | C   1, 11, → 제거

13. | ~C   4, 반복

14. ~B   5-13, ~ 도입

(4) 〔A : 신은 더 큰 것이 생각될 수 없는 존재이다. B : 우리는 '신'이란 용어를 이해한다. C : 신은 우리의 이해 속에 존재한다. D : 신은 실재 속에 존재한다.〕

1. A
2. B
3. B → C
4. (C & ~D) → ~A   // D
5. C   2, 3, → 제거
6. ~(C & ~D)   1, 4, 후건 부정
7. ~C ∨ ~~D   6, 드 모르간의 규칙
8. ~~D   5, 7, ∨ 제거
9. D   8, ~ 제거

(5) 〔A : 길수는 그 동아리에 가입한다. B : 그 동아리의 위상은 크게 올라갈 것이다. C : 윤주는 그 동아리에 가입한다. D : 그 동아리의 재정이 매우 튼튼해질 것이다. E : 남중은 그 동아리에 가입한다.〕

1. A → B
2. C → D
3. A ∨ C
4. B → C
5. D → E   // C ∨ E
6. │ A   가정
7. │ B   1, 6, → 제거
8. │ C   4, 7, → 제거
9. │ C ∨ E   8, ∨ 도입
10. │ C   가정
11. │ C ∨ E   10, ∨ 도입
12. C ∨ E   3, 6-9, 10-11, 경우에 의한 논증

(6) 〔A : 사랑은 눈물의 씨앗이다. B : 사랑은 환상이다. C : 인생은 무의미하다.〕

1. $(\sim A \lor B) \to (A \,\&\, C)$

2. $\sim B \to \sim A$ // C

3. | $\sim C$ 가정

4. | $\sim A \lor \sim C$ 3, $\lor$ 도입

5. | $\sim(A \,\&\, C)$ 4, 드 모르간의 규칙

6. | $\sim(\sim A \lor B)$ 1, 5, 후건 부정

7. | $\sim\sim A \,\&\, \sim B$ 6, 드 모르간의 규칙

8. | $\sim\sim A$ 7, $\&$ 제거

9. | $\sim\sim B$ 2, 8, 후건 부정

10. | $\sim B$ 7, $\&$ 제거

11. $\sim\sim C$ 3-10, $\sim$ 도입

12. C   11, $\sim$ 제거

(7) 〔A : 신은 악을 막고자 원한다. B : 신은 악을 막을 능력이 있다. C : 신은 전능하다. D : 신은 전선하다. E : 악이 존재한다. F : 신이 존재한다.〕

1. $(B \,\&\, \sim A) \to \sim D$

2. $F \to (C \,\&\, D)$

3. $E \to (\sim A \lor \sim B)$

4. E // $F \to \sim B$

5. | F   가정

6. | | B   가정

7. | | $\sim A \lor \sim B$ 3, 4, $\to$ 제거

8. | | $\sim A$ 6, 7, $\lor$ 제거

9. | | $C \,\&\, D$ 2, 5, $\to$ 제거

10. | | D   9, $\&$ 제거

11. | | $\sim(B \,\&\, \sim A)$ 1, 10, 후건 부정

12. | | $\sim B \lor \sim\sim A$ 11, 드 모르간의 규칙

13. | | $\sim\sim A$ 6, 12, $\lor$ 제거

14. | $\sim B$ 6-13, $\sim$ 도입

15. $F \to \sim B$ 5-14, $\to$ 도입

(8) 〔A : 강도가 문을 통해 들어왔다. B : 그 범죄는 내부자 소행이다. C : 하인 중 한 명이 연루되어 있다. D : 빗장이 내부에서 열려졌다.〕

1. A ∨ (B & C)
2. A → D
3. D → C   // C
4. | A   가정
5. | D   2, 4, → 제거
6. | C   3, 5, → 제거
7. | B & C   가정
8. | C   7, & 제거
9. C   1, 4-6, 7-8, 경우에 의한 논증

(9) 〔A : 나는 정장을 구입한다. B : 나는 돈이 있다. C : 나는 내 딸을 오페라 공연에 데려갈 수 있다. D : 내 딸은 매우 서운해 할 것이다. E : 나는 입을 정장이 있다.〕

1. A → ~B
2. C → B
3. ~C → D
4. ~A → ~E
5. ~E → ~C   // D
6. | ~D   가정
7. | ~~C   3, 6, 후건 부정
8. | C   7, ~ 제거
9. | B   2, 8, → 제거
10. | ~A   1, 9, 후건 부정
11. | ~E   4, 10, → 제거
12. | ~C   5, 11, → 제거
13. D   6-12, ~ 도입, ~ 제거

〈연습 문제 C〉

(1)

1. ~A → B
2. B → ~C   // C → A
3. | C   가정
4. | ~B   2, 3, 후건 부정
5. | ~~A   1, 4, 후건 부정
6. | A   5, ~ 제거
7. C → A   3-6, → 도입

(2)

1. A ↔ ~B
2. A ↔ C   // ~B ↔ C
3. | ~B   가정
4. | A   1, 3, ↔ 제거
5. | C   2, 4, ↔ 제거
6. ~B → C   3-5, → 도입
7. | C   가정
8. | A   2, 7, ↔ 제거
9. | ~B   1, 8, ↔ 제거
10. C → ~B   7-9, → 도입
11. ~B ↔ C   6, 10, ↔ 도입

* 단계 4에서 ↔ 제거규칙을 엄밀하게 적용하려면, 단계 1에서 먼저 '~B → A'를 ↔ 제거에 의해 추론하고, 이것과 단계 3으로부터 → 제거에 의해 A를 이끌어내야 한다. 그러나 'X ↔ Y / X // Y' 형태의 추론을 ↔ 제거의 한 가지 파생 규칙으로 간주할 수 있다.

(3)

1. ~A → ((B → D) → (A ∨ ~C))

2. (B → C) → ~A

3. B → D

4. D → C   // ~D

5.	D	가정
6.	C	4, 5, → 제거
7.	B → C	6, 약화
8.	~A	2, 7, → 제거
9.	(B → D) → (A ∨ ~C)	1, 8, → 제거
10.	A ∨ ~C	3, 9, → 제거
11.	~C	8, 10, ∨ 제거
12. ~D		5-11, ~ 도입

(4)

1. ~A → (C & B)

2. ~D → (B & E)

3. ~A ∨ ~D   // B

4.	~B	가정
5.	~C ∨ ~B	4, ∨ 도입
6.	~(C & B)	5, 드 모르간의 규칙
7.	~~A	1, 6, 후건 부정
8.	~D	3, 7, ∨ 제거
9.	B & E	2, 8, → 제거
10.	B	9, & 제거
11. ~~B		4-10, ~ 도입
12. B		11, ~ 제거

(5)

1. $(B \rightarrow A) \& (A \rightarrow (D \rightarrow \sim C))$
2. $(D \lor E) \leftrightarrow (A \lor B)$
3. $((E \rightarrow \sim C) \lor \sim A) \& B$ // $\sim C$

4.	B	3, & 제거
5.	$B \rightarrow A$	1, & 제거
6.	A	4, 5, $\rightarrow$ 제거
7.	$A \lor B$	6, $\lor$ 도입
8.	$D \lor E$	2, 7, $\leftrightarrow$ 제거
9.	$A \rightarrow (D \rightarrow \sim C)$	1, & 제거
10.	$D \rightarrow \sim C$	6, 9, $\rightarrow$ 제거
11.	$(E \rightarrow \sim C) \lor \sim A$	3, & 제거
12.	$E \rightarrow \sim C$	6, 11, $\lor$ 제거
13.	$\sim C$	8, 10, 12, 경우에 의한 논증

(6)

1. $(A \lor D) \lor C$
2. $(A \lor C) \rightarrow \sim B$
3. $\sim D$ // $\sim(D \lor B)$

4.	$D \lor B$	가정
5.	B	3, 4, $\lor$ 제거
6.	$\sim(A \lor C)$	2, 5, 후건 부정
7.	$\sim A \& \sim C$	6, 드 모르간의 규칙
8.	$\sim C$	7, & 제거
9.	$A \lor D$	1, 8, $\lor$ 제거
10.	A	3, 9, $\lor$ 제거
11.	$\sim A$	7, & 제거
12.	$\sim(D \lor B)$	4-11, $\sim$ 도입

(7)

1. $B \rightarrow (C \rightarrow A)$

2. $C \rightarrow (A \rightarrow \sim C)$ // $\sim B \lor \sim C$

3.	$\sim(\sim B \lor \sim C)$	가정
4.	$\sim\sim B \,\&\, \sim\sim C$	3, 드 모르간의 규칙
5.	$\sim\sim B$	4, & 제거
6.	B	5, $\sim$ 제거
7.	$C \rightarrow A$	1, 6, $\rightarrow$ 제거
8.	$\sim\sim C$	4, & 제거
9.	C	8, $\sim$ 제거
10.	$A \rightarrow \sim C$	2, 9, $\rightarrow$ 제거
11.	A	7, 9, $\rightarrow$ 제거
12.	$\sim C$	10, 11, $\rightarrow$ 제거
13.	$\sim\sim(\sim B \lor \sim C)$	3-12, $\sim$ 도입
14.	$\sim B \lor \sim C$	13, $\sim$ 제거

(8)

1. $C \lor D$

2. $\sim D \lor \sim(A \,\&\, B)$ // $\sim C \rightarrow (A \rightarrow \sim B)$

3.	$\sim C$	가정
4.	A	가정
5.	D	1, 3, $\lor$ 제거
6.	$\sim(A \,\&\, B)$	2, 5, $\lor$ 제거
7.	$\sim A \lor \sim B$	6, 드 모르간의 규칙
8.	$\sim B$	4, 7, $\lor$ 제거
9.	$A \rightarrow \sim B$	4-8, $\rightarrow$ 도입
10.	$\sim C \rightarrow (A \rightarrow \sim B)$	3-9, $\rightarrow$ 도입

(9)

1. $(C \& B) \to D$
2. $(B \to D) \to {\sim}A$
3. ${\sim}(E \lor {\sim}C)$ // ${\sim}A$

4. | A · · · · · · · · · · · · · · · · · · 가정
5. | ${\sim}(B \to D)$ · · · · · · · 2, 4, 후건 부정
6. | $B \& {\sim}D$ · · · · · · · · · · 5, 조건문 규칙
7. | B · · · · · · · · · · · · · · · · · · 6, & 제거
8. | ${\sim}E \& {\sim}{\sim}C$ · · · · · · · 3, 드 모르간의 규칙
9. | ${\sim}{\sim}C$ · · · · · · · · · · · · · · 8, & 제거
10. | C · · · · · · · · · · · · · · · · · · 9, ${\sim}$ 제거
11. | $C \& B$ · · · · · · · · · · · · · · 7, 10, & 도입
12. | D · · · · · · · · · · · · · · · · · · 1, 11, $\to$ 제거
13. | $B \to D$ · · · · · · · · · · · · 12, 약화
14. | ${\sim}A$ · · · · · · · · · · · · · · · · 2, 13, $\to$ 제거
15. ${\sim}A$ · · · · · · · · · · · · · · · · · 4-14, ${\sim}$ 도입

(10)

1. $A \to {\sim}B$
2. ${\sim}(A \& B) \to ({\sim}C \lor (D \& E))$ // ${\sim}C \lor E$
3. ${\sim}A \lor {\sim}B$ · · · · · · · · · · 1, 조건문 규칙
4. ${\sim}(A \& B)$ · · · · · · · · · · · · 3, 드 모르간의 규칙
5. ${\sim}C \lor (D \& E)$ · · · · · · · · 2, 4, $\to$ 제거
6. | ${\sim}C$ · · · · · · · · · · · · · · · · · · 가정
7. | ${\sim}C \lor E$ · · · · · · · · · · · · 6, $\lor$ 도입
8. | $D \& E$ · · · · · · · · · · · · · · · · 가정
9. | E · 8, & 제거
10. | ${\sim}C \lor E$ · · · · · · · · · · · · 9, $\lor$ 도입
11. ${\sim}C \lor E$ · · · · · · · · · · · · · · 5, 6-7, 8-10, 경우에 의한 논증

(11)

1. ~C → (C ∨ (A → D))
2. C → (C & B)
3. ~C ∨ ~B
4. ~D   // ~A
5. ~(C & B)   3, 드 모르간의 규칙
6. ~C   2, 5, 후건 부정
7. C ∨ (A → D)   1, 6, → 제거
8. A → D   6, 7, ∨ 제거
9. ~A   4, 8, 후건 부정

(12)

1. C → (B → ~A)
2. B → (~A → ~D)   // C → (D → ~B)

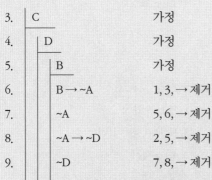

3.   C   가정
4.   D   가정
5.   B   가정
6.   B → ~A   1, 3, → 제거
7.   ~A   5, 6, → 제거
8.   ~A → ~D   2, 5, → 제거
9.   ~D   7, 8, → 제거
10.   D   4, 반복
11.   ~B   5-10, ~ 도입
12.   D → ~B   4-11, → 도입
13. C → (D → ~B)   3-12, → 도입

(13)

1. A → (B → C)

2. B → (C → ~D)   //   A → (~D ∨ ~B)

3.	A	가정
4.	~(~D ∨ ~B)	가정
5.	~~D & ~~B	4, 드 모르간의 규칙
6.	~~D	5, & 제거
7.	~~B	5, & 제거
8.	B	7, ~ 제거
9.	C → ~D	2, 8, → 제거
10.	~C	6, 9, 후건 부정
11.	B → C	1, 3, → 제거
12.	C	8, 11, → 제거
13.	~D ∨ ~B	4-12, ~ 도입, ~ 제거
14. A → (~D ∨ ~B)		3-13, → 도입

(14)

1. (A ∨ (B ∨ C)) → ~(D & ~C)

2. E → (B ∨ (C ∨ A))   //   (E & D) → C

3.	E & D	가정
4.	~C	가정
5.	E	3, & 제거
6.	B ∨ (C ∨ A)	2, 5, → 제거
7.	D	3, & 제거
8.	D & ~C	4, 7, & 도입
9.	~(A ∨ (B ∨ C))	1, 8, 후건 부정

10.	~A & ~(B ∨ C)	9, 드 모르간의 규칙
11.	~A	10, & 제거
12.	~(B ∨ C)	10, & 제거
13.	~B & ~C	12, 드 모르간의 규칙
14.	~B	13, & 제거
15.	C ∨ A	6, 14, ∨ 제거
16.	~C	8, & 제거
17.	A	15, 16, ∨ 제거
18.	C	4-17, ~ 도입, ~ 제거
19. (E & D) → C		3-18, → 도입

〈연습 문제 D〉

(1)

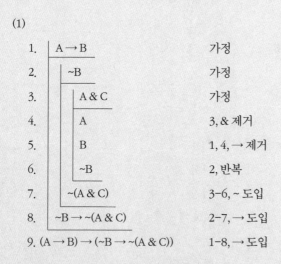

1.	A → B	가정
2.	~B	가정
3.	A & C	가정
4.	A	3, & 제거
5.	B	1, 4, → 제거
6.	~B	2, 반복
7.	~(A & C)	3-6, ~ 도입
8.	~B → ~(A & C)	2-7, → 도입
9. (A → B) → (~B → ~(A & C))		1-8, → 도입

(2)

1.	~((A & ~B) ∨ ((B & C) ∨ ~(C & A)))	가정
2.	~(A & ~B) & ~((B & C) ∨ ~(C & A))	1, 드 모르간의 규칙
3.	~(A & ~B)	2, & 제거
4.	~((B & C) ∨ ~(C & A))	2, & 제거
5.	~(B & C) & ~~(C & A)	4, 드 모르간의 규칙
6.	~~(C & A)	5, & 제거
7.	C & A	6, ~ 제거
8.	~A ∨ ~~B	3, 드 모르간의 규칙
9.	A	7, & 제거
10.	~~B	8, 9, ∨ 제거
11.	~(B & C)	5, & 제거
12.	~B ∨ ~C	11, 드 모르간의 규칙
13.	~C	10, 12, ∨ 제거
14.	C	7, & 제거
15.	~~((A & ~B) ∨ ((B & C) ∨ ~(C & A)))	1-14, ~ 도입
16.	(A & ~B) ∨ ((B & C) ∨ ~(C & A))	15, ~ 제거

(3)

1.	(A → B) & (A → ~B)	가정
2.	A	가정
3.	A → B	1, & 제거
4.	A → ~B	1, & 제거
5.	B	2, 3, → 제거
6.	~B	2, 4, → 제거
7.	~A	2-6, ~ 도입
8.	((A → B) & (A → ~B)) → ~A	1-7, → 도입

(4)

1.	$(A \rightarrow C) \& (B \rightarrow C)$	가정
2.	$A \vee B$	가정
3.	$A \rightarrow C$	1, & 제거
4.	$B \rightarrow C$	1, & 제거
5.	C	2, 3, 4, 경우에 의한 논증
6.	$(A \vee B) \rightarrow C$	2-5, $\rightarrow$ 도입
7.	$((A \rightarrow C) \& (B \rightarrow C)) \rightarrow ((A \vee B) \rightarrow C)$	1-6, $\rightarrow$ 도입

(5)

1.	A	가정
2.	$\sim((A \& B) \vee (A \& \sim B))$	가정
3.	$\sim(A \& B) \& \sim(A \& \sim B)$	2, 드 모르간의 규칙
4.	$\sim(A \& B)$	3, & 제거
5.	$\sim(A \& \sim B)$	3, & 제거
6.	$\sim A \vee \sim B$	4, 드 모르간의 규칙
7.	$\sim A \vee \sim\sim B$	5, 드 모르간의 규칙
8.	$\sim B$	1, 6, $\vee$ 제거
9.	$\sim\sim B$	1, 7, $\vee$ 제거
10.	$(A \& B) \vee (A \& \sim B)$	2-9, $\sim$ 도입, $\sim$ 제거
11.	$A \rightarrow ((A \& B) \vee (A \& \sim B))$	1-10, $\rightarrow$ 도입
12.	$(A \& B) \vee (A \& \sim B)$	가정
13.	$A \& B$	가정
14.	A	13, & 제거
15.	$A \& \sim B$	가정
16.	A	15, & 제거
17.	A	12, 13-14, 15-16, 경우에 의한 논증
18.	$((A \& B) \vee (A \& \sim B)) \rightarrow A$	12-17, $\rightarrow$ 도입
19.	$A \leftrightarrow ((A \& B) \vee (A \& \sim B))$	11, 18, $\leftrightarrow$ 도입

(6)

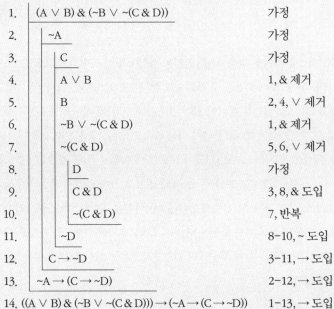

1.	(A ∨ B) & (~B ∨ ~(C & D))	가정
2.	~A	가정
3.	C	가정
4.	A ∨ B	1, & 제거
5.	B	2, 4, ∨ 제거
6.	~B ∨ ~(C & D)	1, & 제거
7.	~(C & D)	5, 6, ∨ 제거
8.	D	가정
9.	C & D	3, 8, & 도입
10.	~(C & D)	7, 반복
11.	~D	8-10, ~ 도입
12.	C → ~D	3-11, → 도입
13.	~A → (C → ~D)	2-12, → 도입
14. ((A ∨ B) & (~B ∨ ~(C & D))) → (~A → (C → ~D))		1-13, → 도입

(7)

1.	~(~(A & ~B) ∨ (C → (~A ∨ (C ∨ B))))	가정
2.	~~(A & ~B) & ~(C → (~A ∨ (C ∨ B)))	1, 드 모르간의 규칙
3.	A & ~B	2, & 제거, ~ 제거
4.	C & ~(~A ∨ (C ∨ B))	2, & 제거, 조건문 규칙
5.	C	4, & 제거
6.	~(~A ∨ (C ∨ B))	4, & 제거
7.	~~A & ~(C ∨ B)	6, 드 모르간의 규칙
8.	~(C ∨ B)	7, & 제거
9.	~C & ~B	8, 드 모르간의 규칙
10.	~C	9, & 제거
11. ~(A & ~B) ∨ (C → (~A ∨ (C ∨ B)))		1-10, ~ 도입, ~ 제거

정답 : (3)

해답 :

(ㄴ)에 의해 2층 이인용 객실과 3층 일인용 객실에 현재 투숙객이 없으므로 A와 C가 E보다 두 층 아래에 있을 수 있는 유일한 경우는 E가 5층 일인용 객실에 그리고 A와 C가 3층 이인용 객실에 있는 경우이다. ((ㄱ)에 의해 E는 일인용 객실에 있음을 주목하라.) 그리고 (ㄹ)에 의해 G와 I는 같은 층에 묵고 있는데, G가 일인용 객실에 묵고 있으므로, 이들이 같은 층에 묵을 수 있는 경우는 1층 또는 4층이다. 그런데 이들은 H보다 한 층 아래에 있고, H가 일인용 객실에 투숙하고 있으므로 4층은 배제되고, 따라서 G는 1층 일인용, I는 1층 이인용 그리고 H는 2층 일인용 객실에 있음을 알 수 있다. 그리고 (ㄴ)에 의해 2층 이인용 객실과 3층 일인용 객실은 현재 투숙객이 없으므로, 남아 있는 객실은 4층과 5층의 이인용 객실이다.

	A, C

E	
B	
	A, C
H	
G	I

따라서 (3)은 참이 아닐 수 있다. 왜냐하면 D는 4층에 그리고 F는 5층에 있을 수 있기 때문이다.

9장

〈연습 문제 A〉

〔a : 아담. e : 이브. g : 길수. y : 윤주. h : 혜영. Lxy : x는 y를 사랑한다. Bx : x는 금발이다. Mxy : x는 y와 결혼할 것이다.〕

(1) Lea ∨ ~Be

(2) Laa & (Be → Lae)

(3) Lgy & Lgh

(4) Lgy ∨ Lgh

(5) Lea & ~Mea

〈연습 문제 B〉

〔Wx : x는 마녀이다. Fx : x는 빗자루를 타고 난다.〕

(1) (∀x)(Wx → Fx)

(2) (∃x)(Wx & ~Fx)

(3) (∀x)(Wx → ~Fx)

(4) (∃x)(Wx & Fx)

〈연습 문제 C〉

(1) 구속 변항 : x ; 자유 변항 : y.

(2) 구속 변항 : y ; 자유 변항 : x.

(3) 구속 변항 : x, z ; 자유 변항 : y.

(4) 구속 변항 : x, y ; 자유 변항 없음.

〈머리 풀기 문제〉

정답 : (3)

해답 : 먼저 (ㄴ)에 의해 순서가 A–D 또는 D–A의 두 경우가 있다. 먼저 두 번째 경우를 살펴보자. F는 금요일에 파견되어야 하므로 D–A는 금요일 이전이어야 한다. (ㅂ)에 의해서 B는 A보다 이틀 전에 파견되어야 하므로 순서는 B–D–A이다. 그리고 (ㄹ)에 의해 E는 D보다 나중에 파견되어야 하므로, 다음의 두 가지 경우가 가능하다. C–B–D–A–F–E 또는 B–D–A–E–F–C. (ㅁ)에 의해 C는 A와 E보다는 앞서고 그리고 B보다는 나중에 파견될 수 있으므로 두 경우 모두 가능하지 않다. 따라서 두 번째 경우는 불가능하다. 따라서 순서가 A–D이어야 한다. F는 금요일에 파견되어야 하고, B는 A보다 이틀 전에 파견되어야 하므로 B는 월요일에 파견되어야 하고, A는 수요일, D는 목요일 그리고 F는 금요일에 파견되어야 함을 알 수 있다. 그리고 C는 E보다 앞서서 파견될 수 없으므로 화요일에, 그리고 E는 토요일에 파견되어야 한다.

10장

〈연습 문제 A〉

(1) Lae, Lee.

(2) Lae ∨ Ba, Lee ∨ Be.

〈연습 문제 B〉

(1) 참

(2) 거짓

(3) 거짓

(4) 참

(5) 거짓

〈연습 문제 C〉

(1) 참

(2) 거짓

(3) 참

(4) 거짓

(5) 거짓

(6) 참

〈연습 문제 D〉

(1) 모든 행복한 사람은 부유하다. 거짓

(2) 부유하면서 행복한 사람도 있고, 부유하면서 행복하지 않은 사람도 있다. 참

〈연습 문제 E〉

(1)

$$\frac{(\forall x)Lxe}{(\exists x)Lxe}$$

타당한 논증 :

증명. M을 임의의 해석이라고 하자. '$(\forall x)Lxe$'가 M에서 참이라고 가정하자. 우리는 '$(\exists x)Lxe$'가 M에서 참임을 보이고자 한다. 이를 위해 M에서 참인 'Lxe'의 대체예가 존재함을 보이는 것으로 충분하다. M의 논의 영역 D는 공집합이 아니므로, 어떤 대상이 있을 것이다. 이 대상을 a라고 하자. 그러면 가정에 의하여 'Lae'가 M에서 참이다. 그리고 'Lae'는 'Lxe'의 대체예이다.

(2)

$$\frac{(\exists x)Lxe}{Lae}$$

부당한 논증 :

반례를 구성하는 모형세계는 다음과 같다.

D = {아담, 이브}. I(L) = {⟨이브, 이브⟩}. I(a) = 아담. I(e) = 이브.

(3)

$$\frac{(\exists x)Bx \,\&\, (\exists x)Lxa}{(\exists x)(Bx \,\&\, Lxa)}$$

부당한 논증 :

반례를 구성하는 모형세계는 다음과 같다.

D = {아담, 이브}. I(B) = {아담}. I(L) = {⟨이브, 아담⟩}. I(a) = 아담. I(e) = 이브.

(4)

$$\frac{(\forall x)(Bx \to Lxe) \,\&\, (\forall x)(\sim Bx \to Lxa)}{(\forall x)((Bx \to Lxe) \,\&\, (\sim Bx \to Lxa))}$$

타당한 논증 :

증명 : M을 임의의 해석이라고 가정하자. '$(\forall x)(Bx \to Lxe) \,\&\, (\forall x)(\sim Bx \to Lxa)$' 가 M에서 참이라고 가정하자. 우리는 '$(\forall x)((Bx \to Lxe) \,\&\, (\sim Bx \to Lxa))$'가 M 에서 참임을 보이고자 한다. '$u$'를 임의의 이름이라고 가정하자. 그러면 '$(Bu \to Lue) \,\&\, (\sim Bu \to Lua)$'가 M에서 참임을 보이는 것으로 충분하다. 가정에 의해서 '$(\forall x)(Bx \to Lxe)$'가 M에서 참이므로, '$Bu \to Lue$'는 M에서 참이다. 그리고 가 정에 의해서 '$(\forall x)(\sim Bx \to Lxa)$'가 M에서 참이므로, '$\sim Bu \to Lua$'는 M에서 참이 다. 따라서 '$(Bu \to Lue) \,\&\, (\sim Bu \to Lua)$'는 M에서 참이다.

〈연습 문제 F〉

(1) (∀x)(Lax ∨ Lex)

(2) (∀x)Lax ∨ (∀x)Lex

〔1〕 (2)가 논리적으로 (1)을 함축함을 보이시오.

M을 임의의 모형세계라고 가정하자. 그리고 '(∀x)Lax ∨ (∀x)Lex'가 M에서 참이라고 가정하자. 우리는 '(∀x)(Lax ∨ Lex)'가 M에서 참임을 보이고자 한다. 'u'를 임의의 이름이라고 가정하자. 그러면 'Lau ∨ Leu'가 M에서 참임을 보이는 것으로 충분하다. 가정에 의하여, '(∀x)Lax'가 M에서 참이거나 또는 '(∀x)Lex'가 M에서 참이다.

경우 1. '(∀x)Lax'가 M에서 참이다. 따라서 'Lau'는 M에서 참이다. 그러므로 선언의 정의에 의하여, 'Lau ∨ Leu'는 M에서 참이다.

경우 2. '(∀x)Lex'가 M에서 참이다. 따라서 'Leu'는 M에서 참이다. 그러므로 선언의 정의에 의하여, 'Lau ∨ Leu'는 M에서 참이다.

그러므로 경우에 의한 논증에 의하여, 'Lau ∨ Leu'는 M에서 참이다.

〔2〕 (1)이 (2)를 함축하지 않음을 보이시오.
다음 모형세계를 고려해 보자.

D = {아담, 이브}. I(L) = {〈아담, 아담〉, 〈이브, 이브〉}. I(a) = 아담. I(e) = 이브.

이 모형세계에 의하면, '(∀x)(Lax ∨ Lex)'는 참이다, 왜냐하면 'Laa ∨ Lea'도 참이고, 'Lae ∨ Lee'도 참이기 때문이다. 그러나 '(∀x)Lax'와 '(∀x)Lex'는 둘 다 거짓이다.

〈연습 문제 G〉

(3) (∀x)(Px → (Lax ∨ Lex))

(4) (∀x)(Px → Lax) ∨ (∀x)(Px → Lex)

[1] (4)가 논리적으로 (3)을 함축함을 보이시오.

M을 임의의 모형세계라고 가정하자. 그리고 '(∀x)(Px → Lax) ∨ (∀x)(Px → Lex)'가 M에서 참이라고 가정하자. 우리는 '(∀x)(Px → (Lax ∨ Lex))'가 M에서 참임을 보이고자 한다. 'u'를 임의의 이름이라고 가정하자. 그러면 'Pu → (Lau ∨ Leu)'가 M에서 참임을 보이는 것으로 충분하다. 따라서 'Pu'가 M에서 참이라고 가정하고, 'Lau ∨ Leu'가 M에서 참임을 보이는 것으로 충분하다. 이제 첫 번째 가정에 의하여, '(∀x)(Px → Lax)'가 M에서 참이거나 또는 '(∀x)(Px → Lex)'가 M에서 참이다.

경우 1. '(∀x)(Px → Lax)'는 M에서 참이다.
그러면 이것의 대체예 'Pu → Lau'는 M에서 참이다. 두 번째 가정에 의해 'Pu'는 M에서 참이므로, 'Lau'도 M에서 참이다. 따라서 선언의 정의에 의하여 'Lau ∨ Leu'는 M에서 참이다.

경우 2. '(∀x)(Px → Lex)'는 M에서 참이다.
그러면 이것의 대체예 'Pu → Leu'는 M에서 참이다. 두 번째 가정에 의해 'Pu'는 M에서 참이므로, 'Leu'도 M에서 참이다. 따라서 선언의 정의에 의하여 'Lau ∨ Leu'는 M에서 참이다.

결론적으로 경우에 의한 논증에 의해 'Lau ∨ Leu'는 M에서 참이다.

〔2〕 (3)이 (4)를 함축하지 않음을 보이시오.

다음 모형세계를 고려해 보자.

D = {아담, 이브}. I(P) = {아담, 이브}. I(L)= = {〈아담, 아담〉, 〈이브, 이브〉}.
I(a)= = 아담. I(e) = 이브.

이 모형세계에 의하면, '(∀x)(Px → (Lax ∨ Lex))'는 참이다. 왜냐하면 'Pa → (Laa ∨ Lea)'도 참이고, 'Pe → (Lae ∨ Lee)'도 참이기 때문이다. 그러나 '(∀x)(Px → Lax)'와 '(∀x)(Px → Lex)'는 둘 다 거짓이다.

〈연습문제 F〉에서 제시된 증명과 반례는 기본적으로 〈연습문제 G〉의 것과 같다. 다만 후자는 전자와 달리 사람들의 집합에 한정된 주장이라는 데 차이가 있다. 또한 후자에서 제시된 모형세계는 단지 술어 'P'에 대한 해석이 추가됐다는 점에서만 전자에서 제시된 모형세계와 차이가 있음에 주목하라.

〈머리 풀기 문제〉

정답 : (3)

번역 길잡이 :

α : X 행성은 알파 행성을 침공한다.

β : X 행성은 베타 행성을 침공한다.

γ : X 행성은 감마 행성을 침공한다.

δ : X 행성은 델타 행성을 침공한다.

1. ~δ   (ㄱ)

2. β ∨ δ   (ㄴ)

3. $\sim \gamma \rightarrow \alpha$ (ㄷ)

4. $\beta \rightarrow \sim \gamma$ (ㄹ)

5. β (1, 2, ∨ 제거)

6. $\sim \gamma$ (4, 5, → 제거)

7. α (3, 6, → 제거)

(5)와 (7)에 의해 X 행성이 침공할 행성은 알파 행성과 베타 행성이다.

11장

〈연습 문제 A〉

(3) $(\exists x)(\forall y)Lxy.$ 참

(4) $(\exists x)(\forall y)Lyx.$ 거짓

(5) $(\forall x)(\exists y)Lxy.$ 거짓

(6) $(\forall x)(\exists y)Lyx.$ 참

〈연습 문제 B〉

(1) $(\forall x)(\forall y)Lxy.$ 거짓

(2) $(\exists x)(\exists y)Lxy.$ 참

(3) $(\exists x)(\forall y)Lxy.$ 거짓

(4) $(\exists x)(\forall y)Lyx.$ 참

(5) $(\forall x)(\exists y)Lxy.$ 참

(6) $(\forall x)(\exists y)Lyx.$ 거짓

〈연습 문제 C〉

(1) $(\forall x)\sim Lxe$

(2) $\sim(\forall x)Lxe$

(1)이 (2)를 함축한다는 것을 증명하라.

M을 임의의 모형세계라고 가정하자. 또한 '$(\forall x)\sim Lxe$'가 M에서 참이라고 가정하자. 우리는 '$\sim(\forall x)Lxe$'가 M에서 참임을 보일 것이다. 이제 귀류법을 위해 '$(\forall x)Lxe$'가 M에서 참이라고 가정하자. 그러면 앞의 가정에 의하여 '$(\forall x)\sim Lxe$'가 M에서 참이므로, '$\sim Lue$'는 M에서 참이다. 또한 뒤의 가정에 의하여 '$(\forall x)Lxe$'가 M에서 참이므로, 'Lue'는 M에서 참이다. 그러므로 우리는 모순을 얻게 되고, 귀류법에 의해 '$\sim(\forall x)Lxe$'가 M에서 참이다.

(2)가 (1)을 함축하지 않음을 증명하라.

한 가지 반례는 다음과 같다.

$D = \{a, e\}.\ I(L) = \{\langle a, e \rangle\}.$

이 모형세계에서 '$\sim(\forall x)Lxe$'는 참이지만, '$(\forall x)\sim Lxe$'는 거짓이다.

〈연습 문제 D〉

〔Cx : x는 고양이이다. Bx : x는 검다. Sxy : x는 y의 아들이다. Lxy : x는 y를 사랑한다. Px : x는 사람이다. Ax : x는 동물이다. Dx : x는 개이다. Bxy : x는 y를 믿는다. Ix : x는 영생한다. Hx : x는 선천적이다. Fx : x는 원리이다. Jxy : x는 y에 동의한다. Kx : x는 지식인이다. Mx : x는 도덕적이다. Ex : x는 부패할 것이다. a : 아담. e : 이브. k : 우리나라. g : 신.〕

(1) ~(∀x)(Cx → Bx)

(2) (∀x)((Cx & Lxa) → Lxe)

(3) (∀x)(Lxe → (Px & Lxa))

(4) (∀x)((Px & Lxe) → Lxa)

  (※ (3)과 (4) 사이의 의미의 차이에 대해서는 12장 연습문제 H의 (6), (7) 문제의 해설을 참조하기 바람.)

(5) (∃x)(Sxa & (∀y)(Py → Lyx))

(6) (∀x)(Kx → Mx) → ~Ek

(7) (∀x)(~Ax → ~Dx)

(8) ((∀x)(Ix → (Px & Bxg)) & Ia) → Bag

(9) (∀x)((Fx & (∃y)(Py & ~Jyx)) → ~Hx)

(10) (∃x)(Px & (∀y)(Ley → Lxy) & (∃z)(Pz & Lze & Lzx))

〈연습 문제 E〉

(1) (∀x)((Cx & Lxa) → Lxe)

(2) (∀x)(Cx → (Lxa → Lxe))

(1)이 (2)를 논리적으로 함축함을 증명하라.

M을 임의의 모형세계라고 가정하자. 그리고 '(∀x)((Cx & Lxa) → Lxe)'가 M에서 참이라고 가정하자. 우리는 '(∀x)(Cx → (Lxa → Lxe))'가 M에서 참임을 보이고자 한다. 이를 위해서 임의의 이름 'u'에 대하여 'Cu → (Lua → Lue)'가 M에 참임을 보이는 것으로 충분하다. 이제 가정에 의하여 '(Cu & Lua) → Lue'는 M에서 참이다. 따라서 술어논리의 의미론에 의해 'Cu & Lua'가 M에서 거짓이거나 또는 'Lue'가 M에서 참이다.

경우 1. 'Cu & Lua'가 M에서 거짓이다.

그러면 '~(Cu & Lua)'는 M에서 참이다. 따라서 드 모르간의 규칙에 의해 '~Cu ∨ ~Lua'가 M에서 참이다. 다시 말해, '~Cu'가 참이거나 '~Lua'가 M에서 참이다. 따라서 두 개의 하부 경우들이 있다.

하부 경우 1. '~Cu'는 M에서 참이다.
그러면 술어논리의 의미론에 의해 'Cu → (Lua → Lue)'가 M에서 참이다.
하부 경우 2. '~Lua'가 M에서 참이다.
그러면 술어논리의 의미론에 의해 'Lua → Lue'가 M에서 참이다. 따라서 술어논리의 의미론에 의해 'Cu → (Lua → Lue)'도 M에서 참이다.

경우 2. 'Lue'가 M에서 참이다.
그러면 술어논리의 의미론에 의해 'Lua → Lue'가 M에서 참이다. 따라서 술어논리의 의미론에 의해 'Cu → (Lua → Lue)'도 M에서 참이다.

결론적으로 경우에 의한 논증에 의해 'Cu → (Lua → Lue)'는 M에서 참이다.

(2)도 (1)을 논리적으로 함축함을 증명하라.
M을 임의의 모형세계라고 가정하자. 그리고 '(∀x)(Cx → (Lxa → Lxe))'가 M에서 참이라고 가정하자. 우리는 '(∀x)((Cx & Lxa) → Lxe)'가 M에서 참임을 보이고자 한다. 이를 위해서 임의의 이름 'u'에 대하여 '(Cu & Lua) → Lue'가 M에서 참임을 보이는 것으로 충분하다. 이제 가정에 의해 'Cu → (Lua → Lue)'는 M에서 참이다. 따라서 술어논리의 의미론에 의해 'Cu'가 M에서 거짓이거나 또는 'Lua → Lue'가 M에서 참이다.

경우 1. 'Cu'는 M에서 거짓이다.
그러면 술어논리의 의미론에 의해 'Cu → (Lua → Lue)'는 M에서 참이다.

경우 2. 'Lua → Lue'가 M에서 참이다.

그러면 술어논리의 의미론에 의해 'Lua'가 거짓이거나 'Lue'가 M에서 참이다. 따라서 두 개의 하부 경우들이 있다.

하부 경우 1. 'Lua'는 M에서 거짓이다.

그러면 'Cu & Lua'는 M에서 거짓이다. 따라서 술어논리의 의미론에 의해 '(Cu & Lua) → Lue'가 M에 참이다.

하부 경우 2. 'Lue'가 M에서 참이다.

그러면 술어논리의 의미론에 의해 '(Cu & Lua) → Lue'는 M에서 참이다.

결론적으로 경우에 의한 논증에 의해 '(Cu & Lua) → Lue'는 M에서 참이다.

〈연습 문제 F〉

(1) (∀x)((Cx & Lxa) → Lxe)

(3) (∀x)((Cx → Lxa) → Lxe)

(3)이 (1)을 논리적으로 함축함을 증명하라.

M을 임의의 모형세계라고 가정하자. 그리고 '(∀x)((Cx → Lxa) → Lxe)'가 M에서 참이라고 가정하자. 우리는 '(∀x)((Cx & Lxa) → Lxe)'가 M에서 참임을 보이고자 한다. 이를 위해 임의의 이름 'u'에 대하여 '(Cu & Lua) → Lue'가 M에서 참임을 보이는 것으로 충분하다. 이제 가정에 의하여 '(Cu → Lua) → Lue'는 M에서 참이다. 따라서 술어논리의 의미론에 의해 'Cu → Lua'가 M에서 거짓이거나 또는 'Lue'가 M에서 참이다.

경우 1. 'Cu → Lua'가 M에서 거짓이다.

그러면 '~(Cu → Lua)'가 M에서 참이다. 따라서 조건문 규칙에 의해 'Cu & ~Lua'가

M에서 참이다. 그러면 'Lua'가 M에서 거짓이고, 따라서 'Cu & Lua'는 M에서 거짓이다. 그러므로 술어논리의 의미론에 의해 '(Cu & Lua) → Lue'는 M에서 참이다.

경우 2. 'Lue'가 M에서 참이다.
그러면 술어논리의 의미론에 의해 '(Cu & Lua) → Lue'는 M에서 참이다.

결론적으로 경우에 의한 논증에 의해 '(Cu & Lua) → Lue'는 M에서 참이다.

(1)이 (3)을 논리적으로 함축하지 않음을 증명하라.
다음 모형세계에 의하면 (1)은 참이다.

D = {a, e, f}. I(C) = {f}. I(L) = {⟨f, a⟩, ⟨f, e⟩}.

왜냐하면 C이면서 a를 사랑하는 것은 f밖에 없는데, f는 e를 또한 사랑하기 때문이다. 그러나 이 모형세계에서 (3)은 거짓이다. '(Ca → Laa) → Lae'는 거짓이기 때문이다.

〈머리 풀기 문제〉
정답 : (4)

주어진 조건으로부터 다음 정보를 알 수 있다.
(1) B → ~C
(2) E ↔ F
(3) A → B
(4) E → C

A가 위원으로 임명된다고 하자. 즉 A가 참이라고 하자. 그러면 (3)에 의해 B가

참이다. 따라서 (1)에 의해 ~C가 참이다. 그리고 (4)에 의해 ~E가 참이다. 따라서 (2)에 의해 ~F도 참이다. 즉 F는 위원으로 임명되지 않을 것이다.

12장

〈연습 문제 A〉

(1)

   1. $(\forall x)(Bx \,\&\, Cx)$ // B a & Ce

   2. Ba & Ca   1, $\forall$ 제거

   3. Be & Ce   1, $\forall$ 제거

   4. Ba   2, & 제거

   5. Ce   3, & 제거

   6. Ba & Ce   4, 5, & 도입

(2)

   1. $(\forall x)(Mx \lor Sx)$

   2. $(\forall x)(Mx \to Hx)$

   3. $(\forall x)(Sx \to Hx)$ // Ha & He

   4. Ma $\lor$ Sa   1, $\forall$ 제거

   5. Ma $\to$ Ha   2, $\forall$ 제거

   6. Sa $\to$ Ha   3, $\forall$ 제거

   7. Ha   4, 5, 6, 경우에 의한 논증

   8. Me $\lor$ Se   1, $\forall$ 제거

   9. Me $\to$ He   2, $\forall$ 제거

   10. Se $\to$ He   3, $\forall$ 제거

   11. He   8, 9, 10, 경우에 의한 논증

   12. Ha & He   7, 11, & 도입

(3)

1. $(\forall x)(Txx \lor \sim Txg)$
2. $(\forall y)Tyg$ // $T\,ee \& Tbb$
3. $Tee \lor \sim Teg$ 1, $\forall$ 제거
4. Teg 2, $\forall$ 제거
5. Tee 3, 4, $\lor$ 제거
6. $Tbb \lor \sim Tbg$ 1, $\forall$ 제거
7. Tbg 2, $\forall$ 제거
8. Tbb 6, 7, $\lor$ 제거
9. $Tee \& Tbb$ 5, 8, $\&$ 도입

(4)

1. $(\forall x)((Px \& Lxx) \rightarrow Lxa)$
2. $\sim Lea$
3. Pe // $\sim(\forall x)(Px \rightarrow Lxx)$
4. | $(\forall x)(Px \rightarrow Lxx)$ 가정
5. | $(Pe \& Lee) \rightarrow Lea$ 1, $\forall$ 제거
6. | $Pe \rightarrow Lee$ 4, $\forall$ 제거
7. | Lee 3, 6, $\rightarrow$ 제거
8. | $Pe \& Lee$ 3, 7, $\&$ 도입
9. | Lea 5, 8, $\rightarrow$ 제거
10. | $\sim Lea$ 2, 반복
11. $\sim(\forall x)(Px \rightarrow Lxx)$ 4-10, $\sim$ 도입

(5)

    1. $(\forall x)(Px \rightarrow Lxx) \rightarrow Laa$

    2. $Laa \rightarrow Lae$

    3. $\sim$Lae   // $\sim(\forall x)(Px \rightarrow Lxx)$

    4. | $(\forall x)(Px \rightarrow Lxx)$ 가정

    5. | Laa   1, 4, $\rightarrow$ 제거

    6. | Lae   2, 5, $\rightarrow$ 제거

    7. | $\sim$Lae   3, 반복

    8. $\sim(\forall x)(Px \rightarrow Lxx)$ 4-7, $\sim$ 도입

〈연습 문제 B〉

(1)

    1. Ta   // $(\exists x)(Gx \lor Tx)$

    2. $Ga \lor Ta$ 1, $\lor$ 도입

    3. $(\exists x)(Gx \lor Tx)$ 2, ∃ 도입

(2)

    1. $(\forall x)(Nx \,\&\, Qx)$ // $(\exists x)Nx$

    2. $Na \,\&\, Qa$ 1, $\forall$ 제거

    3. Na   2, & 제거

    4. $(\exists x)Nx$ 3, ∃ 도입

(3)

    1. $(\exists x)Fx \rightarrow Ga$

    2. $(\forall x)Fx$ // $(\exists x)Gx$

    3. Fa   2, $\forall$ 제거

    4. $(\exists x)Fx$ 3, ∃ 도입

    5. Ga   1, 4, $\rightarrow$ 제거

    6. $(\exists x)Gx$ 5, ∃ 도입

(4)

1. $(\forall x)Gx \rightarrow (\forall x)Hxa$
2. $(\forall x)Gx$ // $(\exists x)(Gx \& Hxx)$
3. $(\forall x)Hxa$ 1, 2, → 제거
4. Ga 2, ∀ 제거
5. Haa 3, ∀ 제거
6. $Ga \& Haa$ 4, 5, & 도입
7. $(\exists x)(Gx \& Hxx)$ 6, ∃ 도입

(5)

1. $Pa \lor Qe$ // $(\exists x)Px \lor (\exists x)Qx$
2. | Pa 가정
3. | $(\exists x)Px$ 2, ∃ 도입
4. | $(\exists x)Px \lor (\exists x)Qx$ 3, ∨ 도입
5. | Qe 가정
6. | $(\exists x)Qx$ 5, ∃ 도입
7. | $(\exists x)Px \lor (\exists x)Qx$ 6, ∨ 도입
8. $(\exists x)Px \lor (\exists x)Qx$ 1, 2-4, 5-7, 경우에 의한 논증

(6)

1. $(\forall x)(Hxg \rightarrow Dx)$
2. $(\forall x)(\sim Dx \lor \sim Cxe)$ // $(\forall x)Hxg \rightarrow (\exists x)\sim Cxe$
3. | $(\forall x)Hxg$ 가정
4. | Hag 3, ∀ 제거
5. | $Hag \rightarrow Da$ 1, ∀ 제거
6. | Da 4, 5, → 제거
7. | $\sim Da \lor \sim Cae$ 2, ∀ 제거
8. | $\sim Cae$ 6, 7, ∨ 제거
9. | $(\exists x)\sim Cxe$ 8, ∃ 도입
10. $(\forall x)Hxg \rightarrow (\exists x)\sim Cxe$ 3-9, → 도입

(1) 모든 것은 정신적인 것이면서 파괴되지 않는 것이거나 또는 물리적인 것이면서 분해되는 것이다. 그러므로 분해되지 않는 모든 것은 파괴되지 않는다. 〔Mx : x는 정신적인 것이다. Dx : x는 파괴되는 것이다. Cx : x는 분해되는 것이다. Px : x는 물리적인 것이다.〕

1. $(\forall x)((Mx \,\&\, \sim Dx) \lor (Px \,\&\, Cx))$ // $(\forall x)(\sim Cx \rightarrow \sim Dx)$

2. $\boxed{u}$	$\sim Cu$	가정
3.	$(Mu \,\&\, \sim Du) \lor (Pu \,\&\, Cu)$	1, $\forall$ 제거
4.	$\sim Pu \lor \sim Cu$	2, $\lor$ 도입
5.	$\sim(Pu \,\&\, Cu)$	4, 드 모르간의 규칙
6.	$Mu \,\&\, \sim Du$	3, 5, $\lor$ 제거
7.	$\sim Du$	6, $\&$ 제거
8.	$\sim Cu \rightarrow \sim Du$	2-7, $\rightarrow$ 도입
9.	$(\forall x)(\sim Cx \rightarrow \sim Dx)$	2-8, $\forall$ 도입

위 논증에 대한 또 다른 해석이 가능하다. 전제의 두 번째 선언지에서 주어인 '모든 것'이 생략됐다고 해석할 수 있다. 이럴 경우 증명은 다음과 같다.

1. $(\forall x)(Mx \,\&\, \sim Dx) \lor (\forall x)(Px \,\&\, Cx)$ // $(\forall x)(\sim Cx \rightarrow \sim Dx)$

2. $\boxed{u}$	$\sim Cu$	가정
3.	$(\forall x)(Mx \,\&\, \sim Dx)$	가정
4.	$Mu \,\&\, \sim Du$	3, $\forall$ 제거
5.	$\sim Du$	4, $\&$ 제거
6.	$(\forall x)(Px \,\&\, Cx)$	가정
7.	$Pu \,\&\, Cu$	6, $\forall$ 제거

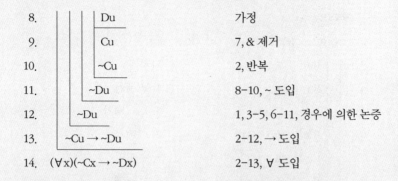

8.	Du	가정
9.	Cu	7, & 제거
10.	~Cu	2, 반복
11.	~Du	8-10, ~ 도입
12.	~Du	1, 3-5, 6-11, 경우에 의한 논증
13.	~Cu → ~Du	2-12, → 도입
14.	(∀x)(~Cx → ~Dx)	2-13, ∀ 도입

두 번째 해석의 전제 '(∀x)(Mx & ~Dx) ∨ (∀x)(Px & Cx)'는 첫 번째 해석의 전제 '(∀x)((Mx & ~Dx) ∨ (Px & Cx))'보다 강한 주장이다. 이 사실에 대해선 다음 절을 참조할 것.

(2) 모든 것은 물리적이고 파괴가능하다. 그러므로 모든 것은 물리적이고 또한 모든 것은 파괴가능하다.

1.	(∀x)(Px & Dx)	// (∀x)Px & (∀x)Dx
2.	u Pu & Du	1, ∀ 제거
3.	Pu	2, & 제거
4.	(∀x)Px	2-3, ∀ 도입
5.	u Pu & Du	1, ∀ 제거
6.	Du	5, & 제거
7.	(∀x)Dx	5-6, ∀ 도입
8.	(∀x)Px & (∀x)Dx	4, 7, & 도입

(3) 모든 강도행위는 범죄이다. 모든 범죄 또는 경범죄는 처벌가능하다. 그러므로 모든 강도행위는 처벌가능하다. 〔Rx : x는 강도행위이다. Cx : x는 범죄이다. Mx : x는 경범죄이다. Px : x는 처벌가능하다.〕

1. $(\forall x)(Rx \rightarrow Cx)$

2. $(\forall x)((Cx \vee Mx) \rightarrow Px)$ // $(\forall x)(Rx \rightarrow Px)$

3.	u ‖ Ru	가정
4.	Ru → Cu	1, ∀ 제거
5.	Cu	3, 4, → 제거
6.	(Cu ∨ Mu) → Pu	2, ∀ 제거
7.	Cu ∨ Mu	5, ∨ 도입
8.	Pu	6, 7, → 제거
9.	Ru → Pu	3-8, → 도입
10.	$(\forall x)(Rx \rightarrow Px)$	3-9, ∀ 도입

〈연습 문제 D〉

(1) 이브가 사랑하는 사람이 있다.

　　모든 사람은 이브에게 사랑받지 못하거나 또는 아담을 미워한다.

　　그러므로 아담을 미워하는 사람이 있다.

　　〔Px : x는 사람이다. Dxy : x는 y를 미워한다.〕

1. $(\exists x)(Px \,\&\, Lex)$

2. $(\forall x)(Px \rightarrow (\sim Lex \vee Dxa))$ // $(\exists x)(Px \,\&\, Dxa)$

3.	Pd & Led	1, ∃ 제거
4.	Pd → (~Led ∨ Dda)	2, ∀ 제거
5.	Pd	3, & 제거
6.	~Led ∨ Dda	4, 5, → 제거
7.	Led	3, & 제거
8.	Dda	6, 7, ∨ 제거
9.	Pd & Dda	5, 8, & 도입
10.	$(\exists x)(Px \,\&\, Dxa)$	9, ∃ 도입

(2) 아담이 누군가의 선배라면, 그 사람은 아담의 선배가 아니다.

그러므로 아담의 선배가 있다면, 아담이 선배가 아닌 어떤 사람이 있다.

〔Sxy : x는 y의 선배이다.〕

1. $(\forall x)(Sax \rightarrow {\sim}Sxa)$ // $(\exists x)Sxa \rightarrow (\exists x){\sim}Sax$

2. | $(\exists x)Sxa$ 가정

3. | Sua   2, ∃ 제거

4. | Sau → ~Sua   1, ∀ 제거

5. | ~Sau   3, 후건 부정

6. | $(\exists x){\sim}Sax$ 5, ∃ 도입

7. $(\exists x)Sxa \rightarrow (\exists x){\sim}Sax$ 2–6, → 도입

(3) 총명하거나 또는 아름다운 사람이 있다. 모든 총명한 사람은 인기가 있다.

모든 아름다운 사람은 인기가 있다. 그러므로 인기가 있는 사람이 있다.

〔Sx : x는 총명하다. Bx : x는 아름답다. Fx : x는 인기가 있다. Px : x는 사람이다.〕

1. $(\exists x)((Sx \mathbin{\&} Px) \vee (Bx \mathbin{\&} Px))$

2. $(\forall x)((Sx \mathbin{\&} Px) \rightarrow Fx)$

3. $(\forall x)((Bx \mathbin{\&} Px) \rightarrow Fx)$ // $(\exists x)(Fx \mathbin{\&} Px)$

4. $(Sa \mathbin{\&} Pa) \vee (Ba \mathbin{\&} Pa)$ 1, ∃ 제거

5. | Sa & Pa   가정

6. | $(Sa \mathbin{\&} Pa) \rightarrow Fa$ 2, ∀ 제거

7. | Fa   5, 6, → 제거

8. | Pa   5, & 제거

9. | Fa & Pa   7, 8, & 도입

10. | $(\exists x)(Fx \mathbin{\&} Px)$ 9, ∃ 도입

11.	Ba & Pa	가정
12.	(Ba & Pa) → Fa	3, ∀ 제거
13.	Fa	11, 12, → 제거
14.	Pa	11, & 제거
15.	Fa & Pa	13, 14, & 도입
16.	(∃x)(Fx & Px)	15, ∃ 도입
17.	(∃x)(Fx & Px)	4, 5-10, 11-16, 경우에 의한 논증

(4)

1. (∃x)Hxg ∨ (∃x)Nxf
2. (∀x)(Hxg → Cx)
3. (∀x)(Nxf → Cx) // (∃x)Cx

4.	(∃x)Hxg	가정
5.	Hug	4, ∃ 제거
6.	Hug → Cu	2, ∀ 제거
7.	Cu	5, 6, → 제거
8.	(∃x)Cx	7, ∃ 도입
9.	(∃x)Nxf	가정
10.	Nwf	9, ∃ 제거
11.	Nwf → Cw	3, ∀ 제거
12.	Cw	10, 11, → 제거
13.	(∃x)Cx	12, ∃ 도입
14.	(∃x)Cx	1, 4-8, 9-13, 경우에 의한 논증

(5)

1. $(\forall x)((Fx \lor Gx) \rightarrow Lxx)$

2. $(\exists x)\sim Lxx$ // $(\exists x)\sim Fx \,\&\, (\exists x)\sim Gx$

3. $\sim Luu$ 2, ∃ 제거

4. $(Fu \lor Gu) \rightarrow Luu$ 1, ∀ 제거

5. $\sim(Fu \lor Gu)$ 3, 4, 후건 부정

6. $\sim Fu \,\&\, \sim Gu$ 5, 드 모르간의 규칙

7. $\sim Fu$ 6, & 제거

8. $\sim Gu$ 6, & 제거

9. $(\exists x)\sim Fx$ 7, ∃ 도입

10. $(\exists x)\sim Gx$ 8, ∃ 도입

11. $(\exists x)\sim Fx \,\&\, (\exists x)\sim Gx$ 9, 10, & 도입

(6)

1. $(\forall x)(Fx \rightarrow (Rxa \lor Rax))$

2. $(\exists x)\sim Rxa$ // $(\forall x)\sim Rax \rightarrow (\exists x)\sim Fx$

3. | $(\forall x)\sim Rax$ 가정

4. | $\sim Rua$ 2, ∃ 제거

5. | $Fu \rightarrow (Rua \lor Rau)$ 1, ∀ 제거

6. | $\sim Rau$ 3, ∀ 제거

7. | $\sim Rua \,\&\, \sim Rau$ 4, 6, & 도입

8. | $\sim(Rua \lor Rau)$ 7, 드 모르간의 규칙

9. | $\sim Fu$ 5, 8, 후건 부정

10. | $(\exists x)\sim Fx$ 9, ∃ 도입

11. $(\forall x)\sim Rax \rightarrow (\exists x)\sim Fx$ 3-10, → 도입

〈연습 문제 E〉

(1)

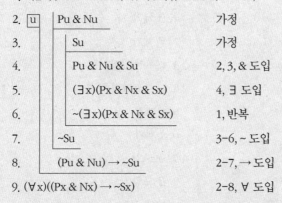

1. ~(∃x)(Px & Nx & Sx) // (∀x)((Px & Nx) → ~Sx)

2. u   Pu & Nu   가정

3.   Su   가정

4.   Pu & Nu & Su   2, 3, & 도입

5.   (∃x)(Px & Nx & Sx)   4, ∃ 도입

6.   ~(∃x)(Px & Nx & Sx)   1, 반복

7. ~Su   3-6, ~ 도입

8. (Pu & Nu) → ~Su   2-7, → 도입

9. (∀x)((Px & Nx) → ~Sx)   2-8, ∀ 도입

(2)

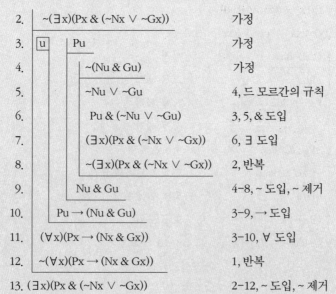

1. ~(∀x)(Px → (Nx & Gx)) // (∃x)(Px & (~Nx ∨ ~Gx))

2.   ~(∃x)(Px & (~Nx ∨ ~Gx))   가정

3. u   Pu   가정

4.   ~(Nu & Gu)   가정

5.   ~Nu ∨ ~Gu   4, 드 모르간의 규칙

6.   Pu & (~Nu ∨ ~Gu)   3, 5, & 도입

7.   (∃x)(Px & (~Nx ∨ ~Gx))   6, ∃ 도입

8.   ~(∃x)(Px & (~Nx ∨ ~Gx))   2, 반복

9.   Nu & Gu   4-8, ~ 도입, ~ 제거

10. Pu → (Nu & Gu)   3-9, → 도입

11. (∀x)(Px → (Nx & Gx))   3-10, ∀ 도입

12. ~(∀x)(Px → (Nx & Gx))   1, 반복

13. (∃x)(Px & (~Nx ∨ ~Gx))   2-12, ~ 도입, ~ 제거

(3)

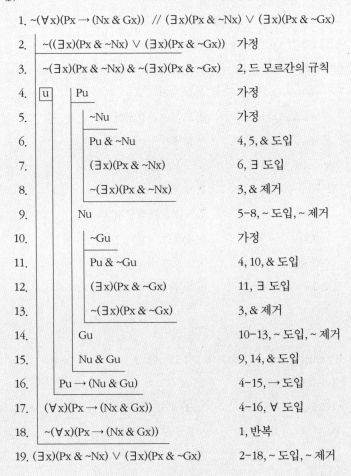

1. ~(∀x)(Px → (Nx & Gx)) // (∃x)(Px & ~Nx) ∨ (∃x)(Px & ~Gx)

2.	~((∃x)(Px & ~Nx) ∨ (∃x)(Px & ~Gx))	가정
3.	~(∃x)(Px & ~Nx) & ~(∃x)(Px & ~Gx)	2, 드 모르간의 규칙
4.	u Pu	가정
5.	~Nu	가정
6.	Pu & ~Nu	4, 5, & 도입
7.	(∃x)(Px & ~Nx)	6, ∃ 도입
8.	~(∃x)(Px & ~Nx)	3, & 제거
9.	Nu	5-8, ~ 도입, ~ 제거
10.	~Gu	가정
11.	Pu & ~Gu	4, 10, & 도입
12.	(∃x)(Px & ~Gx)	11, ∃ 도입
13.	~(∃x)(Px & ~Gx)	3, & 제거
14.	Gu	10-13, ~ 도입, ~ 제거
15.	Nu & Gu	9, 14, & 도입
16.	Pu → (Nu & Gu)	4-15, → 도입
17.	(∀x)(Px → (Nx & Gx))	4-16, ∀ 도입
18.	~(∀x)(Px → (Nx & Gx))	1, 반복
19.	(∃x)(Px & ~Nx) ∨ (∃x)(Px & ~Gx)	2-18, ~ 도입, ~ 제거

〈연습 문제 F〉

(1)

1.	~(∃x)(Px ∨ Qx)	// (∀x)~Px & (∀x)~Qx
2.	(∀x)~(Px ∨ Qx)	1, ~∃
3.	u̲ ~(Pu ∨ Qu)	2, ∀ 제거
4.	~Pu & ~Qu	4, 드 모르간의 규칙
5.	~Pu	5, & 제거
6.	(∀x)~Px	3-5, ∀ 도입
7.	u̲ ~(Pu ∨ Qu)	2, ∀ 제거
8.	~Pu & ~Qu	7, 드 모르간의 규칙
9.	~Qu	8, & 제거
10.	(∀x)~Qx	7-9, ∀ 도입
11.	(∀x)~Px & (∀x)~Qx	6, 10, & 도입

(2)

1.	~(∀x)(Px & Qx)	// (∃x)~Px ∨ (∃x)~Qx
2.	(∃x)~(Px & Qx)	1, ~∀
3.	~(Pu & Qu)	2, ∃ 제거
4.	~Pu ∨ ~Qu	3, 드 모르간의 규칙
5.	~Pu	가정
6.	(∃x)~Px	5, ∃ 도입
7.	(∃x)~Px ∨ (∃x)~Qx	6, ∨ 도입
8.	~Qu	가정
9.	(∃x)~Qx	8, ∃ 도입
10.	(∃x)~Px ∨ (∃x)~Qx	9, ∨ 도입
11.	(∃x)~Px ∨ (∃x)~Qx	4, 5-7, 8-10, 경우에 의한 논증

(3)

1. $(\forall x)Px$ // $\sim(\exists x)\sim Px$
2. ⎡ $(\exists x)\sim Px$ 가정
3. ⎢ $\sim Pa$ 2, ∃ 제거
4. ⎣ Pa 1, ∀ 제거
5. $\sim(\exists x)\sim Px$ 2-4, ~ 도입

(4)

1. $\sim(\exists x)\sim Px$ // $(\forall x)Px$
2. u ⎡ $\sim Pu$ 가정
3.   ⎢ $(\exists x)\sim Px$ 2, ∃ 도입
4.   ⎢ $\sim(\exists x)\sim Px$ 1, 반복
5.   ⎣ Pu 2-4, ~ 도입, ~ 제거
6. $(\forall x)Px$ 2-5, ∀ 도입

〈연습 문제 G〉

(1) 어떤 질병은 의사라면 누구나 치료할 수 있는 것이다. 그러므로 모든 의사
는 저마다 치료할 수 있는 어떤 질병이 있다. 〔Dx : x는 질병이다. Cxy : x는
y를 치료할 수 있다. Px : x는 의사이다.〕

1. $(\exists x)(Dx \,\&\, (\forall y)(Py \rightarrow Cyx))$ // $(\forall x)(Px \rightarrow (\exists y)(Dy \,\&\, Cxy))$
2. u ⎡ Pu 가정
3.   ⎢ $Da \,\&\, (\forall y)(Py \rightarrow Cya)$ 1, ∃ 제거
4.   ⎢ $(\forall y)(Py \rightarrow Cya)$ 3, & 제거
5.   ⎢ $Pu \rightarrow Cua$ 4, ∀ 제거
6.   ⎢ Cua 2, 5, → 제거
7.   ⎢ Da 3, & 제거
8.   ⎢ $Da \,\&\, Cua$ 6, 7, & 도입
9.   ⎣ $(\exists y)(Dy \,\&\, Cuy)$ 8, ∃ 도입
10. $Pu \rightarrow (\exists y)(Dy \,\&\, Cuy)$ 2-9, → 도입
11. $(\forall x)(Px \rightarrow (\exists y)(Dy \,\&\, Cxy))$ 2-10, ∀ 도입

(2) 모든 현대차는 한국차이다. 그러므로 현대차를 소유한 사람은 누구나 한국
   차를 소유한다. 〔Hx : x는 현대차이다. Kx : x는 한국차이다. Pxy : x는 y를
   소유한다. Mx : x는 사람이다.〕

1. $(\forall x)(Hx \rightarrow Kx)$　//　$(\forall x)((Mx \,\&\, (\exists y)(Hy \,\&\, Pxy)) \rightarrow (\exists z)(Kz \,\&\, Pxz))$

2.	u　Mu $\&$ $(\exists y)$(Hy $\&$ Puy)	가정
3.	$(\exists y)$(Hy $\&$ Puy)	2, $\&$ 제거
4.	Ha $\&$ Pua	3, $\exists$ 제거
5.	Ha $\rightarrow$ Ka	1, $\forall$ 제거
6.	Ha	4, $\&$ 제거
7.	Ka	5, 6, $\rightarrow$ 제거
8.	Pua	4, $\&$ 제거
9.	Ka $\&$ Pua	7, 8, $\&$ 도입
10.	$(\exists z)$(Kz $\&$ Puz)	9, $\exists$ 도입
11.	(Mu $\&$ $(\exists y)$(Hy $\&$ Puy)) $\rightarrow$ $(\exists z)$(Kz $\&$ Puz)	2-10, $\rightarrow$ 도입
12.	$(\forall x)((Mx \,\&\, (\exists y)(Hy \,\&\, Pxy)) \rightarrow (\exists z)(Kz \,\&\, Pxz))$	2-11, $\forall$ 도입

(3) 각 사람은 누군가에 의해서 미움을 받는다. 그러므로 누구에 의해서도 미움
   받지 않는 사람은 없다. 〔Px : x는 사람이다. Hxy : x는 y를 미워한다.〕

1. $(\forall x)(Px \rightarrow (\exists y)(Py \,\&\, Hyx))$　//　$\sim(\exists x)(Px \,\&\, \sim(\exists y)(Py \,\&\, Hyx))$

2.	$(\exists x)$(Px $\&$ $\sim(\exists y)$(Py $\&$ Hyx)	가정
3.	Pa $\&$ $\sim(\exists y)$(Py $\&$ Hya)	2, $\exists$ 제거
4.	$\sim(\exists y)$(Py $\&$ Hya)	3, $\&$ 제거
5.	Pa $\rightarrow$ $(\exists y)$(Py $\&$ Hya)	1, $\forall$ 제거
6.	Pa	3, $\&$ 제거
7.	$(\exists y)$(Py $\&$ Hya)	5, 6, $\rightarrow$ 제거
8.	$\sim(\exists x)$(Px $\&$ $\sim(\exists y)$(Py $\&$ Hyx))	2-7, $\sim$ 도입

(4) 누구에 의해서도 미움을 받지 않는 사람은 없다. 그러므로 각 사람은 누군가에 의해 미움을 받는다.

1. ~(∃x)(Px & ~(∃y)(Py & Hyx))   // (∀x)(Px → (∃y)(Py & Hyx))
2. ⌐u⌐ Pu   가정
3.   │ (∀x)~(Px & ~(∃y)(Py & Hyx))   1, ~∃
4.   │ ~(Pu & ~(∃y)(Py & Hyu))   3, ∀ 제거
5.   │ ~Pu ∨ ~~(∃y)(Py & Hyu)   4, 드 모르간의 규칙
6.   │ ~~(∃y)(Py & Hyu)   2, 5, ∨ 제거
7.   │ (∃y)(Py & Hyu)   6, ~ 제거
8.   └ Pu → (∃y)(Py & Hyu)   2-7, → 도입
9. (∀x)(Px → (∃y)(Py & Hyx))   2-8, ∀ 도입

(5) 모든 포유류가 육식동물인 것은 아니다. 냉혈동물인 포유류는 없다. 그러므로 어떤 포유류는 육식동물도 아니고 냉혈동물도 아니다. 〔Mx : x는 포유류이다. Fx : x는 육식동물이다. Cx : x는 냉혈동물이다.〕

1. ~(∀x)(Mx → Fx)
2. (∀x)(Mx → ~Cx)   // (∃x)(Mx & ~Fx & ~Cx)
3. (∃x)~(Mx → Fx)   1, ~∀
4. ~(Ma → Fa)   3, ∃ 제거
5. Ma & ~Fa   4, 조건문 규칙
6. Ma → ~Ca   2, ∀ 제거
7. Ma   5, & 제거
8. ~Ca   6, 7, → 제거
9. Ma & ~Fa & ~Ca   5, 8, & 도입
10. (∃x)(Mx & ~Fx & ~Cx)   9, ∃ 도입

(6) 영희는 여학생이다. 영희는 서울에 사는 그 어떤 학생보다도 키가 크다. 영희는 그녀 자신보다 크지 않다. 따라서 영희는 서울에 살지 않는다. 〔Sx : x는 학생이다. Fx : x는 여성이다. Lx : x는 서울에 산다. Txy : x는 y 보다 키가 크다. o : 영희.〕

1. So & Fo
2. (∀x)((Sx & Lx) → Tox)
3. ~Too   // ~Lo
4. (So & Lo) → Too   2, ∀ 제거
5. ~(So & Lo)   3, 4, 후건 부정
6. ~So ∨ ~Lo   5, 드 모르간의 규칙
7. So   1, & 제거
8. ~Lo   6, 7, ∨ 제거

〈연습 문제 H〉

(1) 모든 사람이 이브를 사랑한다는 것은 사실이 아니다. 그러므로 모든 사람은 이브를 사랑하지 않는다.

~(∀x)(Px → Lxe) // (∀x)(Px → ~Lxe)

부당하다.
반례 : D = {a, e}. I(P) = {a, e}. I(L) = {⟨a, e⟩}.

(2) 화가라면 누구든지 모두 그릴 수 있는 어떤 그림이 있다. 따라서 모든 화가는 그릴 수 있는 그림이 각자 적어도 하나는 있다.

(∃x)(Ax & (∀y)(Py → Dyx)) // (∀x)(Px → (∃y)(Ay & Dxy))

1. $(\exists x)(Ax \& (\forall y)(Py \rightarrow Dyx))$ 전제

2. $\boxed{u}$ Pu   가정

3.   Aa $\& (\forall y)(Py \rightarrow Dya)$ 1, ∃ 제거

4. $(\forall y)(Py \rightarrow Dya)$ 3, & 제거

5.   Pu $\rightarrow$ Dua   4, ∀ 제거

6.   Dua   2, 5, → 제거

7.   Aa   3, & 제거

8.   Aa & Dua   6, 7, & 도입

9. $(\exists y)(Ay \& Duy)$ 8, ∃ 도입

10. Pu $\rightarrow (\exists y)(Ay \& Duy)$ 2-9, → 도입

11. $(\forall x)(Px \rightarrow (\exists y)(Ay \& Dxy))$ 2-10, ∀ 도입

(3) 모든 화가는 그릴 수 있는 그림이 각자 적어도 하나는 있다. 따라서 화가라면 누구든지 모두 그릴 수 있는 어떤 그림이 있다.

$(\forall x)(Px \rightarrow (\exists y)(Ay \& Dxy))$ // $(\exists x)(Ax \& (\forall y)(Py \rightarrow Dyx))$

부당하다.

반례 : D = {a, e, f, g}. I(P) = {a, e}. I(A) = {f, g}. I(D) = {⟨a, f⟩, ⟨e, g⟩}.

(4) 금발인 사람이 있다. 흑발인 사람이 있다. 금발인 사람은 모두 누군가에 의해 사랑을 받는다. 그러므로 흑발이면서 누군가에게 사랑을 받는 사람이 있다. 〔Ax : x는 흑발이 다. Bx : x는 금발이다. Px : x는 사람이다. Lxy : x는 y를 사랑한다.〕

1. $(\exists x)(Px \& Bx)$

2. $(\exists x)(Px \& Ax)$

3. $(\forall x)((Px \& Bx) \rightarrow (\exists y)(Py \& Lyx))$ // $(\exists x)(Px \& Ax \& (\exists y)(Py \& Lyx))$

반례 : D = {a, e}. I(P) = {a, e}. I(A) = {a}. I(B) = {e}. I(L) = {⟨a, e⟩}.

이 모형세계에 의하면, 'Pe & Be'가 참이므로 전제 1은 참이다. 그리고 'Pa & Aa' 가 참이므로 전제 2도 참이다. 또한 '(Pa & Ba) → (∃y)(Py & Lya)'와 '(Pe & Be) → (∃y)(Py & Lye)'가 모두 참이다. 첫 번째 조건문은 전건이 거짓이므로 참이 고, 두 번째 조건문은 후건이 참이므로 참이다. 왜냐하면 'Pa & Lae'가 참이기 때문이다. 따라서 모든 전제는 참이다. 그러나 결론은 거짓이다. 그 이유는 다 음과 같다. 우선 결론의 두 대체예는 다음과 같다.

Pa & Aa & (∃y)(Py & Lya).
Pe & Ae & (∃y)(Py & Lye).

그런데 첫 번째 대체예는 세 번째 연언지가 거짓이므로 거짓이다. 두 번째 대체 예는 두 번째 연언지가 거짓이므로 거짓이다.

(5) 모든 고양이를 싫어하는 논리학자는 없다. 그러므로 모든 고양이마다 그 고 양이를 싫어하지 않는 논리학자가 있다. 〔Cx: x는 고양이이다. Lx: x는 논리 학자이다. Dxy: x는 y를 싫어한다.〕
~(∃x)(Lx & (∀y)(Cy → Dxy)) // (∀x)(Cx → (∃y)(Ly & ~Dyx))

부당한 논증 :
반례 : D = {a, e, f, g}. I(L) = {a, e}. I(C) = {f, g}. I(D) = {⟨a, f⟩, ⟨e, f⟩}.

a는 g를 싫어하지 않고, e도 g를 싫어하지 않기 때문에, 모든 고양이를 싫어하는 논리학자는 없다. 따라서 전제는 참이다. 그렇지만 f는 모든 논리학자가 싫어하 기 때문에 결론은 거짓이다.

(6) 오직 아담을 사랑하는 사람들만이 이브를 사랑한다. 그러므로 이브를 사랑하는 모든 사람들은 아담을 사람한다.

$(\forall x)(Lxe \rightarrow (Px \ \& \ Lxa))$ // $(\forall x)((Px \ \& \ Lxe) \rightarrow Lxa)$

타당하다.

1. $(\forall x)(Lxe \rightarrow (Px \ \& \ Lxa))$ // $(\forall x)((Px \ \& \ Lxe) \rightarrow Lxa)$
2. $\boxed{u}$ $\quad$ Pu & Lue $\qquad\qquad\qquad$ 가정
3. $\qquad$ Lue $\rightarrow$ (Pu & Lua) $\qquad$ 1, $\forall$ 제거
4. $\qquad$ Lue $\qquad\qquad\qquad\qquad$ 2, & 제거
5. $\qquad$ Pu & Lua $\qquad\qquad\qquad$ 3, 4, $\rightarrow$ 제거
6. $\qquad$ Lua $\qquad\qquad\qquad\qquad$ 5, & 제거
7. $\quad$ (Pu & Lue) $\rightarrow$ Lua $\qquad$ 2-6, $\rightarrow$ 도입
8. $(\forall x)((Px \ \& \ Lxe) \rightarrow Lxa)$ $\qquad$ 2-7, $\forall$ 도입

(7) 이브를 사랑하는 모든 사람들은 아담을 사랑한다. 그러므로 오직 아담을 사랑하는 사람들만이 이브를 사랑한다.

$(\forall x)((Px \ \& \ Lxe) \rightarrow Lxa)$ // $(\forall x)(Lxe \rightarrow (Px \ \& \ Lxa))$

부당하다.

반례 : D = {a, e, d}. I(P) = {a, e}. I(L) = {⟨e, e⟩, ⟨e, a⟩, ⟨d, e⟩}.

이 모형세계에서 사람이면서 이브를 사랑하는 것은 이브뿐인데 이브는 아담을 사랑하므로 전제는 참이다. 그렇지만 'Lde $\rightarrow$ (Pd & Lda)'가 거짓이기 때문에 결론 '$(\forall x)(Lxe \rightarrow (Px \ \& \ Lxa))$'는 거짓이다. 전제가 결론을 논리적으로 함축하지 않는 이유는, 사람이 아닌 존재가 이브를 사랑하는 것을 결론이 배제하기 때문이다.

(1) $(\forall x)(\forall y)Lxy \rightarrow (\exists x)(\exists y)Lxy$

1.	$(\forall x)(\forall y)Lxy$	가정
2.	$(\forall y)Lay$	1, $\forall$ 제거
3.	Lab	2, $\forall$ 제거
4.	$(\exists y)Lay$	3, $\exists$ 도입
5.	$(\exists x)(\exists y)Lxy$	4, $\exists$ 도입
6.	$(\forall x)(\forall y)Lxy \rightarrow (\exists x)(\exists y)Lxy$	1-5, $\rightarrow$ 도입

(2) $(\forall x)(\exists y)(Ax \& By) \rightarrow (\exists x)(Ax \& Bx)$

1.	$(\forall x)(\exists y)(Ax \& By)$	가정
2.	$(\exists y)(Aa \& By)$	1, $\forall$ 제거
3.	Aa & Bb	2, $\exists$ 제거
4.	$(\exists y)(Ab \& By)$	1, $\forall$ 제거
5.	Ab & Bc	4, $\exists$ 제거
6.	Ab	5. & 제거
7.	Bb	3, & 제거
8.	Ab & Bb	6, 7, & 도입
9.	$(\exists x)(Ax \& Bx)$	8, $\exists$ 도입
10.	$(\forall x)(\exists y)(Ax \& By) \rightarrow (\exists x)(Ax \& Bx)$	1-9, $\rightarrow$ 도입

(3) $(\exists y)(Ky \& (\forall x)(Dx \rightarrow Rxy)) \rightarrow (\forall x)(Dx \rightarrow (\exists y)(Ky \& Rxy))$

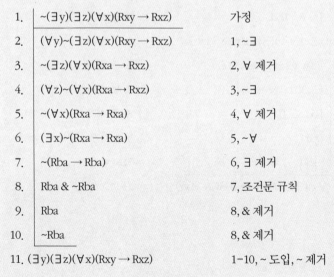

1.	$(\exists y)(Ky \& (\forall x)(Dx \rightarrow Rxy))$	가정
2.	u Du	가정
3.	Ka $\&$ $(\forall x)(Dx \rightarrow Rxa)$	1, ∃ 제거
4.	Ka	3, $\&$ 제거
5.	$(\forall x)(Dx \rightarrow Rxa)$	3, $\&$ 제거
6.	Du $\rightarrow$ Rua	5, $\forall$ 제거
7.	Rua	2, 6, $\rightarrow$ 제거
8.	Ka $\&$ Rua	4, 7, $\&$ 도입
9.	$(\exists y)(Ky \& Ruy)$	8, ∃ 도입
10.	Du $\rightarrow$ $(\exists y)(Ky \& Ruy)$	2-9, $\rightarrow$ 도입
11.	$(\forall x)(Dx \rightarrow (\exists y)(Ky \& Rxy))$	2-10, $\forall$ 도입
12.	$(\exists y)(Ky \& (\forall x)(Dx \rightarrow Rxy)) \rightarrow (\forall x)(Dx \rightarrow (\exists y)(Ky \& Rxy))$	1-11, $\rightarrow$ 도입

(4) $(\exists y)(\exists z)(\forall x)(Rxy \rightarrow Rxz)$

1.	$\sim(\exists y)(\exists z)(\forall x)(Rxy \rightarrow Rxz)$	가정
2.	$(\forall y)\sim(\exists z)(\forall x)(Rxy \rightarrow Rxz)$	1, $\sim \exists$
3.	$\sim(\exists z)(\forall x)(Rxa \rightarrow Rxz)$	2, $\forall$ 제거
4.	$(\forall z)\sim(\forall x)(Rxa \rightarrow Rxz)$	3, $\sim \exists$
5.	$\sim(\forall x)(Rxa \rightarrow Rxa)$	4, $\forall$ 제거
6.	$(\exists x)\sim(Rxa \rightarrow Rxa)$	5, $\sim \forall$
7.	$\sim(Rba \rightarrow Rba)$	6, ∃ 제거
8.	Rba $\&$ $\sim$Rba	7, 조건문 규칙
9.	Rba	8, $\&$ 제거
10.	$\sim$Rba	8, $\&$ 제거
11.	$(\exists y)(\exists z)(\forall x)(Rxy \rightarrow Rxz)$	1-10, $\sim$ 도입, $\sim$ 제거

〈연습 문제 J〉

(1) (∀x)(Rxb → ~Rxb) & (∃x)Rxb

1.	(∀x)(Rxb → ~Rxb) & (∃x)Rxb	가정
2.	(∀x)(Rxb → ~Rxb)	1, & 제거
3.	(∃x)Rxb	1, & 제거
4.	Rab	3, ∃ 제거
5.	Rab → ~Rab	2, ∀ 제거
6.	~Rab	4, 5, → 제거
7.	~((∀x)(Rxb → ~Rxb) & (∃x)Rxb)	1-6, ~ 도입

(2) (∀x)(∃y)(∀w)(∃z)(Lxw & ~Lyz)

1.	(∀x)(∃y)(∀w)(∃z)(Lxw & ~Lyz)	가정
2.	(∃y)(∀w)(∃z)(Law & ~Lyz)	1, ∀ 제거
3.	(∀w)(∃z)(Law & ~Lbz)	2, ∃ 제거
4.	(∃z)(Lac & ~Lbz)	3, ∀ 제거
5.	Lac & ~Lbd	4, ∃ 제거
6.	(∃y)(∀w)(∃z)(Lbw & ~Lyz)	1, ∀ 제거
7.	(∀w)(∃z)(Lbw & ~Lez)	6, ∃ 제거
8.	(∃z)(Lbd & ~Lez)	7, ∀ 제거
9.	Lbd & ~Lef	8, ∃ 제거
10.	Lbd	9, & 제거
11.	~Lbd	5, & 제거
12.	~(∀x)(∃y)(∀w)(∃z)(Lxw & ~Lyz)	1-11, ~ 도입

(3) $(\forall x)((\forall y)Lxy \& (\exists y)\sim Lyx)$

1.	$(\forall x)((\forall y)Lxy \& (\exists y)\sim Lyx)$	가정
2.	$(\forall y)Lay \& (\exists y)\sim Lya$	1, $\forall$ 제거
3.	$(\forall y)Lay$	2, & 제거
4.	$(\exists y)\sim Lya$	2, & 제거
5.	$\sim Lba$	4, $\exists$ 제거
6.	$(\forall y)Lby \& (\exists y)\sim Lyb$	1, $\forall$ 제거
7.	$(\forall y)Lby$	6, & 제거
8.	Lba	7, $\forall$ 제거
9.	$\sim(\forall x)((\forall y)Lxy \& (\exists y)\sim Lyx)$	1-8, $\sim$ 도입

〈머리 풀기 문제〉

정답: (5)

1.	$A \lor E$	((ㄱ)에 의해)
2.	$A \rightarrow D$	((ㄷ)에 의해)
3.	$\sim A \rightarrow (\sim C \& \sim F)$	((ㄹ)에 의해)
4.	$D \rightarrow (B \& \sim C)$	((ㅁ)에 의해)
5.	$B \rightarrow F$	((ㅂ)에 의해)
6.	A	(가정)
7.	D	(2, 6, $\rightarrow$ 제거)
8.	$B \& \sim C$	(4, 7, $\rightarrow$ 제거)
9.	B	(8, & 제거)
10.	F	(5, 9, $\rightarrow$ 제거)

따라서 A를 선발할 경우 B, D, 그리고 F를 선발해야 한다. 그런데 이것은 조건 (ㄴ)과 충돌한다. 따라서 (1)에 의해 두 번째 선언지 E가 참이다. 그리고 ~A이므로 (3)에 의해 ~C와 ~F가 성립한다. 그러므로 단지 E만을 선발할 수 있다.

13장

〈연습 문제 A〉 다음 문장들을 기호화하시오.

(1) 최소한 세 명의 배우가 있다.

$(\exists x)(\exists y)(\exists z)(Ax \& Ay \& Az \& x \neq y \& y \neq z \& z \neq x)$

〔Ax : x는 배우이다.〕

(2) 정확히 세 명의 배우가 있다.

$(\exists x)(\exists y)(\exists z)(Ax \& Ay \& Az \& x \neq y \& y \neq z \& z \neq x \& (\forall u)(Au \rightarrow (u = x$
$\vee u = y \vee u = z))$

(3) 기껏해야 세 명의 배우가 있다.

$(\forall x)(\forall y)(\forall z)(\forall u)((Ax \& Ay \& Az \& Au) \rightarrow (x = y \vee y = z \vee z = u \vee u = x$
$\vee x = z \vee y = u))$

(4) 최소한 세 사람이 아담을 사랑한다.

$(\exists x)(\exists y)(\exists z)(Px \& Py \& Pz \& Lxa \& Lya \& Lza \& x \neq y \& y \neq z \& z \neq x)$

〔Px : x는 사람이다. Lxy : x는 y를 사랑한다.〕

(5) 혜영은 우리 반의 유일한 여학생이다.

$Ch \& Gh \& (\forall x)((Cx \& Gx) \rightarrow x = h)$ 또는 $(\forall x)((Cx \& Gx) \leftrightarrow x = h)$

〔Cx : x는 우리 반에 있다. Gx : x는 여학생이다. h : 혜영.〕

(6) 단지 이브만이 아담보다 똑똑하다.

$Sea \& (\forall x)(Sxa \rightarrow x = e)$

〔Sxy : x는 y보다 똑똑하다.〕

(7) 길수의 유일한 개는 진돗개이다.

$(\exists x)(Dx \,\&\, Ogx \,\&\, (\forall y)((Dy \,\&\, Ogy) \to x = y) \,\&\, Jx)$

〔Dx : x는 개다. Oxy : x는 y를 소유한다. Jx : x는 진돗개이다. g : 길수.〕

(8) 모든 사람은 단지 한 명의 외할머니를 갖는다.

$(\forall x)(Px \to (\exists y)(Gyx \,\&\, (\forall z)(Gzx \to y = z))$

〔Gxy : x는 y의 외할머니이다.〕

또는 $(\forall x)(Px \to (\exists y)(\exists z)(Myx \,\&\, Mzy) \,\&\, (\forall u)(Muy \to z = u))$

〔Mxy : x는 y의 어머니이다.〕

(9) 어느 누구도 세 명 또는 그 이상의 부모를 갖지 않는다.

$(\forall x)(Hx \to \sim(\exists y)(\exists z)(\exists w)(Pyx \,\&\, Pzx \,\&\, Pwx \,\&\, y \neq z \,\&\, y \neq w \,\&\, z \neq w))$

〔Hx : x는 사람이다. Pxy : x는 y의 부모이다.〕

(10) 점보는 가장 큰 코끼리이다.

$Ej \,\&\, (\forall x)((Ex \,\&\, x \neq j) \to Ljx)$

〔Ex : x는 코끼리이다. Lxy : x는 y보다 크다. j : 점보.〕

〈연습 문제 B〉

1. $(\exists x)(Gx \,\&\, (\forall y)(Gy \to x = y))$ // $(\exists x)Gx \,\&\, (\forall x)(\forall y)((Gx \,\&\, Gy) \to x = y)$

2. $Ga \,\&\, (\forall y)(Gy \to a = y)$ 1, ∃ 제거

3. Ga 2, & 제거

4. $(\exists x)Gx$ 3, ∃ 도입

5. $\boxed{u}\ \boxed{w}$ $Gu \,\&\, Gw$ 가정

6. $(\forall y)(Gy \to a = y)$ 2, & 제거

7. $Gu \to a = u$ 6, ∀ 제거

8. Gu 5, & 제거

9. $a = u$ 7, 8, → 도입

10. $Gw \to a = w$ 6, ∀ 제거

11. Gw 5, & 제거

12. $a = w$ 10, 11, → 제거

13. $u = w$ 9, 12, = 제거

14. $(Gu \,\&\, Gw) \to u = w$ 5-13, → 도입

15. $(\forall y)((Gu \,\&\, Gy) \to u = y)$ 5-14, ∀ 도입

16. $(\forall x)(\forall y)((Gx \,\&\, Gy) \to x = y)$ 5-15, ∀ 도입

17. $(\exists x)Gx \,\&\, (\forall x)(\forall y)((Gx \,\&\, Gy) \to x = y)$ 4, 16, & 도입

〈연습 문제 C〉

(1)

1. $(\forall x)(x \neq a \rightarrow Lxe)$ & ~Lae // $(\forall x)(x \neq a \leftrightarrow Lxe)$

2. $\boxed{u}$	$u \neq a$	가정
3.	$(\forall x)(x \neq a \rightarrow Lxe)$	1, & 제거
4.	$u \neq a \rightarrow Lue$	3, $\forall$ 제거
5.	Lue	2, 4, $\rightarrow$ 제거
6.	Lue	가정
7.	$u = a$	가정
8.	Lae	6, 7, = 제거
9.	~Lae	1, & 제거
10.	$u \neq a$	7-9, ~ 도입
11.	$u \neq a \leftrightarrow Lue$	2-5, 6-10, $\leftrightarrow$ 도입
12. $(\forall x)(x \neq a \leftrightarrow Lxe)$		2-11, $\forall$ 도입

(2)

1. $(\forall x)(x \neq a \leftrightarrow Lxe)$ // $(\forall x)(x \neq a \rightarrow Lxe)$ & ~Lae

2. $a \neq a \leftrightarrow Lae$		1, $\forall$ 제거
3. $a = a$		= 도입
4. $Lae \rightarrow a \neq a$		2, $\leftrightarrow$ 제거
5. ~Lae		3, 4, 후건 부정
6. $\boxed{u}$	$u \neq a$	가정
7.	$u \neq a \leftrightarrow Lue$	1, $\forall$ 제거
8.	Lue	6, 7, $\leftrightarrow$ 제거
9.	$u \neq a \rightarrow Lue$	6-8, $\rightarrow$ 도입
10. $(\forall x)(x \neq a \rightarrow Lxe)$		6-9, $\forall$ 도입
11. $(\forall x)(x \neq a \rightarrow Lxe)$ & ~Lae		5, 10, & 도입

(3)

1. $(\forall x)(\sim Gc \rightarrow x \neq c)$ // Gc

2. $\sim Gc \rightarrow c \neq c$ $\forall$제거

3. $c = c$ = 도입

4. $\sim\sim Gc$ 2, 3, 후건 부정

5. Gc   4, ~ 제거

(4)

1. Pe // $\sim(\exists x) \sim(x = e \rightarrow Px)$

2. | $(\exists x)\sim(x = e \rightarrow Px)$ 가정

3. | $\sim(d = e \rightarrow Pd)$ 2, $\exists$ 제거

4. | $d = e \,\&\, \sim Pd$ 3, 조건문 규칙

5. | $d = e$ 4, & 제거

6. | Pd   1, 5, = 제거

7. | $\sim Pd$ 4, & 제거

8. $\sim(\exists x)\sim(x = e \rightarrow Px)$ 2-7, ~ 도입

(5)

1. $\sim(\forall x)(\sim Px \lor x \neq g)$ // Pg

2. $(\exists x)\sim(\sim Px \lor x \neq g)$ 1, $\sim\forall$

3. $\sim(\sim Pd \lor d \neq g)$ 2, $\exists$ 제거

4. $\sim\sim Pd \,\&\, \sim(d \neq g)$ 3, 드 모르간의 규칙

5. Pd   4, & 제거, ~ 제거

6. $d = g$ 4, & 제거, ~ 제거

7. Pg   5, 6, = 제거

(6)

1. $(\forall x)(x = a \rightarrow Px)$
2. $(\forall x)(Px \rightarrow Pg)$ // Pg
3. $a = a \rightarrow Pa$ 1, $\forall$ 제거
4. $a = a$ = 도입
5. Pa   3, 4, $\rightarrow$ 제거
6. | ~Pg   가정
7. | $Pa \rightarrow Pg$ 2, $\forall$ 제거
8. | ~Pa   6, 7, 후건 부정
9. | Pa   5, 반복
10. Pg   6-9, ~ 도입, ~ 제거

(7)

1. $f = g$ // $(\forall x)(f = x \leftrightarrow g = x)$
2. u | $f = u$ 가정
3. | $g = u$ 1, 2, = 제거
4. | $g = u$ 가정
5. | $f = u$ 1, 4, = 제거
6. | $f = u \leftrightarrow g = u$ 2-3, 4-5, $\leftrightarrow$ 도입
7. $(\forall x)(f = x \leftrightarrow g = x)$ 2-6, $\forall$ 도입

(8)

1. $(\exists x)(\forall y)(x = y)$ // $(\exists x)Hx \rightarrow (\forall x)Hx$
2. | $(\exists x)Hx$ 가정
3. | u | $(\forall y)(w = y)$ 1, $\exists$ 제거
4. | Hv   2, $\exists$ 제거
5. | $w = v$ 3, $\forall$ 제거
6. | $w = u$ 3, $\forall$ 제거
7. | $v = u$ 5, 6, = 제거
8. | Hu   4, 7, = 제거
9. | $(\forall x)Hx$ 3-8, $\forall$ 도입
10. $(\exists x)Hx \rightarrow (\forall x)Hx$ 2-9, $\rightarrow$ 도입

(9)

1. ~(∃x)(∀y)~Rxy

2. ~(∃x)Rxx // ~(∀x)(∀y)(x = y)

3.	(∀x)(∀y)(x = y)	가정
4.	(∀x)~(∀y)~Rxy	1, ~∃
5.	(∀x)~Rxx	2, ~∃
6.	~(∀y)~Ray	4, ∀ 제거
7.	(∃y)~~Ray	6, ~∀
8.	~~Rab	7, ∃ 제거
9.	Rab	8, ~ 제거
10.	(∀y)(a = y)	3, ∀ 제거
11.	a = b	10, ∀ 제거
12.	Raa	9, 11, = 제거
13.	~Raa	5, ∀ 제거
14.	~(∀x)(∀y)(x = y)	3–13, ~ 도입

(10)

1. (∃x)Kx

2. ~(∃x)(∃y)(Kx & Ky & x ≠ y) // (∃x)(Kx & ~(∃y)(Ky & x ≠ y))

3. (∀x)~(∃y)(Kx & Ky & x ≠ y)   2, ~∃

4. Ka   1, ∃ 제거

5. ~(∃y)(Ka & Ky & a ≠ y)   3, ∀ 제거

6. (∀y)~(Ka & Ky & a ≠ y)   5, ~∃

7.	(∃y)(Ky & a ≠ y)	가정
8.	Kb & a ≠ b	7, ∃ 제거
9.	Kb	8, & 제거

458

10.	~(Ka & Kb & a ≠ b)	6, ∀ 제거
11.	~Ka ∨ ~(Kb & a ≠ b)	10, 드 모르간의 규칙
12.	~(Kb & a ≠ b)	4, 11, ∨ 제거
13.	~Kb ∨ ~(a ≠ b)	12, 드 모르간의 규칙
14.	~(a ≠ b)	9, 13, ∨ 제거
15.	a ≠ b	8, & 제거

16. ~(∃y)(Ky & a ≠ y)   7-15, ~ 도입

17. Ka & ~(∃y)(Ky & a ≠ y)   4, 16, & 도입

18. (∃x)(Kx & ~(∃y)(Ky & x ≠ y))   17, ∃ 도입

(11)

1. ~(∀x)(∃y)(x ≠ y) // (∃x)Kx → (∀x)Kx

2.	(∃x)Kx	가정
3.	u (∃x)~(∃y)(x ≠ y)	1, ~∀
4.	Ka	2, ∃ 제거
5.	~(∃y)(b ≠ y)	3, ∃ 제거
6.	(∀y)~(b ≠ y)	5, ~∃
7.	~(b ≠ a)	6, ∀ 제거
8.	b = a	7, ~ 제거
9.	~(b ≠ u)	6, ∀ 제거
10.	b = u	9, ~ 제거
11.	a = u	8, 10, = 제거
12.	Ku	4, 11, = 제거
13.	(∀x)Kx	3-12, ∀ 도입

14. (∃x)Kx→(∀x)Kx   2-13, → 도입

(12)

1. $(\forall x)(Px \rightarrow (\exists y)(Py \ \& \ Lxy))$

2. $(\forall x)(Px \rightarrow \sim Lxx)$

3. $(\exists x)Px \quad // \quad (\exists x)(\exists y)(Px \ \& \ Py \ \& \ x \neq y)$

4. Pa	3, ∃ 제거
5. Pa $\rightarrow (\exists y)(Py \ \& \ Lay)$	1, ∀ 제거
6. $(\exists y)(Py \ \& \ Lay)$	4, 5, → 제거
7. Pa $\rightarrow \sim Laa$	2, ∀ 제거
8. $\sim Laa$	4, 7, → 제거
9. Pb $\&$ Lab	6, ∃ 제거
10. Pb	9, $\&$ 제거
11. Lab	9, $\&$ 제거
12. $\quad$ a = b	가정
13. $\quad$ Laa	11, 12, = 제거
14. $\quad \sim Laa$	8, 반복
15. a≠b	12–14, ∼ 도입
16. Pa $\&$ Pb	4, 10, $\&$ 도입
17. Pa $\&$ Pb $\&$ a≠b	15, 16, $\&$ 도입
18. $(\exists y)(Pa \ \& \ Py \ \& \ a \neq y)$	17, ∃ 도입
19. $(\exists x)(\exists y)(Px \ \& \ Py \ \& \ x \neq y)$	18, ∃ 도입

(13)

1. $(\exists y)(\forall x)(Kx \leftrightarrow x = y)$ // $(\forall x)(Kx \rightarrow Mx) \leftrightarrow (\exists x)(Kx \& Mx)$

2. | $(\forall x)(Kx \rightarrow Mx)$ — 가정
3. | $(\forall x)(Kx \leftrightarrow x = a)$ — 1, ∃ 제거
4. | $Ka \leftrightarrow a = a$ — 3, ∀ 제거
5. | $a = a$ — = 도입
6. | Ka — 4, 5, ↔ 제거
7. | $Ka \rightarrow Ma$ — 2, ∀ 제거
8. | Ma — 6, 7, → 제거
9. | $Ka \& Ma$ — 6, 8, & 도입
10. | $(\exists x)(Kx \& Mx)$ — 9, 도입
11. $(\forall x)(Kx \rightarrow Mx) \rightarrow (\exists x)(Kx \& Mx)$ — 2-10, → 도입
12. | $(\exists x)(Kx \& Mx)$ — 가정
13. | u | Ku — 가정
14. | | $Kb \& Mb$ — 12, ∃ 제거
15. | | $(\forall x)(Kx \leftrightarrow x = c)$ — 1, ∃ 제거
16. | | $Kb \leftrightarrow b = c$ — 15, ∀ 제거
17. | | $Ku \leftrightarrow u = c$ — 15, ∀ 제거
18. | | Kb — 14, & 제거
19. | | $b = c$ — 16, 18, ↔ 제거
20. | | $u = c$ — 13, 17, ↔ 제거
21. | | $b = u$ — 19, 20, = 제거
22. | | Mb — 14, & 제거
23. | | Mu — 21, 22, = 제거
24. | | $Ku \rightarrow Mu$ — 13-23, → 도입
25. | $(\forall x)(Kx \rightarrow Mx)$ — 13-24, ∀ 도입
26. $(\exists x)(Kx \& Mx) \rightarrow (\forall x)(Kx \rightarrow Mx)$ — 12-25, → 도입
27. $(\forall x)(Kx \rightarrow Mx) \leftrightarrow (\exists x)(Kx \& Mx)$ — 11, 26, ↔ 도입

(14) 오직 수연과 길수만이 그 금고의 비밀번호를 안다. 그 금고의 비밀번호를
아는 어떤 사람이 그 금고 속의 서류를 훔쳤다. 그러므로 수연 또는 길수가
그 서류를 훔쳤다.

〔Px : x는 사람이다. Kx : x는 그 금고의 비밀번호를 안다. Sx : x는 그 금고
속의 서류를 훔쳤다. s : 수연. g : 길수.〕

1. $(\forall x)(Kx \leftrightarrow (x = s \vee x = g))$
2. $(\exists x)(Px \& Kx \& Sx)$ // $Ss \vee Sg$
3. $Pa \& Ka \& Sa$ 2, ∃ 제거
4. $Ka \leftrightarrow (a = s \vee a = g)$ 1, ∀ 제거
5. Ka 3, & 제거
6. $a = s \vee a = g$ 4, 5, ↔ 제거

7. | $a = s$ 가정
8. | Sa 3, & 제거
9. | Ss 7, 8, = 제거
10. | $Ss \vee Sg$ 9, ∨ 도입
11. | $a = g$ 가정
12. | Sa 3, & 제거
13. | Sg 11, 12, = 제거
14. | $Ss \vee Sg$ 13, ∨ 도입
15. $Ss \vee Sg$ 6, 7-10, 11-14, 경우에 의한 논증

〈연습 문제 D〉

1. (∃x)(Hx & (∀y)(Hy → x = y) & Ex)

   // (∃x)Hx & (∀x)(∀y)((Hx & Hy) → x = y) & (∀x)(Hx → Ex)

2. Ha & (∀y)(Hy → a = y) & Ea		1, ∃ 제거
3. Ha		2, & 제거
4. (∃x)Hx		3, ∃ 도입
5. (∀y)(Hy → a = y)		2, & 제거
6. Ea		2, & 제거
7. u v	Hu & Hv	가정
8.	Hu	7, & 제거
9.	Hv	7, & 제거
10.	Hu → a = u	5, ∀ 제거
11.	a = u	8, 10, → 제거
12.	Hv → a = v	5, ∀ 제거
13.	a = v	9, 12, → 제거
14.	u = v	11, 13, = 제거
15.	(Hu & Hv) → u = v	7-14, → 도입
16.	(∀y)((Hu & Hy) → u = y)	7-15, ∀ 도입
17. (∀x)(∀y)((Hx & Hy) → x = y)		7-16, ∀ 도입
18. u	Hu	가정
19.	Hu → a = u	5, ∀ 제거
20.	a = u	18, 19, → 제거
21.	Eu	6, 20, = 제거
22.	Hu → Eu	18-21, → 도입
23. (∀x)(Hx → Ex)		18-22, ∀ 도입
24. (∃x)Hx & (∀x)(∀y)((Hx & Hy) → x = y) & (∀x)(Hx→Ex)		4, 17, 23, & 도입

<연습 문제 E>

(1) 이브의 유일한 아들은 금발이다.

(∃x)(Sxe & (∀y)(Sye → x = y) & Bx)

〔Sxy : x는 y의 아들이다. Bx : x는 금발이다.〕

(2) 길수는 복동의 유일한 아버지이다.

(∃x)(Fxb & (∀y)(Fyb → x = y) & x = g)

또는 Fgb & (∀x)(Fxb → x = g)

〔Fxy : x는 y의 아버지이다. g : 길수. b : 복동.〕

(3) 아담은 이브의 유일한 아들을 사랑한다.

(∃x)(Sxe & (∀y)(Sye → x = y) & Lax)

〔Lxy : x는 y를 사랑한다. Sxy : x는 y의 아들이다.〕

(4) 길수의 친할아버지는 논리학자이다.

(∃x)(∃y)(Fyg & Fxy & (∀u)(∀v)((Fvg & Fuv) → x = u) & Lx)

〔Lx : x는 논리학자이다. Fxy : x는 y의 아버지이다. g : 길수.〕

(5) 길수의 유일한 아들은 혜영의 유일한 아들이다.

(∃x)(Sxg & (∀y)(Syg → x = y) & Sxh & (∀z)(Szh → x = z))

〔Sxy : x는 y의 아들이다.〕

<연습 문제 F>

(1) 길수는 투자를 했던 유일한 사람이다. 남중은 돈을 잃은 사람이다. 투자를 했
지만 돈을 잃지 않은 사람이 있다. 따라서 남중과 길수는 동일하지 않다. 〔Px :
x는 사람이다. Ix : x는 투자를 했다. Lx : x는 돈을 잃었다. g : 길수. n : 남중.〕

1. Pg & Ig & (∀x)((Px & Ix) → x = g)

2. Pn & Ln

3. (∃x)(Px & Ix & ~Lx) // n ≠ g

4.	n = g	가정
5.	Pa & Ia & ~La	3, ∃ 제거
6.	(∀x)((Px & Ix) → x = g)	1, & 제거
7.	(Pa & Ia) → a = g	6, ∀ 제거
8.	Pa & Ia	5, & 제거
9.	a = g	7, 8 → 제거
10.	n = n	= 도입
11.	g = n	4, 10, = 제거
12.	a = n	9, 11, = 제거
13.	Ln	2, & 제거
14.	La	12, 13, = 제거
15.	~La	5, & 제거
16. n ≠ g		4-15, ~ 도입

(2) 정확히 한 명의 학생이 논리학 과목에서 낙제를 했고, 길수가 바로 그 학생이다. 논리학 수업에서 낙제한 모든 사람은 비논리적이다. 그러므로 길수는 비논리적이다.

〔Fx : x는 논리학 과목에서 낙제를 했다. Ix : x는 비논리적이다. g : 길수.〕

1. (∃x)(Fx & (∀y)(Fy → x = y) & x = g)	
2. (∀x)(Fx → Ix) // Ig	
3. Fa & (∀y)(Fy → a = y) & a = g	1, ∃ 제거
4. Fa	3, & 제거
5. Fa → Ia	2, ∀ 제거

6. Ia   4, 5, → 제거

7. a = g   3, & 제거

8. Ig   6, 7, = 제거

〈머리 풀기 문제〉

(I)의 정답 : (2)

정답 해설 :

먼저 (ㄱ), (ㄴ), (ㅂ), 그리고 (ㅇ)에 의해서 두 가지 가능성이 있다.

    치수—영수—철수—길수

    치수—철수—길수—영수

그리고 (ㄷ)와 (ㅅ)에 의해서 옥숙은 화요일 또는 목요일에 파견될 수 있다. 그리고 (ㅁ)에 의하여 영숙은 수요일 또는 목요일에 파견될 수 있다.

    시나리오 (i) : 치수. 영수. 철수. 길수

(ㄹ)에 의해서 영숙은 수요일에 파견될 수 없고, 따라서 목요일에 파견되어야 한다. 따라서 옥숙은 화요일에 파견되어야 한다. 그런데 가정에 의해 영수와 옥숙이 사이가 안 좋아 같이 파견될 수 없으므로 이 시나리오는 불가능하다.

    시나리오 (ii) : 치수. 철수. 길수. 영수

옥숙은 화요일 또는 목요일에 파견될 수 있다. 그런데 영수와 옥숙은 사이가 안 좋아 같이 파견 보낼 수 없으므로 옥숙은 목요일에 파견될 수 없다. 따라서 옥

숙은 화요일에 파견되어야 한다. 그리고 (ㅁ)에 의하여 영숙은 지숙과 말숙 이후에 파견되어야 하므로, 영숙은 목요일에 파견되어야 한다. 따라서 목요일에 파견 가능한 남녀는 영수-영숙 커플이다.

(II)번 문제 정답 : (4)

정답 해설 :
앞서 언급한 것처럼, 두 가지 가능성이 있다.

(i) 치수—영수—철수—길수
(ii) 치수—철수—길수—영수

그런데 가정에 의해 영수를 철수보다 앞서 파견되어야 하기 때문에, 시나리오 (ii)는 불가능하다. 따라서 시나리오 (i)을 고려해야 한다.

시나리오 (i) : 치수—영수—철수—길수

앞서 언급한 것처럼, 옥숙은 화요일 또는 목요일에 파견될 수 있고, 영숙은 수요일 또는 목요일에 파견될 수 있다. 그리고 (ㄹ)에 의해서 영숙은 수요일에 파견될 수 없고, 따라서 목요일에 파견되어야 한다. 따라서 옥숙은 화요일에 파견되어야 한다. 그리고 (ㅅ)에 의하여, 월요일에 지숙이 파견되어야 하고, 나머지 날인 수요일에 말숙이 파견되어야 한다. 결론적으로 수요일에 파견되어야 하는 남녀 사원은 각각 철수와 말숙이다.

14장

(1) 모든 양서류는 냉혈동물이다.

　　두꺼비는 양서류이다. (생략된 전제)

　　그러므로 두꺼비는 냉혈동물이다.

(2) 길수가 결혼을 결심했다면, 그는 신혼집을 구할 돈이 있을 것이다.

　　길수가 신혼집을 구할 돈이 있다면, 그는 빚을 갚을 능력이 있을 것이다.

　　길수는 빚을 갚을 능력이 없다.

　　그러므로 길수는 결혼을 결심하지 않았다. (생략된 결론)

(3) 나는 여자 친구에게 생일 선물을 사주거나 또는 논리학 교재를 구입해야 한다.

　　부모님이 이 돈을 나의 공부를 위해 주신 것이라면, 나는 여자 친구에게 생일 선물을 사줘서는 안 된다.

　　부모님은 이 돈을 나의 공부를 위해 주신 것이다. (생략된 전제)

　　그러므로 나는 논리학 교재를 구입해야 한다.

(4) 김 과장은 매력적인 스카우트 제의를 받았다.

　　김 과장이 매력적인 스카우트 제의를 받았으면, 김 과장은 다른 회사로 옮길 것이다.

　　김 과장이 다른 회사로 옮기면, 길수 또는 남중이 김 과장의 자리에 승진할 것이다.

　　남중은 김 과장의 자리에 승진하지 않을 것이다. (생략된 전제)

　　그러므로 길수가 김 과장의 자리에 승진할 것이다.

(5) 궁극적인 선善은 결코 단순한 우연에 의존해선 안 된다.

행복은 궁극적인 선이다. (생략된 전제)

그러므로 행복은 결코 단순한 우연에 의존해선 안 된다.

〈연습 문제 B〉

(1) 사람들을 성적으로 자극하는 모든 활동은 엄격히 규제되어야 한다.

성인영화는 사람들을 성적으로 자극하는 활동이다. (암묵적 전제)

∴ 성인영화는 엄격히 규제되어야 한다.

위의 논증의 명시적 전제는 '사람들을 성적으로 자극하는 모든 활동은 엄격히 규제되어야 한다'는 논란의 여지가 많은 주장이다. 어떤 누드화는 사람들을 성적으로 자극할 수 있다. 또한 해변가에서 아름다운 여성이나 남성이 수영복 차림으로 다니는 것도 사람들을 성적으로 자극할 수 있다. 그렇다고 해서 이런 활동을 엄격히 규제하는 것은 옳지 못하다.

(2) 한국이 진정한 민주공화국이라면, 한국에서 국민 개개인의 의사가 동등하게 국정에 반영될 수 있어야 한다. (명시적 전제)

한국에서 국민 개개인의 의사가 동등하게 국정에 반영되지 않는다. (암묵적 전제)

∴ 한국은 진정한 민주공화국이 아니다.

위의 논증의 암묵적 전제는 '한국에서 국민 개개인의 의사가 동등하게 국정에 반영되지 않는다'이며, 이것은 매우 논란의 여지가 많은 전제이다. 여기서 '개개인의 의사가 동등하게 국정에 반영된다'는 표현은 다소 애매하다. 이 말의 의미가 각 사람이 국정을 책임지는 대통령 및 국회의원 등을 뽑는 선거에서 동등한 투표권을 행사할 수 있다는 것이라면 위 암묵적 전제는 설득력이 없다. 반면에, 이 말의 의미가 '각 개인의 의견이 정부의 모든 결정에 대해 동일한 정도의 영향력을 끼쳐야 한다'는 것을 뜻한다면, 위 명시적 전제는 더 이상 설득력을 갖지 못한다. 민주국가라고 해서 반드시 각 개인의 의견이 정부의 모든 결정에 대해 동일한 정도의 영향력을 가질 필요는 없기 때문이다.

(3) 사람들은 어떤 것을 실제로 볼 수 있다. 따라서 그것은 가시적visible이다. 또한 사람들은 어떤 것을 실제로 들을 수 있다. 따라서 그것은 가청적audible이다. 사람들은 쾌락을 실제로 원한다. 따라서 쾌락은 바람직desirable하다.

위 논증은 어떤 것이 '욕망의 대상이 될 수 있다'being desired는 것과 그 대상이 '바람직하다'being desirable는 것 사이의 차이를 간과하고 있다. 실제로 볼 수 있으면, 가시적인 것이고, 실제로 들을 수 있으면, 가청적이지만, 실제로 사람들이 원한다고 해서 반드시 바람직한 것은 아니다. 사람들은 바람직하지 않은 것을 원할 수 있다.

(4) (a) 모든 것이 우연적이라면, 과거의 어떤 시점에 아무것도 존재하지 않았던 때가 있었을 것이다.
    (b) 과거의 어떤 시점에 아무것도 존재하지 않았던 때가 있었다면, 현재 아무것도 존재하지 말아야 한다.
    (c) 현재 존재하는 것들이 있다.
    (d) 따라서 모든 것이 우연적인 것은 아니다.
    (e) 그러므로 필연적인 것이 존재한다. 즉 신이 존재한다.

이 논증은 타당하다. 그렇다면 전제들은 모두 옳은가? 우선 전제 (c)는 의심의 여지가 없이 참이다. 전제 (b)도 또한 매우 설득력이 있어 보인다. 무無에서 유有가 나올 수는 없는 듯 보이기 때문이다. 그렇다면 전제 (a)는 어떠한가? 어떤 것이 우연적이라면, 이것은 존재하지 않는 때가 있었을 것이다. 즉 우연적인 것들 각각은 존재하지 않았던 때가 있었을 것이다. 그러나 이 점은 우연적인 것들이 동시에 존재하지 않았던 때가 있었음을 보여 주지 않는다. 또한 모든 것이 우연적인 것임이 아니라는 것을 인정한다고 해도, 필연적인 것이 단지 하나란 결론은 도출되지 않는다. 더 나아가 필연적인 것이 신이란 결론은 더더욱 도출되지 않는다. 예컨대, 에너지 보존의 법칙에 의하면 우주의 에너지의 총량은 언제나 일정하기 때문에, 에너지는 물리적으로 필연적인 것이다. 그렇다고 에너지가 신은 아니다.

(5) (a) 궁극적인 선은 단지 우연적인 것에 의존해서는 안 된다.

(b) 행복은 궁극적인 선₩이다.

(c) ∴ 행복은 단지 우연적인 것에 의존해서는 안 된다.

아리스토텔레스에 의하면, 행복은 우연이 아니라 덕 있는 행위를 하는 훈련을 통해 획득할 수 있는 것이다. 아리스토텔레스의 주장처럼 행복이 결코 우연적인 것들에 의존하지 않는 것이라면 좋겠지만, 사람들의 일상적 행복이 우연적인 외적 조건들에 어느 정도 의존한다는 것을 부인하기 어렵다. 예컨대, 너무 추하게 생겼다거나, 너무 가난하다거나, 사랑하는 자식을 일찍 잃게 된다거나 등등의 상황에서 행복해지기는 매우 어렵기 때문이다.

(6) (a) 우리는 도덕적이어야 한다.

(b) 우리가 도덕적이어야 한다면, 행복과 도덕은 조화될 수 있어야 한다. 즉 착한 사람은 보답을 받고, 악한 사람은 처벌을 받아야 한다.

(c) 현세에서 착한 행동이 항상 보답을 받고, 악한 행동이 항상 처벌을 받는 것은 아니다.

(d) 행복과 도덕이 현세에서 조화될 수 없다면, 이것은 내세에서 조화되어야 한다.

(e) ∴ 현세에서 행한 행위에 대해 정당한 도덕적 보답과 처벌을 해 주는 신이
내세에 있어야 한다.

위 논증은 합리적 도덕의 성립을 위해 신의 존재가 필요하다는 임마누엘 칸트
의 유명한 논증이다. 나름대로 설득력이 있는 논증이다. 그러나 위 논증의 전제
들이 논란의 여지가 없는 것은 결코 아니다. 우선 어떤 행동이 도덕적으로 옳다
는 주장과 그 행동이 행동 주체에게 종국적으로 이롭다는 주장은 논리적으로
별개의 주장이다. 인류의 도덕개념은 기본적으로 상호주관적 개념이기 때문에,
도덕적 행위가 사회 전체의 안녕과 밀접한 연관을 가질 필요는 있지만, 한 개인
의 도덕적 행위가 그 개인의 개인적 행복과 반드시 조화돼야 하는 것은 아니다.

15장

〈연습 문제 A〉

(1) 허수아비 공격의 오류

(2) 선결문제 가정의 오류

(3) 거짓 딜레마의 오류 : 이 논증에 따르면, 이 논증의 청자는 이 논증의 화자와
결혼을 하거나 또는 평생 후회를 해야 한다. 그러나 이 논증의 청자가 화자
와 결혼을 하지 않을 경우에 평생 후회할 수밖에 없을 것이라고 생각할 만한
좋은 이유는 없다. 그런데 '나와 결혼하지 않으면 당신은 평생 후회할 것이
오'라는 화자의 말을 청자를 평생 후회하도록 만들겠다는 위협으로 해석할
수는 없을까? 그렇게 해석될 맥락이 있다면, 이 논증은 위협에 호소하는 오
류를 범하는 것으로 해석될 수 있다.

(4) 허수아비 공격의 오류

(5) 거짓 딜레마의 오류

(6) 미끄러운 경사면의 오류

(7) 선결문제 가정의 오류

(8) 주의를 딴 데로 돌리는 오류

(9) 거짓 딜레마의 오류

(10) 허수아비 공격의 오류

(11) '천사'란 표현에 관한 애매어 사용의 오류

(12) 거짓 딜레마의 오류

(13) 허수아비 공격의 오류

(14) 선결문제 가정의 오류

(15) 허수아비 공격의 오류

(16) 선결문제 가정의 오류

(17) '좋은'이란 표현에 관한 애매어 사용의 오류

(18) 선결문제 가정의 오류

(19) 거짓 딜레마의 오류

(20) 거짓 딜레마의 오류

(21) '사랑한다'는 표현에 관한 애매어 사용의 오류

(22) 선결문제 가정의 오류

(23) 허수아비 공격의 오류

(24) 주위를 딴 데로 돌리는 오류

(25) 선결문제 가정의 오류

〈연습 문제 B〉

(1) 연민에 호소하는 오류

(2) 정황적 오류

(3) 피장파장의 오류

(4) 피장파장의 오류

(5) 위협에 호소하는 오류

(6) 피장파장의 오류

(7) 연민에 호소하는 오류

(8) 권위에 호소하는 오류

(9) 인신공격의 오류

(10) 정황적 오류

(11) 연민에 호소하는 오류

(12) 피장파장의 오류

(13) 오류가 아님

(14) 피장파장의 오류

(15) 피장파장의 오류

(16) (잘못된) 권위에 호소하는 오류

(17) 정황적 오류

〈연습 문제 C〉

(1) 성급한 일반화의 오류

(2) 거짓 원인의 오류

(3) 오류가 아님

(4) 약한 유비의 오류

(5) 거짓 원인의 오류

(6) 오류가 아님

(7) 거짓 원인의 오류

(8) 성급한 일반화의 오류

(9) 거짓 원인의 오류

(10) 거짓 원인의 오류

(11) 약한 유비의 오류

(12) 성급한 일반화의 오류

(13) 거짓 원인의 오류

(14) 오류가 아님

(15) 성급한 일반화의 오류

(16) 성급한 일반화의 오류

(17) 편향된 통계의 오류

(18) 성급한 일반화의 오류

(19) 약한 유비의 오류

찾 아 보 기

시그니처클래스
signature클 class
대학·교양·토대와 기초

Core
Logic

코어 논리학
논리적 추론과 증명 테크닉

1판 1쇄 발행 2019년 8월 30일
1판 12쇄 발행 2024년 8월 30일

지 은 이 　이병덕
펴 낸 이 　유지범
책임편집 　현상철
편 　 집 　신철호·구남희
마 케 팅 　박정수·김지현

펴 낸 곳 　성균관대학교출판부
등 　 록 　1975년 5월 21일 제1975-9호
주 　 소 　03063 서울특별시 종로구 성균관로 25-2
전 　 화 　02)760-1253~4 팩스 02)762-7452
홈페이지 　http://press.skku.edu

ISBN 979-11-5550-341-6 03170

값 20,000원

술어 논리의 4개의 기본 규칙

(1) 존재 양화사 도입 (∃도입)

$$\frac{A(t)}{(\exists x)A(x)}$$

'A(t)'에서 't'가 'x'에 의해 대체되었을 때, 'x'는 'A(x)'에서 구속되어서는 안 된다.

(2) 존재 양화사 제거 (∃제거)

$$\frac{(\exists x)A(x)}{A(d)}$$

여기서 'd'는 새로운 이름이어야 한다. 또한 ∃제거규칙을 이용해 궁극적으로 도출해내는 결론에 'd'가 포함되어 있으면 안 된다.

(3) 보편 양화사 제거 (∀제거)

$$\frac{(\forall x)A(x)}{A(t)}$$

(4) 보편 양화사 도입 (∀도입)

```
┌ u
│
│
│
│ A(u)
└─────
(∀x)A(x)
```

'A(u)'에서 'u'를 'x'로 대체했을 때, 'x'는 'A(x)'에서 구속되어서는 안 된다.

술어 논리의 2개의 파생 규칙

(1) 존재 양화사 부정규칙 (~∃)	(2) 보편 양화사 부정규칙 (~∀)
$$\frac{\sim(\exists x)Fx}{(\forall x)\sim Fx}$$	$$\frac{\sim(\forall x)Fx}{(\exists x)\sim Fx}$$

동일성 규칙

(1) 동일성 도입규칙 (= 도입)	(2) 동일성 제거규칙 (=제거)
$$s = s \; (= 도입)$$	$$\frac{\begin{array}{c}s = t\\ P(s)\end{array}}{P(t)} \qquad \frac{\begin{array}{c}s = t\\ P(t)\end{array}}{P(s)}$$